하만 사상선집

하만 사상선집

요한 게오르크 하만 지음

김 대 권 옮김

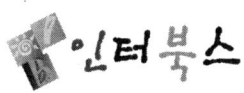

옮긴이의 말

헤르더 연구를 계기로 하만에 관심을 갖게 되었다. 18세기 독일 지성계의 한 축을 담당하고 있는 이 두 사람의 사상적 친화성이 나를 하만의 세계로 이끌었다. 하만에게는 "북방의 마술사"라는 별칭이 있다. 이 별칭에서 풍기듯이, 그의 글에는 뭔가 모를 신비감이 감돌아 감히 아무나 접근하는 것을 불허하는 것처럼 보인다. 마치 비교(秘敎)에 입문한 사람에게만 입장을 허용하는 것 같다.

하만의 글은 단편이 주종을 이룬다. 그 단편 안에는 종종 히브리어, 라틴어, 희랍어, 독일어 등이 뒤섞여 있어 암호문을 읽는 것 같은 착각을 불러일으킨다. 게다가 그는 성서 구절이나 고대 혹은 당대 문헌을 문맥과는 상관없이 인용하여 텍스트를 재구성함으로써 논리성을 파괴하는 '해체적인' 글쓰기를 감행한다. 따라서 그의 텍스트를 이해하기 위해서는 흩어져 있는 수많은 퍼즐 조각을 하나씩 끼워 맞추는 것과 같은 끈기와 노력을 요한다. 이러한 점이 그동안 국내 연구자들에게는 하만의 세계로 들어가는 것을 방해하는 걸림돌로 작용한 것 같다. 아무쪼록 이번에 시도한 이 번역본이 하만의 사상계로 안내하는 작은 불빛이 되었으면 하는 바람이다.

하만의 저서 가운데 세 편을 골라 번역하였다. 먼저『내 생애에 대한 생각』은 하만의 자서전으로, 여기에서 하만은 자신의 유년시절, 학창시절, 가정교사 활동, 런던과 리가에서의 생활 등 29세까지의 삶을 기술하고 있다. 무엇보다도 이 자서전에는 하만의 신앙고백이 들어있어, 성서에 근거한 하만의 사상을 이해하고,『소크라테스 회상록』과『미학의 진수』의 의미를 파악하는 데 일종의 밑거름 역할을 한다.

하만 이전에도 소크라테스 전기를 쓴 사람은 많았다. 그리고 소크라테스를 성서 유형학적인 측면에서 선지자나 의인 혹은 예수에 비유한 전통도 있었다. 그러나 하만은『소크라테스 회상록』에서 일반적인 의미의 소크라테스 전기를 쓰기보다는 그의 생애에서 "기억할 만한" 점만을 골라 간략하게 기술한다. 그리고 당시의 계몽주의자들과는 달리, 이 고대 그리스 철학자를 자신의 멘토이자 본보기로 삼는 데만 그치지 않고, 나아가 자신을 소크라테스에게 투영하여 오만한 이성의 마력에 휘둘린 계몽주의의 지적 풍토에서 기꺼이 소크라테스적인 역할을 담당하고자 한다.

『미학의 진수』에서는 창조, 타락, 구원, 재림이라는 성서의 큰 틀 속에서 '미학' 문제가 논의된다. 여기에서 '미학'이란 바움가르텐이 정의한 "감각적 인식에 관한 학문"이라는 의미와 더불어 예술이론이라는 뜻을 함축하고 있다. '미학' 문제는 주로 추상 위주의 시대경향에 대한 비판과 추상에 의해 배제된 자연, 감각, 정열을 복권하려는 측면에서 논의된다. 저서의 제목과는 달리 '미학'은 본격적이고 체계적으로 논의되지 않고, 단편적으로 스쳐지나가듯이 언급되어 여설적인 느낌을 준다. 하지만 이성 중심적인 18세기의 전반적인 문화현상에 대한 '미학'의 측면에서 제기한 촌철살인은 주목할 만하다.

하만의 저서를 번역하면서 두 분의 도움을 많이 받았다. 먼저 이해하기 힘든 부분이 있을 때마다 도움을 주신 숭실대 카이 로스(Prof. Kai Rohs) 교수님께 감사를 드린다. 그리고 2011년 시애틀 소재 워싱턴 대학(UW)에서 연구년을 보낼 때 만난 독일 뮌스터 대학 아허만(Prof. Dr. Eric Achermann) 교수님께도 깊은 사의를 표한다. 아허만 교수님은 현재 독일에서 진행 중에 있는 하만전집 편찬에 참여하고 있는데, 이메일을 통해 하만 텍스트의 까다로운 부분을 문의할 때마다 꼼꼼하게 설명해주었다. 또한 이 번역본의 제목('하만 사상선집')을 제안해주신 서울대 안성찬 교수님, 이 번역본을 숭실대 한국문예연구소 문예총서의 하나로 넣어주신 조규익 교수님, 책을 아름답게 만들어주신 인터북스 사장님과 박은주 선생님을 비롯한 편집진 여러분, 그리고 정성껏 교정을 보아 준 이상욱 선생님에게 고마움을 표한다.

돌아가신 아버지를 생각하며

2012년 9월
김 대 권

목 차

옮긴이의 말 _ 5

일러두기 _ 10

『내 생애에 대한 생각』   11

『소크라테스 회상록』   97

『미학의 진수』   163

옮긴이의 글_ 223

    1. 『내 생애에 대한 생각』_ 223

    2. 『소크라테스 회상록』_ 227

    3. 『미학의 진수』_ 240

하만 연보_ 259

참고문헌_ 263

찾아보기_ 269

일러두기

1. 하만이 직접 단 주(註)는 '원주'로 처리했고, 옮긴이가 주를 단 경우에는 '옮긴이 주'라 표기했다. 그 밖에 참고문헌을 토대로 주를 작성한 경우 별다른 표기를 하지 않았다.

2. 번역본 좌우측 혹은 머리말에 있는 표시(예를 들면, [N II, 12] 혹은 [12] 등)는 하만 연구에서 많이 인용되고 있는 나들러 판(N)의 권수(II)와 쪽수(12)를 가리킨다.

3. 나들러 판에 있는 격자체(Sperrdruck)는 특별한 원칙 없이 사용되었기에 번역할 때는 고려하지 않았다.

4. 하만은 글을 쓸 때 성서 구절이나 낱말을 많이 인용한다. 이런 경우 되도록 한글성서를 토대로 번역하였다. 한글성서는 개역개정판에 따른다.

5. 단행본과 잡지는 '『　』'으로, 논문과 시와 찬송가 제목은 '「　」'으로, 옮긴이의 보충설명은 '[　]'으로 표기하였다.

약어

CT　　Das Leben Socratis, aus dem Französischen des Herrn Charpentier ins Teutsche übersetzt von Christian Thomasius, Halle ²1720.

N　　Johann Georg Hamann, Sämtliche Werke, [Nachdr. der] historisch-kritischen Ausg. von Josef Nadler, 6 Bände, Wuppertal 1999.

ZH　　Johann Georg Hamann, Briefwechsel, herausgegeben von Walter Ziesemer und Arthur Henkel, 7 Bände, Wiesbaden u. Frankfurt a.M. 1955-1979.

내 생애에 대한 생각

Gedanken über meinen Lebenslauf

일러두기

1. 번역 원본으로는 나들러 판(N II, 9-54)을 사용했다.

2. 나들러 판 이외에 부분적으로 바이어와 바이센보른 판(*Johann Georg Hamann, Londoner Schriften*, historisch-kritische Neuedition von Oswald Bayer und Bernd Weiβenborn, München 1993, pp. 313-349, 429-437) 도 사용했다.

3. 각주를 달 때 참고한 문헌으로는 나들러 판 제6권과 바이어와 바이센보른 판 해설, 그리고 나들러의 저서(J. Nadler, *J. G. Hamann. Der Zeuge des Corpus mysticum*, Salzburg 1949)가 있다.

[N II, 9]

내 생애에 대한 생각

시편 94편 19절
내 속에 (내 자신에 대한) 생각이 많을 때에
주의 위안이 내 영혼을 즐겁게 하시나이다.[1]

1758년 4월 21일 런던에서.
주님께서 여기까지 나를 도와주셨다.[2]

---

1) (옮긴이 주) 원래 구절은 "내 속에 근심이 많을 때에 주의 위안이 내 영혼을 즐겁게 하시나이다."인데, 하만은 이를 약간 고쳐서 인용했다.
2) 사무엘상 7장 1절 참조.

나는 1730년 8월 27일, 프로이센에 있는 쾨니히스베르크에서 태어났으며, 내가 알기로 그 다음날 경건하고 정직한 기독교 신자인 부모님의 사전 배려로 세례를 받았다. 하나님께서는 나에게 장자의 명예와 이점을 향유하도록 해주셨으나, 어머니[3)]에게 나는 야베스[4)]처럼 근심과 고통의 아들이었다. 어머니는 아버지[5)]에게 아들을 또 낳아드려 나에게는 남동생[6)]이 생겼다. 하나님께서는 많은 은혜로써 부모님의 전 재산인 우리 둘을 보살펴주셨다.

하늘에 계신 사랑 많으신 나의 아버지![7)] 이 넘쳐흐르는 축복에 대한 감사를 무엇으로 시작해야 합니까. 당신께서는 이미 제가 태어날 때 저를 축복으로써, 화관으로써 치장해 주셨습니다. 당신께서는 은밀한 중에 건강한 신체를 만들어 주셨습니다.[8)] - - 당신께서는 영혼이 자신의 존재를 스스로 의식하기 전인데도 물려받은 저의 죄를 씻어주시고, 저를 당신 아들[9)]의 언약과 그의 교회 품 안에 받아주시며, 천국과 지복(至福)의 증표[10)]를 아무 대가 없이 영혼에게 선사해 주셨습니다. 아울러 당신께서는 제가 어머니의 젖에 대한 갈

---

3) 마리아 막달레나 하만(Maria Magdalena Hamann, 친정 성은 누페나우(Nuppenau), 1699-1756).
4) (옮긴이 주) "야베스는 그의 형제보다 귀중한 자라 그의 어머니가 이름하여 야베스라 하였으니 이는 내가 수고로이 낳았다 함이었더라."(역대상 4장 9절)
5) 요한 크리스토프 하만(Johann Christoph Hamann, 1697-1766), 의사.
6) 요한 크리스토프 하만(Johann Christoph Hamann).
7) 하나님. 예레미야 3장 4절, 9절 참조.
8) 시편 139편 15절 참조.
9) (옮긴이 주) 예수.
10) 고린도후서 1장 22절, 에베소서 1장 14절 참조.

[N II, 11]

급함과 그 필요성과 맛을 알기 전인데도 그녀의 가슴 안에 젖을 준비해 주셨습니다. - - 부모님에 대한 기억은 제 영혼 속에 간직된 가장 소중한 것들 중의 하나이며, 사랑과 감사라는 애정 어린 감동 없이는 그 전모를 파악할 수 없습니다. 당신께서는 저의 부모님을 통해서 몸소 저에게 처음 나타나셨습니다. 부모님은 힘닿는 대로 저를 당신께 인도하려고 애썼습니다. - - 당신께서는 세상의 번거로움 가운데에서 저의 부모님을 축복해주셨으며, 부모님은 항상 자신들의 삶을 당신의 지혜로우시고 친절하신 통치의 증거로 간주했고, 우리들을 칭찬해 주었습니다. 황송하게도 당신께서는 제가 어머니의 임종을 지키도록 해주셨습니다. - - 그녀의 선행은 뒤에 남을 것입니다.[11] 당신 아들의 공로는 우리의 불완전함과 부족한 선함을 보충해줍니다.[12] 그분께서 얻으신 지복은 대가로서, 이는 세상의 배은망덕을 보상하고도 충분히 남습니다. 저의 아버지는 아직 살아 있습니다. - - 그의 노령을 축복해주소서. 근심 가운데 있는 그를 위로해주소서. 그는 틀림없이 저 때문에 근심하며 괴로워하고 있습니다. 저를 일으켜 세워주었던 바로 그 영으로 그를 위로해주소서. 그 영의 기름만이 우리 얼굴에 광채를 부여해주며, 새 술과 무성한 밀 이상으로 저희 마음을 기쁘게 해주고, 저의 마음에 원기를 북돋아줄 수 있습니다.[13] 그가 현재 당하는 고난의 역경[14]이 당신의 날개 아래에서[15] 가벼워지게 해주소서. - - 나의 하나님! 이 기도가

---

11) 요한계시록 14장 13절 참조.
12) 로마서 3장 24절 참조.
13) 시편 104편 15절 참조.
14) 여기서 "고난의 역경"이란 쾨니히스베르크가 1758년 1년 31일에 러시아에 의해 점령당한 사건을 말한다.

잘못된 것이면, 제 아버지가 지상에서 잃었다고 생각했던 이 죄인이 회개하고 돌이켜 다시 고향에 돌아옴으로써 그의 기쁨이 충만하게 해주소서.16) 나의 하나님! 당신의 사랑하는 아들을 생각하여 저의 기도를 들어주소서. 아멘!

부모님은 나를 일찍 학교에 보냈다. 두 분은 게으름의 적(敵)이자, 신적이고 인간적인 질서의 친구였다. 아주 많은 부모들은 창피해서 자기 자녀가 단순히 피상적인 의무와 의례적인 교육을 받도록 내버려두지만, 두 분은 이에 만족하지 않았다. 그분들은 우리를 위해 최선을 다하고자 했고, 여건이 허락되고 이해가 되는 한 그렇게 많은 일을 스스로 했다. 우리 선생님들은 그분들에게 우리의 근면함과 행실에 대해 보고해야 했다. 집에서 우리는 감독을 받으며, 물론 엄격한 감독을 받으며 부모님의 모범에 따라 훈육을 받았다. 거짓말하는 것, 쏘다니는 것, 군것질은 우리가 감히 범해서는 결코 안 되었던, 그리고 용서 받지 못했던 주요 세 가지 행위였다. 지금 우리는 부모님이 우리를 교육시킬 때 돈을 아꼈다고 불평하기보다는 오히려 많은 돈을 지출했다고 자랑할 수 있다. 교육에 소요되는 비용의 올바른 운용은 가장 위대한 기술이다. 이는 첫 번째 실수가 부모에게서는 큰 칭찬을 유발하나, 아이들에게서는 심한 비난을 야기하는 것과 같다. 우리 집은 항상 젊은 대학생들의 피난처였는데, 그들은 가난했지만 품행이 단정했다. 그들은 항상 환영받았으며 교습에 대해서는 명시된 보수를 받곤 했다. 그들은 여가시간에 우리의 학교 수업을 복습해주고 예습해주는 동시에 우리의 말동무이자 무

---

15) 시편 91편 4절.
16) 누가복음 15장 7절 참조.

[N II, 13]

료함을 달래주는 상대였으며 감독자였다. 그러다가 시간이 좀 흐르면 친해져 좋은 친구가 되곤 했다. 우리는 이와 같은 이점을 아버지 집에 있는 동안에, 그리고 내가 다시 집에 돌아왔을 때 누릴 수 있었다. 이 이점에는 희랍어, 프랑스어, 이탈리아어와 같은 언어와 음악과 춤과 그리기가 들어있었다. 부모님은 우리의 의복과 다른 어리석은 행동에 대해서는 신경을 많이 쓰지 않았지만, 교육에 있어서만큼은 돈을 아끼지 않았다.

사랑하는 부모님이 수단을 선택함에 있어 적절한 충고를 받았더라면, 그리고 우리가 그런 수단의 사용에 대한 중요한 설명을 원칙으로 삼았더라면, 그분들의 선한 의도는 좀 더 잘 성취되었을 것이고, 아량이 넓은 그분들의 성향은 좀 더 잘 이용되었을 것이다. 그러나 종종 회고하고 곰곰이 생각해보면, 그분들의 통찰과 원칙, 그리고 자녀에 대한 본능적인 마음이 수많은 다른 부모에 비해 얼마나 이로웠는지를 알게 된다.

나는 학교교육에서 세 차례의 전기(轉機)를 겪었다. 첫 번째는 면직당한 호프만17) 목사 밑에서 모든 연령대의 남녀 학생과 함께 수업을 받은 것이다. 그는 기초를 닦아주었고, 나는 7년 동안 그에게 가르침을 받았다. 7년이 지나자 그는 내 실력을, 한 아이가 단번에 청소년이 되기에 필요로 했던 정도로 진척시켰다고 생각했다. 아니면 이것은 어쩌면 나를 더 오랫동안 이끌 수 없었던 그의 무능력의 고백에 불과했는지도 모른다. 그의 수업에 대한 기억은 희미하지만 그의 수업이 특이했다는 점과, 문법 없이 나에게 라틴어를 가르치

[13]

---

17) Johann Caspar Hoffmann.

고자 했다는 점 정도는 알고 있다.

그런 후에 나는 한 교육가에게 가르침을 받았다. 그는 공직자였고, 2개의 둥근 책상이 있는 무허가 사설 교습소[18]를 운영했다. 그는 크나이프호프[19] 지역 학교의 교감으로, 이름이 뢸[20]이었으며 의붓아들을 조수로 두고 있었다. 그는 행운과 경험이 풍부했지만, 이것들은 적나라한 좀스러움과 구태의연한 교수법에 근거한 것이었다. 나는 그의 전임자가 앉혔던 작은 언덕에서 갑자기 밀려났고 아무것도 모른다고 질책을 당했는데, 이는 내가 그의 방법을 몰랐기 때문이었다. 나는 그에게 고대 라틴어 학교문법부터 배우기 시작했으며, 그 자신도 감탄했던 용기를 내어서 가장 저명하면서도 가장 어려운 몇몇 라틴어 작가와 로마 작가의 작품을 여러 차례에 걸쳐 마구 읽어나갔다. (그는 나에게 라틴어를 한자 한자 읽는 방법을 가르쳤다. 그 방법은 경멸할 수 없었으며, 나는 그것을 모방했다.) 그는 나를 위대한 라틴어 학자이자 그리스어 학자로 키웠다고 자부했다. 그때 나는 언어나 작가의 의도도 모른 채 로마 작가의 작품을 독일어로 번역할 수 있었다. 이리하여 나의 라틴어 합성어와 그리스어 합성어는 인쇄공의 작업이자 요술이 되었다. 이런 상황에서는 기억력이 너무 많은 것을 간직하고, 몸에 좋은 충분한 자양 즙이 결여되어 여타 정신력은 감퇴하고 만다. 그의 아들은 나의 산술 실력을 상당히 진척시켜주었다. 하지만 아이들의 판단력을 육성하지 않

---

18) "무허가 사설 교습소 Winkelschule"란 15, 16세기 이후에 있었던 개인이 운영하는 소규모 학교를 비하하는 표현이다. 여기에서는 저소득층 자녀에게 읽기와 쓰기, 그리고 산술을 가르쳤다.
19) (옮긴이 주) 쾨니히스베르크 시의 한 구역.
20) Matthäus Röhl(?-1743).

고, 주의와 사려 없이 그들을 볶아칠 경우 이 모든 것은 사라지고 만다. 음악 또한 마찬가지이다. 여기에서는 손가락뿐만 아니라 주로 귀와 청력을 가르치고 훈련해야 한다. 자신의 기이한 생각을 표현할 줄 아는 가장 비참한 바이올리니스트와 비교하면, 화음에 대한 감이 없이 한 곡 아니면 수백 곡을 꼬박꼬박 아주 빠르게 배웠던 사람은 마치 춤추는 곰과 같다. 여기에서 몇 마디 덧붙이고자 한다. 첫째로, 내 생각에는 이처럼 배움에 대한 누적된 무익한 열심으로 인해 나의 기억력과 두뇌가 상당히 약화되었고, 이로 인해 나의 타고난 활발함과 능력은 어느 정도 해를 입게 되었다. 이보다 더 큰 해악으로는 이러한 방법으로 인해 모든 질서가, 말하자면 모든 개념과 실마리, 그리고 내 안에 자리 잡은 질서에 대한 모든 욕구가 흐려졌다는 점을 꼽을 수 있다. 나는 내 자신이 갑자기 수많은 단어와 사물에 뒤덮여 있음을 알게 되었다. 하지만 이것들의 의미와 근거와 연관과 사용을 알지 못했다. 나는 선택이나 검토나 숙고 없이 점점 더 많은 것을 차곡차곡 쌓아올리고자 했다. 그리고 이런 고질적인 버릇은 모든 행동에 퍼져 결국에는 출구나 입구 아니면 흔적을 알 수 없는 미로에 갇혀 버리게 되었다. 몇 가지 분야에서 필요 이상으로 앞섰던 것은 사실이지만, 이 보다 훨씬 더 유익하고 필요한 분야에서는, 즉 역사나 지리학 혹은 문체와 작시법에 대한 최소한의 이해에 있어서는 훨씬 뒤쳐졌다. 나는 첫 번째 두 분야[21])에서의 부족한 실력을 아무리 메워보려 했지만 역부족이었으며, 문체와 작시법에 대한 취향은 아주 늦게서야 갖게 되었다. 그리고 지금은

---

21) (옮긴이 주) 역사와 지리학.

생각을 말로나 글로 질서 정연하게 가다듬고 경쾌하게 표현하고자 무척이나 애를 쓴다.

올바른 교사라면, 맡은 직책을 지혜롭게 수행하고자 할 경우 하나님을 염두에 두고 깨어있어야 한다. 그는 자연과 성서에서, 그리고 이 두 방편에 의해 동일하게 우리 영혼 속에 나타나시는 하나님을 모방해야 한다. 전능하신 하나님께서는 아무것도 아끼지 않으시고, 인간을 위해서라면 모든 것을 내어주시는 분으로서 가장 경제적이시며 가장 더디시다. 그분께서는 시간을 경제적으로 운용하는 법칙을 갖고서 인내하며 열매를 기다리시는데, 이 법칙이 우리의 원칙이 되었으면 한다. 중요한 것은 아이들과 우리 인간이 무엇을 얼마나 많이 알고 있는가가 아니라, 어떻게 알고 있는가이다. 그분께서 제자들에게 말씀하시기를, 너희들이 말할 필요가 있을 때에 우선은 어떻게 말해야 하는지를, 다음에는 무엇을 말해야 하는지를 일러주겠다고 하신다.[22] 이 질서가 우리 인간에게는 뒤바뀌어 있는 것 같다. 그런데 그 질서는 말하자면 하나님 고유의 특성이며, 그분 자신이 걸으신 길을 통해 성화(聖化)되어 있다.

깨끗한 자에게는 모든 것이 깨끗하다.[23] 타고난 미각은 음식의 질을 구분할 수 있고, 타고난 절제는 음식과의 관계를 규정할 수 있다. 그런데 하나님께 감사를 드리고, 그분의 뜻에 따라 그분의 뜻과 더불어 음식을 먹는 것은 다만 믿음의 결과이자 하나님의 축복을 받는 조건이다. 우리가 뿌리는 것은 식물 전체나 그 식물의 열매 전체가 아니라, 식물의 가장 작은 부분인 씨에 불과하다. 그런데 씨가

---

22) (옮긴이 주) 마태복음 10장 19절.
23) 디도서 1장 15절 참조.

[N II, 15]

[15] 발아할 수 있기 위해서는 씨조차도 불필요하고 씨가, 씨의 몸체가 썩어야 한다. 하지만 땅이 준비되어 있지 않고 계절에 주의하지 않는다면 씨는 발아하지 않는다. 따라서 씨의 성장은 불가피하게도 씨의 본성 자체보다는 이러한 조건들에 달려있다. 그 때문에 아이들을 가르치는 수단은 아무리 간단하다고 한들 충분하지 않다. 비록 간단하다 할지라도 그 수단에는 항상 쓸데없고 무익하고 덧없는 것이 많이 있다. 그런데 수단은 많은 효과를 거두어야 하며, 그 속에는 사용하고 실행하기 위한 다양성과 생산성이 들어 있어야 한다. 아이들은 읽는 것을 배우자마자 본보기를 선택해야 하는데, 이는 본보기를 통해 그들이 지성에서는 빛을, 가슴에서는 덕을 수용하도록 하기 위함인 것이다. 단지 독서하기 위해서 아무 책이나 골라서는 안 된다. 독서가 주요 의도라 할지라도, 독서 자체는 감각적인 주의력의 사용, 개념의 공개와 설명, 좋은 느낌의 각성, 그리고 좋은 성향의 예비 교육을 준비해주는 부차적인 의도로 간주해야 한다. 이와 마찬가지로 외국어 습득도 모국어를 좀 더 잘 이해하고, 사유가 풍성해지며, 사유를 분석하고, 사유의 기호를 서로 비교하고, 이의 차이점을 인지하는 보조 수단으로 사용했으면 한다. 간단히 말하자면, 외국어 습득은 단순한 기억력의 작용처럼 보일지 모르지만, 보다 고차적이고 중요하고 어려우며 종교적인 것을 준비하고 훈련하는데 사용했으면 하는 것이다. 이러한 교수법의 결핍으로 인해 언어는 무척 어렵고 딱딱하고 번거롭고 공허하며 무익한 것이 된다. 장차 가장(家長), 목동, 수공업자 등이 되어야할 아이들이, 아이에 불과한 그들이 그리스와 로마 영웅들의 행적과 타민족과 낯선 윤리 등에 대해 어떤 관계와 친화성을 지니고 있겠는가? 이러한 것들의

사용을 더욱이 용서할 수 없는 이유는, 세계는 윤리적인 규칙, 이야기 등 속에 언어의 모형을 지니고 있고, 그 속에서는 순수함과 다양성과 우아함이 내용과 유익성에 의해 돋보이기 때문이다. 지방의 지주귀족이라면 알렉산더 대왕의 생애나 플리니우스의 편지보다는 오히려 경작에 관한 저술가들의 책을 라틴어 교재로 삼았으면 한다. 그리고 내가 항상 원했던 것은 내가 상당히 유익하게 사용했던 어느 프랑스 저술가의 탁월한 저서 모음집과 같은, 산문과 운문으로 된 로마 경제총서의 발췌록이다. 이 바람이 이루어진다면 라틴어는 젊은 귀족뿐만 아니라 많은 시민의 아이들에게도 좀 더 쉽고 편하며 유익해질 것이다. 그리고 이로 인해 공공 단체와 개별 시민에게는 무척 중요한 경제에 대한 이해의 폭도 확장될 것이다. 바로 이런 덧붙이는 말을 내 자신은 쓰기에서 일부 사용했다. 왜냐하면 아이들로 하여금 모사하게 하는 그림책은 연습장과 마찬가지로 읽는 것을 가르치기 위해 사용되어야 하고, 쓰기에서조차도 눈대중과 주의력의 달성에 끊임없이 주목해야만 하기 때문이다. 내 자신이 받은 교육을 고찰하다보니 주제에서 지나치게 벗어났는지도 모른다. 그러나 이것은 매우 중요한 일이며, 나는 항상 양을 치라는 하나님의 다정한 음성[24]을 마음속에서 듣기에 이 대상에 대해 상당히 많은 것을 쓰고 싶어 하는 마음을 거역할 수 없는 것이다.

[16]

내 생각에 아이들이 쓰기에 익숙해지려면 많은 시간과 노력이 필요하고 지루함을 극복해야 한다. 몇몇 아이들의 경우에는 이른 시기에 쓰기 지도를 받는 것이 그들에게 더욱더 불리하다. 쓰기는 건

---

24) (옮긴이 주) 요한복음 21장 15-17절 참조.

[N II, 16]

강에 해롭기도 한데, 그 이유는 이 작업을 하려면 오래 앉아있어야 하고, 아무것도 하지 않거나 적어도 한가하게 생각에 잠겨있는 와중에도 짜증내며 손을 놀려야 하기 때문이다. 어찌하여 아이가 철자 a 혹은 b를 쓰고 싶어 하겠는가. 아니면 24개의 철자를 따라 쓸 수 있는 방법을 익히기까지에는 수년이 걸리지 않을까. 차라리 아이들이 붓과 연필로 그림을 그리거나 상형문자의 필법(筆法)으로 시작하도록 하는 것이 낫지 않을까. 이것이 더 쉬울지도 모른다. 왜냐하면 우리 모두는 모방하는 것을, 특히 자연을 모방하는 것을 타고났기 때문이다. 시각(視覺), 눈의 판단, 비례와 가시적인 아름다움에 대한 감각과 취향, 유사성과 비유사성의 비교, 이 속에 사고력의 큰 이점이 있다. 이것이 더 유익할지 모른다. 이것은 모든 수공업자를 도와 작업을 완벽하게 해줄 것이고, 여행자에게는 이루 다 말할 수 없는 이점이 될 것이다. 이것은 여성과 젊은 사람들의 일반적인 소일거리가 될 것이며, 자연물과 예술품에 대한 날카롭고 비판적인 안목을 불어넣어 줄 것이다. 그리고 우리에게는 우아하고 날랜 필체를 준비시켜 줄 것이다. 철자를 그리는 기술의 이 부분이야말로 더 쉽고 더 빠르게 습득될 것이다. 예술사와 철자를 그리는 기술에 있어 인간 본능의 역사가 이를 더욱 더 확증해주는 것 같다. 화가는 최초의 쓰기의 대가이지 않았던가. 그리고 시인과 연설가는 최초의 저술가이지 않았던가. 세계의 완전성은 자연과 동떨어진 곳에 있는 것 같다. 우리는 유행과 습관으로 인해 얼마나 자연스럽지 못하게 되었는가. 그리고 우리 시대에는 옛날 윤리의 소박함과 순수함으로 되돌아가기가 얼마나 어려운가.

올곧은 아버지는 내가 받은 학교교육의 맹점을 일부 알고 있었다. 아버지는 한 목사미망인의 가정교사에게 내가 그 친절한 부인의 아들들과 함께 특별수업을 받게 해달라고 간청했다. 그러면서 가장 탁월한 가정교사들 중의 한 사람을 대체하고자 했다. 나는 복음의 순전한 젖25)에 만족하기보다는 온갖 이단과 과오에 정통하려는 호기심과 유치한 건방짐이라는 다른 나쁜 길에 빠져들었다. 이런 식으로 우리 영혼과 모든 선함의 적(敵)은 가라지로 하나님의 밀을 질식시키고자 한다.26) 내 머릿속은 남과 구별되고자 이단이었거나 이단을 만들었던 모든 바보들의 이름과 그들의 몰취미한 논쟁으로 가득 채워졌다. 우리가 사탄과 함께 우리 영혼을 지으려고 작정할 때, 사탄은 우리 영혼을 돌 파편 더미 아래에 파묻는다. 하나님과 그분의 영께서 그 더미를 치우시기만 하는 데에도 얼마나 많은 수고를 하실까.

[17]

바로 그 집에서27) 나는 동생과 함께 한 아이의 병에 감염되는 불운을 겪었다. 그 아이는 독성 있는 발진을 타고 났는데, 치유 받을 수 없어서 어린 나이에 죽고 말았다. 그 아이는 우리가 썼던 모자를 보고 순진하게도 쓰고 싶은 유혹에 빠졌던 것이다. 우리 형제 둘은 매우 오랫동안 이 병을 배겨냈지만, 이것이 돌아가신 어머니에게는 커다란 고생이자 근심거리였다. 그 아이는 성병조차도 치료하는 가장 강한 약도 견뎌냈다. 우리는 종종 수주일 동안 학교를 다니지 못했다. 하나님께서는 은혜를 베푸시어 우리 두 형제를 고쳐주셨다. 나는 거듭 그분께 감사드린다. 그분께서는 내가 피와 가슴 속에 있

---

25) 베드로전서 2장 2절.
26) 마태복음 13장 25절 참조.
27) (옮긴이 주) 목사미망인의 집.

는 죄의 독을 전염시키는 이 지상에서, 그리고 죄인들의 패역한 세대[28] 가운데에서 순례를 해야 하는 동안에 끊임없이 나의 의사가 되어주고자 하신다.[29] 이 천연두를 치유 받았다는 표는 나의 벗겨진 머리에 있다. 모자를 썼던 부분의 머리카락이 가장자리를 따라 모두 빠졌다. 머리카락은 닳아 빠지고[30] 모근(毛根)에는 고름이 가득하여 악취를 견딜 수 없었지만, 어머니는 이를 마다하지 않았고 종종 눈물지으며 우리의 고통과 버릇없는 행동을 참아냈다. 다행히도 빠진 머리카락은 내가 지금까지 신체에서 잃어버렸던 유일한 것이며, 내가 앓았던 병은 지금까지의 내 삶에서 지속기간과 중요도 측면에서 볼 때 유일하게 주목을 끌만한 것이다. 병을 앓는 동안에 수차례에 걸쳐 현기증과 머리의 허약증세가 엄습했는데, 다행히도 외국에서는 더 이상 이런 증상들이 거의 느껴지지 않았다.

 하나님께서 내리신 이런 시련을 겪기 전에 아버지는 한 악한을 도제로 고용했다. 그 악한의 꾐에 빠져 나는 그런 시련을 직접 겪기도 했다. 나중에 그는 우리 집을 방문하여 스웨덴에 정착했다고 거짓말을 했다. 하나님! 그와 저를 용서해주소서. 내가 직접 경험한 이 서글픈 일은 긍정적인 효과를 거두기도 했다. 이 일로 인해 나는 아이들이 고용인 및 하인과 맺는 모든 교제에 대해 가능하면 엄격하고 신중해졌다. 이것을 나는 두 차례의 가정교사 생활에서 할 수 있는 한 주안점으로 삼고자 했다. 다른 사람의 죄에 비해 우리 자신

[18]

---

28) 마태복음 17장 17절.
29) 출애굽기 15장 26절, 마태복음 9장 12절 참조.
30) (옮긴이 주) 이 부분의 번역은 나들러 판("schwuren aus") 대신 바이어와 바이센보른 판("scheuern aus")을 따랐다.

의 죄를 사소하게 생각하도록 하는 것이 사탄의 윤리학이자 결의론(決疑論)임을 이제야 알겠다. 나의 이성은 항상 간음을 매우 인간적이고 쓸데없는 범죄로 생각했다. 나는 요셉의 이야기31)를 읽었으나, 그것은 나에게 유익하지 않았다. 나는 그런 이야기를 불행한 결혼의 불운이나 간통의 위증을 피하기 위한 덕의 수단으로 간주했다. 인간은 하나님의 영의 것을 거의 듣지 않는다.32) 나는 리가33)에서 간통 직전까지 갔었다. 나는 육체와 피의 유혹뿐만 아니라 재치와 마음의 유혹도 받았으나, 하나님께서는 은혜로우셔서 지금까지 나를 창녀의 덫으로부터도 기적적으로 지켜주셨다. 하나님, 저에게 은혜를 베푸사 정신과 육체의 모든 더러움으로부터 보호해주소서!34) 당신께서 내주(內住)하여 성화시키고자 하시는 이 질그릇35)을 그리스도의 지체로 삼아주시고, 온갖 부정으로부터 깨끗하고 온전하게 지켜주소서!36)

내 교육의 마지막 단계를 언급하기 전에 작은 무허가 학교와 초등교육 담당 교육시설(Nebenschule)에 대해 한 가지 더 고찰하고자 한다. 몇몇 사람들은 이런 유형의 학교에 마음이 사로잡혀 이것들을 공립학교보다 더 선호한다. 나는 이들과는 생각이 다르다. 내가 보기에 학생 수가 중간정도이면 다수일 때보다 훨씬 더 많은 수고와 노력을 요한다. 그리고 소수일 경우에는 윤리적으로 학생들에

---

31) (옮긴이 주) 창세기 39장.
32) 고린도전서 2장 11절 참조.
33) (옮긴이 주) 현재 라트비아의 수도.
34) 고린도후서 7장 1절 참조.
35) 고린도후서 4장 7절.
36) 데살로니가전서 5장 23절 참조.

[N II, 19]

게 이롭지 않다. 왜냐하면 학생들은 비교적 쉽게 친해지고, 이로 인해 서로 시기하고 미워할 기회보다는 친밀함을 악용할 기회가 더 많이 생기기 때문이다. 시기와 미움은 많은 학생들 사이에서는 그렇게 해롭지 않고, 경쟁심을 유발하고 격려하는데 더 많은 기여를 한다.

나의 아버지는, 올곧은 나의 아버지는 이런 훈육환경 속에서 내가 배움에 진일보하리라고 지나치게 좋은 희망을, 그리고 어쩌면 당연한 것보다 더 큰 희망을 품었다. 그러다가 심히 염려하며 이 훈육환경에서 나를 데리고 나왔다. 결국 아버지는 나를 공립학교에 보내기로 결심하고 크나이프호프 공립학교라는 운 좋은 선택을 했다. 나는 저학년 학생들이 학문의 자유를 누리고 있는 것을 보았고, 6등으로 2학년에 편입하는 것에 만족해야만 했다. 2학년에서 나는 라틴어 작가들을 배웠는데, 이 작가들을 너무 잘 알고 있었기에 준비 없이도 다른 학생들보다 실력이 앞섰다. 나는 공식적인 시험기간 직전에 이 학교에 들어갔다. 그 때문에 상당히 신중한 학교장은 내 실력을 높이 평가하지 않았다. 나는 여기에서 역사, 지리학, 그리고 문체론도 시작할 기회를 가졌다. 학교장은 살테니우스[37] 박사로 공로가 많고 박식하며 경건한 남자이자, 보기 드문 특별한 재능을 지닌 남자로서 충실히 직무를 수행했으며 지혜롭고 올곧았다. 교장 다음으로 내가 누구보다도 감사해야 할 교사는 부흐홀츠[38]와 헤롤트[39]이다. 이들은 현재 설교가로 활동하고 있는데, 전자는 구

[19]

---

37) Daniel Salthenius(1701-1750).
38) Johann Christoph Buchholtz(1719-1773).
39) Georg Christoph Herold(1716-1779).

[N II, 19]

시가지에, 후자는 시골에 거주한다. 이들은 능숙하고 애정이 많으며 경건한 쌍둥이 같았고 기질에 있어서는 모범적이자 독보적이었다.

학력평가 실시 후 첫 번째 승반 때 나는 1등으로 3학년에 올라갔다. 이를 두고 학우들은 나를 시샘하지는 않았다. 이처럼 사소한 기쁨에도 불구하고 발진 때문에 좋은 시절을 학교에서 떠나 있어야 했다. 이 학교에서 나는 철학과 수학, 신학과 히브리어에 대한 최초의 개념을 얻었다. 여기에서 탈선의 새로운 장(場)이 나에게 열리게 된 셈이다. 그래서 내 뇌는 전혀 새로운 상품들이 진열된 대목장 점포가 되었다. 이런 혼란은 원래 대학교에서 겪게 되는데, 나는 이미 그것을 안고 대학교에 들어갔다. 나는 1746년 3월 30일에 대학교에 등록했다.[40]

나는 철학과 수학의 모든 분야에서, 그리고 대수학에 대한 강의에서 저명한 크누첸[41] 교수의 제자였으며, 물리신학[42] 협회의 회원

---

[40] 차케르트(Paul Tschackert)에 따르면, 하만은 1746년 4월 25일에 쾨니히스베르크 대학교 신학 학부에 입학했다.
[41] Martin Knutzen(1713-1751), 쾨니히스베르크 대학 철학교수이자 칸트의 스승.
[42] (옮긴이 주) "17세기에 자연과학과 철학이 발전함에 따라 기존의 신앙체계는 심각한 위협을 받는다. 이에 교회와 신학자들은 기독교의 관점에서 새로운 자연과학적, 철학적 인식들을 수용해야할 필요성을 느낀다. 이러한 위기감에서 태동한 물리신학은 신을 세상의 창조주로 인정하고 세상에서 전개되는 현상에서 신의 존재를 입증하려는 학문이다. 물리신학적인 연구는 2단계로 이루어진다. 우선 혼란스럽게 보이는 자연 속에서 질서 내지 규칙성을 발견해내고, 그 다음 이 질서가 합목적적임을 증명함으로써 신의 존재를 입증한다. 물리신학은 신을 효과적으로 [...] 이해하기 쉽게 증명해주지만, 칸트가 지적하듯이, 자연현상의 본질적인 원인을 규명하려고 노력하는 대신에 모든 현상을 너무 성급하게 신으로 소급함

이기도 했다. 이 협회는 크누첸 교수의 역량으로 설립되었으나 성공하지는 못했다. 나는 배우고 유익하게 될 이 모든 기회를 기다림에 있어 거의 충실하지도 못했고, 거의 질서도 없었으며, 거의 이득을 얻지도 못했다. - - 나는 아버지가 흘린 힘겨운 땀을 헛되게 한다고는, 그리고 아주 기꺼이 자신의 필요를 부인하고서 투신했던 것의 열매를 보고자 하는 아버지의 달콤한 희망을 저버린다고는 거의 생각하지 못했다. 하나님, [저의 기도를] 들어주시고 용서해주소서! - - 그[43)]의 자식이 그에게서 빼앗은 것을 그에게 갚아주소서 - - 그러나 그 책임은 저에게 돌리지 마소서. 아니면 제가 받아 마땅한 벌이 너무 무겁게 느껴지지 않도록 해주소서. 제가 이런 사실을 깨달으며 느낀 후회와 고통에 만족하게 하소서 - - 그리고 이런 사실을 너무 늦게 깨닫지 않도록 해주소서.

그다지 유명하지 않은 교사 한 명을 회고하면 비교적 마음이 편안하다. 하나님께서는 그가 억압당하고 비참하며 어두운 상황 속에서 살도록 하셨다. 그는 더 나은 운명을 누릴 만했다. 그에게는 세상의 주목을 받지 못하고, 그 때문에 보답도 받지 못하는 성품이 있었다. 그의 말년은 그의 인생처럼 눈에 띄지 않았다. 나는 그의 말년이 축복받았음을 의심하지 않는다. 그는 라폴트[44)]였다. 그는 기독교 철학자의 경건성과 소박함과 겸손함으로 자연의 사물을 판단하는 예리한 감각을 지녔고, 로마 저술가들의 정신과 이들의 언어

으로써 학문 전반을 위태롭게 할 소지가 있다."(김대권, 「18세기 언어이론과 헤르더의 언어철학」 (독일문학 85(2003), 441-442쪽))
43) (옮긴이 주) 하만의 아버지.
44) Karl Heinrich Rappolt(1702-1753), 쾨니히스베르크 대학 물리학 교수.

정신을 모방하는 대단한 힘을 지니고 있었다. 하나님! 당신의 축복과 라폴트의 축복이 그의 아들들 위에 임하게 해주소서!

나는 학문의 앞마당에서 방황하는 동안에 신학에 대해 받았다고 생각했던 소명을 잃어버렸다. 나의 혀와 약한 기억력에서는 하나의 장애물을 발견했고, 나의 사고방식과 성직(聖職)의 부패한 윤리와, 내가 중시하는 성직의 의무에서는 많은 위선적인 장애물을 발견했다. 물론 내가 스스로를 위와 같은 장애물의 원인 제공자로 간주했을 때, 그것은 잘못된 생각이 아니었다. 나는 모든 선함의 근원을 잊어버렸다.[45] 나는 그 근원으로부터 모든 것을 고대하고 나에게 부족한 것을 기대할 수 있었으며, 그 선함의 도움을 받아 나에게 방해가 되는 모든 것을 극복할 수 있었는데도 말이다.

대학생이 된 나는 나의 대부이자 고해신부[46]의 집에서 매주 식사를 하며 그의 총애를 받았다. 나는 그의 아들들 중에서, 특히 신학자인 릴리엔탈[47] 박사의 총애도 받아 그의 집에서도 마찬가지로 매주 한 번씩 식사를 했다. 릴리엔탈 박사는 자신의 아버지처럼 저서를 통해 이름을 떨쳤다. 따라서 나는 일주일에 두 차례 무료 식사를 하면서 공부할 기회를 가졌고, 이 기회를 통해 수줍음을 떨쳐버리려고 노력했다. 하지만 나는 이후로 계속해서 수줍음을 탔으며, 지금도 여전히 그렇다. 나는 분명히 이런 모든 편리한 점들을 실제보다 더 잘 이용할 수 있었으나, 몇몇 경우에서는 배은망덕하다는 인

---

45) 예레미야 2장 13절, 17장 13절 참조.
46) Michael Lilienthal(1686-1750), 부제(副祭).
47) Theodor Christoph Lilienthal(1717-1781), 목사이자 쾨니히스베르크 대학 신학교수.

[N II, 21]

상을 주었다.

앞에서 언급한 대부는 나에게 다양한 많은 책을 선사했고, 마찬가지로 기독교 예비 교육도 시켜주었다. 그리고 내 기억이 틀리지 않다면, 1743년 아니면 1744년 부활절이 지난 주일에 수많은 회중이 모인 가운데 나에게 견진성사를 베풀어주었다. 그가 「아, 주님! 당신의 진노는 너무도 크십니다.」라는 찬송가[48] 제7절을 가지고 단위에 섰던 것이 기억난다.

> 당신[49]께서는 어린양을 잘 치십니다.
> 가슴에 그것들을 안고서
> 팔에는 그것들이 가득하며
> 약한 것은 충실히 돌봐주십니다.
> 그 누구도 당신의 손에서 어린양을 빼앗지 못 합니다.
> 당신께서는 그것들을 위해 피를 흘리시고
> 비싼 대가를 치르고 우리를 살려주셨습니다.
> 당신께서는 우리에게 징표를 주셨고
> 십자가의 짐을 너무 무겁게 하지 않으셨기에
> 만물은 당신께 복종해야 합니다.

[21]   다시 이후의 내 삶으로 되돌아간다. 내가 신학과 모든 진지한 학문에 대한 취향으로부터 멀어진 것은 내 안에서 싹튼 고대와 비판에 대한 새로운 애착 때문이었다. - - 게다가 시, 소설, 문헌학과 같은 소위 순수하고 우아한 학문들과 프랑스 작가들, 그리고 창작하

---

48) 데르쇼(Bernhard Derschow, 1591-1639)의 곡으로 모두 8절로 이루어져 있다.
49) (옮긴이 주) 예수.

고 서술하고 묘사하고 상상력을 만족시키는 이들의 재능 등에 대한 애착 때문이었다. 하나님, 제가 타고난 힘을 남용한 것을 용서해주소서. 내가 그 힘을 합당하고 훌륭하게 사용했더라면 아마도 그 힘은 도드라져서 세상에게나 내 자신에게도 유익이 되었을 것이다. 나는 하나님의 집과 지상에서의 그분의 역사(役事)를 위해 그 힘을 바쳤다가 나중에는 그것을 훼손하고 망쳐놓았다. - - 아버지가 나를 위해 쏟은 귀중한 시간과 비용을 낭비했고, 노년에 자녀에게 의지하고자 하는 그의 희망을 저버렸다. 은혜로우신 나의 하나님! 저의 기도를 들으시고 용서해주소서. 너무 늦은 게 아니라면 제가 망쳐놓은 것을 개선해주소서. 그리고 당신께서 저에게 베풀어주고자 하시는 대사(大赦)의 해가 더욱 축복받게 해주소서. 저의 모든 실수가 저의 가장 뛰어난 점이 되게 해주소서. 그 실수가 결국 제가 현명해지고, 제 자신이 부딪혀서 난파했던 암초를 다른 사람들에게 더욱 더 힘주어 열심히 경고하는데 이바지하게 하소서!

나는 겉으로만 법률학을 신봉했다. 나는 우둔하여, 빵 때문에 공부하는 것이 아니라, 좋아서 소일거리로 학문자체를 사랑하여 공부한다는 일종의 고결함과 고상함을 항상 느꼈다. 그래서 무사 여신의 일용근로자와 머슴이기보다는 그 여신의 순교자인 것이 더 좋을 지경이었다. 허튼소리 같은 것은 잘 다듬어지고 소리가 꽉찬 말로 표현할 수 있다. 따라서 나는 예습과 복습을 하지 않은 채, 법률가가 되겠다는 진지함과 그러기 위한 성실함 없이 제도와 로마 법령집 발췌록(Pandecten)에 관한 강의를 들었다. 이것은 내가 신학자가 되기 위한 성실함을 지니지도 보여주지도 못했던 것과 마찬가지였다.

[N II, 22]

그러는 동안에 가정교사 자리를 얻고자 하는 생각이 언제나 내 머리 속에서 떠나지 않았다. 이는 기회가 되면 세상에서 자유를 누려보고자 함이었다. 부모님이 몇 가지 일에서 나에게 강요를 하는 것 같아, 나는 스스로 돈을 관리하고 싶었다. 부모님은 나를 위한다며 좀처럼 돈을 주지도 않았지만, 나는 수중에 있는 돈을 보다 잘 절약하는 방법을 너무 늦게 배우기도 했다. 아마도 나의 수입에는 적은 것을 쓰고도 남게 하시는 하나님의 어떠한 축복도 없었던 것 같다. 이에 한 몫을 한 것으로는 무질서, 내 기질의 전반적이고 근본적인 결함, 잘못된 고결함, 너무 맹목적인 사랑과 타인의 판단에 대한 호감, 그리고 일부는 미숙함과 무지에서 기인하는 경솔함이 있다.

[그런데] 우연히 나의 뜻은 실현되었다. 한 설교가[50]가 프로이센에 있는 부모와 친구들을 만나러 리프란트[51]에서 왔다. 그는 가정교사로 우리에게 피아노를 가르친 적이 있었다. 그는 우리 집에 왔다. 나는 그의 행실과 행동거지가 상당히 변했으리라 생각했다. 왜냐하면 나는 리프란트인들 가운데 몇몇 친구가 있었던 관계로, 여하튼 리프란트와 리프란트인의 생활방식에 대해 상당히 호의적인 선입견을 품고 있었기 때문이다. 그는 리프란트에 비어있는 여러 가정교사 자리를 채우고자 했다. 무엇보다도 그가 설교가로 있었던 대농장에 자리가 하나 있었는데, 유리한 조건은 아니었다. 외아들, 매우 부유한 집, 이웃사람들과 그 밖의 다른 것들 등으로 인해 마음

---

50) 블랑크(Johann Gottlieb Blank, 1723-1764).
51) (옮긴이 주) 발트 해 연안지역으로 현재의 라트비아와 에스토니아 지역을 아우른다.

[N II, 22]

이 동하여 나는 이 자리를 수락했다. 나는 부모님의 훈계와 내가 들어갈 집의 부인에 대한 사람들의 나쁜 예언에도 불구하고 결심했던 것이다.

나는 1752년 11월에 부모님 집을 떠났다. 어머니는 몹시 서러워했고, 아버지는 성문까지 나를 바래다주었다. 나이든 슈바벤 사람이자 정직하고 총명한 두뇌를 지닌 바그너는 우리의 이웃이며 한 상점의 경리였는데, 나와 함께 일 마일을 같이 갔다가 아침에 걸어서 다시 도시로 돌아갔다. 운이 좋게도 게리케[52]라는 좋은 친구와 함께 여행을 했다. 그의 이복형제[53]는 쿠를란트[54]에서 나에게 친절한 도움을 많이 베풀어 주었으며, 나는 리가에 있는 이 두 형제의 부모 집에서 특별한 호의와 사랑을 받았다.

늦가을임에도 불구하고 날씨와 길은 아주 좋았으며 석호(潟湖)를 건너는 것도 매우 순조로웠다. 한 점원[55]과의 교제는 매우 유쾌하고 기분 좋았다. 그는 내가 리가에 있을 때 결혼하여 그곳에서 사업을 시작했다. 그밖에 한 아르메니아 상인이 있었는데, 그는 단 한 언어도 이해하지 못했지만 모든 나라를 두루 여행했고 수다를 상당히 즐겼다. 그가 신호와 동작을 해보였지만, 우리가 이것들을 잘못 해석함으로써 상당히 유쾌한 분위기가 조성되곤 했다. 그는 놀라울 정도로 절제된 생활을 했으며, 더 이상 젊어 보이지 않음에도 불구하고 정신과 육체는 감탄할 정도로 쾌활하고 활기찼다.

---

52) Johann Christoph Gericke.
53) 파리지우스(Parisius).
54) (옮긴이 주) 라트비아의 서쪽 지방.
55) 에카르트(Eckart).

[N II, 23]

[23]
    리가에서 나는 아버지의 고향 사람[56] 집을 들렀다. 그는 상당히 오랫동안 전혀 허물없이 우리 집을 출입했었다. 이어서 나는 부트베르크 남작부인[57]이 살고 있는 대농장으로 여행을 떠났다. 그 농장은 케겔른에 위치하며, 리가에서 12마일 떨어져 있다. 나는 어느 토요일에 이 대농장의 목사관이 있는 파펜도르프에 도착했고, 다음 날 일요일에 남작 부인의 가족을 보았다. 9살 아이[58]가 있었는데, 매우 수줍어하고 무뚝뚝하나 다정스럽게 보였다. 그 아이 외에 그의 여동생, 그리고 남작부인이 키우고 있는 고아 하나가 있었다. 이 새로운 직업에서의 출발은 무척 힘들었다. 내가 양육해야 할 대상은 내 자신과 미숙한 남자 아이, 그리고 어그러지고 거칠며 무지한 어머니[59]였다. 나는 밭을 가는 용기 있는 준마처럼 많은 열의와 올곧은 의도를 갖고서 나아갔다. [하지만 지혜롭지 못했고 내 자신을 너무 과신했으며, 뒤돌아 보건대,[60] 내가 선한 일을 했거나 하고자 했을 때 인간적인 어리석음이 드러났다. 우리에게는 선천적으로 자신의 노력을 과대평가하고, 그 노력의 효과를 불가피한 결과로 간주하여 기대하나, 다른 사람들의 의무는 우리의 선입견과 기호에 비추어 저울질하고 평가하는 성향이 있다. 농부는 세심한 농장경영

---

56) 벨거(Philipp Belger), 고등 재판소 변호사.
57) Barbara Helene(Helena) von Budberg(1716-1781).
58) Woldemar Dietrich von Budberg(1740-1784). 실은 하만이 부트베르크 남작의 아들을 가르치기 시작했을 때 학생의 나이는 9살이 아니라 12세였다.
59) (옮긴이 주) 남작부인.
60) (옮긴이 주) 이 부분의 번역은 나들러 판("Zuversicht") 대신 바이어와 바이센보른 판("Zurücksicht")을 따랐다.

[N II, 23]

법만으로는 백배의 소출을 기대할 수 없다. 토지, 날씨, 씨앗의 특성, 작은 해충, 우리의 주목을 끌지 않는 것들, 그리고 무엇보다도 하나님의 섭리와 통치의 형통함이 소출에 영향을 준다. 사람들이 내 행위를 인지해야 하고, 때로는 감탄해야 하며, 심지어 내 행위를 보고 부끄러움을 느껴야 한다. [그런데] 이 모든 것은 부정한 충동으로서, 우리 힘의 사용을 혼란시키고 치욕스럽게 한다. 하나님께서는 나에게 무한히 많은 은혜를 베푸셨고, 내 능력 이상의 인내[61]와 현명함과 행운을 주셨다. 이 모든 것은 어쩌면 경건한 우리 부모님의 기도의 결과이자 너그러우신 하나님의 오래 참으심과 은혜였는지도 모른다. 그런데 나는 추측하건대, 그것을 내 자신의 공로로 돌렸었다. 나의 비사교적이거나 기이한 생활방식은 일부는 가상이고, 일부는 위장된 현명함이며, 일부는 내면의 불안함의 결과였다. 이로 인해 나는 내 생애에서 매우 오랫동안 병약했다. 불만족과 스스로 참지 못함, 그리고 이와 같은 것을 자신의 수수께끼로 만드는 허영심이 - - 나를 많이 망가뜨렸고 불쾌하게 했다. 나는 남작부인에게 자녀 교육에 관한 두 통의 편지[62]를 썼다. 그 편지는 그녀의 양심을 일깨워야 했지만, 전혀 이해받지 못했고, 오히려 불에 기름을 붓는 격이 되었다. 그리하여 나는 그 집에 머문 지 반년도 되지 않았는데 뜻밖에 해고를 당해 자존심에 상당한 상처를 입었다. [하지만 다정한 그 아이로 인해, 그리고 잘못도 없이 고통을 겪었다[63]거나

---

61) (옮긴이 주) 이 부분의 번역은 나들러 판("mehr Gedult, als ist fähig war") 대신 바이어와 바이센보른 판("mehr Gedult, als ich fähig war") 을 따랐다.
62) 이에 대해서는 ZH I, 46-47, 50-52 참조.
63) (옮긴이 주) 이 부분의 번역은 나들러 판("unschuldig zugleich") 대신

[24] 선을 악으로 되갚음 당했다고 자위하며 어느 정도 상처를 달랬다. 나는 할 수 있는 한 종교와 덕이라는 외투 안에 몸을 감싸고 그것으로 내 알몸을 가리고자 했다. 그러나 분노로 씩씩거리며 복수하고자 했고, 나의 정당함을 밝히고자 했다. [하지만 시간이 지나면서 이것이 어리석은 짓임을 깨닫고 분노를 가라앉혔다.

그 이후에 나는 리가에서 몇 달을 보내며, 받았던 얼마 안 되는 돈을 다 써버렸다. 게다가 나는 하숙집 주인의 신세를 졌는데, 그는 내가 리가에 도착했을 때 들렀던 바로 아버지의 고향 사람이었다. 이 시기는 황량하고 인간혐오적인 근면함과, 쾌락과 게으름이라는 탈선으로 나눠졌다. 돈은 바닥이 났고, 마지막 남은 두카텐[64]은 어리석게도 쓸모없는 몇 권의 책을 사는데 써버렸다. 때로는 아무 걱정 없이 살기도 했고, 때로는 새로운 가정교사 자리를 얻고자 한 시도가 수포로 돌아가기도 했다. 하나님께서는 나를 긍휼히 여기셔서 나에게 쿠를란트에서 매우 유리한 기회와 문을 열어 주고자 이 남작부인의 매부[65]조차도 사용하셨다. 왜냐하면 나는 궁핍하여 수많은 잠 못 이루는 밤을 보냈기 때문이다. 나는 당혹감을 훨씬 강하게 느꼈는데, 나에게는 속마음을 털어놓을 친구가 없었고, 내가 묵었던 집에서는 나에게 매우 진저리를 쳤기 때문이다. 나는 선량한 부모님에 대한 이런 배은망덕한 짓으로 인해 주변 사람들에게 큰 죄를 저질렀다. 사실 이들은 매우 이기적이고, 자신들의 선행을 들먹이며 아주 우쭐댔다. 그렇다고 해서 우리가 이웃의 손길에서 받아 누리

바이어와 바이센보른 판("unschuldig zu leid[en]")을 따랐다.
64) (옮긴이 주) 13세기에서 19세기까지 전 유럽에서 통용되었던 금화.
65) (원주) 참사관 폰 캄펜하우젠.(Regierungsrath [Johann Christoph] von Campenhausen[(1714-1782)])

고 있는 선행을 깎아 내려서는 안 된다. 우리는 허영심으로 인해 [선행의] 직접적인 원인과 다른 사람이 우리를 어떻게 생각하는가에 대해 지나치게 고심하는데, 이는 감사해할 이유가 그만큼 덜 있기 위함이다. 나는 그들에게 똑 같이 되갚아주었다. 그렇지만 지금은 그런 행위를 고백하면서 부끄러움과 후회를 느낀다. 비록 내가 알기에 그렇게 행동한 것이 의도적이 아니라 일부는 무지해서, 일부는 곤궁해서였을 지라도 말이다.

나는 1753년 가장 좋은 계절에 비텐 장군[66]이 있는 쿠를란트로 갔다. 장군에게는 친정 성이 폰 랑인 백작부인[67]과 두 아들[68]이 있었다. 여기서 나는 두 가정교사의 후임으로 들어갔다. 그들은 같이 일했으며, 그들 중 한 사람은 허풍선이이자 야비한 인간이었고, 또 다른 사람은 천박한 두뇌의 소유자였다. 이 집의 두 자녀는 남작[69]의 자녀와는 달리 매우 상이한 기질을 지녔다. 이 집에서는 더 많은 훈육과 관찰과 엄격함이 필요했으며 희망사항이 더 많았는데, 그 이유는 이 집의 장남은 능력은 많았지만 내가 남작 댁에서 처음 가르쳤던 아이의 성향에 만족했던 만큼 그 장남의 성향에는 결코 만족할 수 없었기 때문이다. 하나님께서는 나에게, 또한 이 집의 자녀와 부모에게, 심지어는 이 집의 모든 권속들에게 이루 다 말할 수 없이 많은 은혜를 베풀어주셨다. [그런데] 나는 이전과 마찬가지로 그 은혜를 지나치게 내 공(功)으로 돌렸고, 내 공로에 비해 너무 과

[25]

---

66) Christoph Wilhelm von Witten(1702-1761).
67) Apollonia von Witten(1721-1771).
68) Peter Christoph von Witten(1744-?)과 Joseph Johann von Witten(1747-?).
69) (옮긴이 주) 부트베르크 남작.

[N II, 25]

한 요구를 했다. 나는 만족하지 못했고 초초했으며 성급하게 극단으로 치달았다. - - 무척 애쓰며 일 년을 견뎌냈고, 그 후 많은 번민과 불쾌함과 불만과 부분적으로는 치욕을 느끼며 - - 다시 리가로 갔다.

작별을 제외하고 이 집의 부모와 자녀들에게서 누린 특별한 호의 외에 나는 폰 오벤[70] 씨의 우정을 얻었다. 그는 베스트팔렌 사람으로 공적이 상당히 많았고, 보기 드문 마음과 탁월한 천재성을 겸비했다. 그와의 친근하고 유익하며 진심어린 교제를 통해 종종 나를 소중히 여겼던 것은 특별한 행복이었다. 사랑하는 하나님, 그에게 갚아주시고 그를 다스리시며 그를 완전히 행복하고 평안케 해주소서. 그와 나는 선한 의도를 지녔으나 그 의도에서 벗어난다는 점에서, 바람이 있지만 그 바람을 이루지 못한다는 점에서 어느 정도 유사했다.

그 다음으로 한 본토박이 터키인은 형제처럼 생각되는 친구[71]였다. 유감스럽게도 나는 그에게 상당히 배은망덕했다. 하나님, 저에게 은혜를 베푸사 제가 좋아했던 바사를 정당하게 평가하도록 해주소서. 그리고 그가 매우 올곧고 충실하며 다정한 마음으로 가능한 모든 방법을 동원하여 나에게 해준 모든 선한 일을 그에게 갚아주소서.

마찬가지로 러시아군 연대의 외과의사인 파리지우스 씨, 그리고 학식 있고 호감이 가는 석사(碩士) 하제[72]와 교제하면서 나는 여러

---

70) Major von Oven, 기병대위.
71) 바사(Bassa).
72) Christian Heinrich Haase, 목사.

달콤한 시간을 보냈다. 하제는 훨씬 공을 많이 세웠음에도 불구하고, 훨씬 고귀하고 보편적인 재능을 지녔음에도 불구하고, 득이 거의 되지 않았지만 자신의 예를 통해 보다 만족하고 겸손하게 사는 것을 가르쳤으나, 유감스럽게도 그의 노력은 수포로 돌아갔다.

이 자리에서 미타우[73])에 사는 린트너 박사[74])의 친근한 마음을 회상하면 내 마음이 특히 아프다. 나는 그의 인간관계와 지속적인 친밀함에 대해 찬사를 늘어놓지만, 그럴수록 더욱더 그의 운명이 불쌍하다는 생각이 든다. 왜냐하면 지금 내 운명은 그와 너무나도 유사하기 때문이다. 하나님, 반드시 필요한 유일하신 분[75])과 제 자신을 인식시키기 위해 제 십자가를 축복해주셨던 것처럼, 그의 십자가를 축복해주소서. 제가 받았던 바로 그 위로로 그를 위로해주소서.[76]) 그리고 지금 제가 진심으로 하나님의 영을 부르고 있는데, 그에게 바로 그 진심을 선사하사 자기 자신을 개선하도록 해주소서. 또한 그를 인도하사 죄를 피하고, 죄로 인해 우리가 현재 들어서 있는 그릇된 길에서 다시 나오도록 도와주소서! 당신의 아들과 당신의 성스러운 이름을 위해 저의 기도를 들어주소서. 아멘!

나는 1755년 가장 좋은 여름에 내 자신의 혼란에 대해 골똘히 생각하며, 그러나 동시에 두 친구가 있음으로 해서 갖게 된 희망과 만족감에 가득차서 다시 리가로 돌아갔다. 그중 첫 번째 친구는 베렌스[77])인데, 하나님께서는 그를 특별한 도구로 사용하고 계신다. 나

---

73) (옮긴이 주) 옛 쿠를란트 공국의 중심도시.
74) Ehregott Friedrich Lindner(1733-1816).
75) (옮긴이 주) 예수.
76) 고린도후서 1장 3-5절 참조.
77) Johann Christoph Berens(1729-1792).

[N II, 26]

는 그분의 의도와 목적을 아직은 간파할 수 없다. 그분의 현명한 섭리는 인간을 사용하여 우리 삶 속에 매듭을 만들고, 그분의 영광과 우리를 위해 그 매듭을 풀 수도 있음을 온전히 신뢰하고 확신하며 살아가고 있지만 말이다. 이 특별한 친구는 내가 쾨니히스베르크에서 무척 좋아했던 사람들 중의 한 명이었다. 그는 그곳을 떠났다가 많은 이득과 명백한 이점을 안고서 다시 돌아왔다. 하나님께서는 사람들의 마음을 잘 아시고 시험하시며 사용할 줄 아신다. 그분께서는 어떻게 해서 친구의 마음이 나에게 강하게 사로잡혔는지 알고 계신다. 그분께서는 현명하게도 우리 둘을 이끌어 서로 유혹케 하셨다. 나는 이 일(Spiel)에 있어 하나님의 섭리를 믿는다. 각 사람의 머리털까지 센다는 섭리의 약속[78]을 받은 기독교인으로서 말이다. 이 친구는 나를 거의 잊지 않았고, 나에 대한 우정도 거의 변치 않았다. 그래서 그는 가능한한 서둘러 나를 찾았고, 그 때문에 뜻밖에 미타우까지 왔으며, 심지어 바로 그 날 밤에 급사(急使)를 보내 그륀호프[79]에 있는 [비텐 장군의] 집 전체를 발칵 뒤집어 놓았다. 나는 침대에서 나와 옷을 입고 그를 마중하러 급히 갔는데, 그는 편안히 자고 있었다. 그의 환영사는 특히 애정어리고 친근해서 나는 당혹해 하며 답사(答辭)에서 그의 인사에 필적하거나 아니면 그 수준에 도달하고자 했다. 그는 전망, 평가, 세계에 대한 이해, 새로운 학문, 금세기[80]의 지배적인 취향 등으로, 그리고 박애적인 마음과 풍부한 상상력이 낳을 수 있는 수많은 의미심장한 탈선으로써 나를 매혹했다.

---

78) (옮긴이 주) 마태복음 10장 30절, 누가복음 12장 7절 참조.
79) 비텐 장군의 집이 위치한 곳으로 미타우에서 멀지 않다.
80) (옮긴이 주) 18세기.

두 번째 친구는 린트너[81]인데, 나는 그의 집에서 하숙을 한 적이 있었다. 나는 대학교 일 학년 때부터 그와 형제처럼 친밀하게 지냈다. 그는 지금 리가 [성당학교의] 교장이다. 나는 이 삼두정치[82]에서 레피두스[83]였다. 그런데 우정은 우리들 셋 마음속에서 똑같이 강하게 끓어올랐다. 우리는 서로를 보고 싶어 하고 서로 즐기고 싶어 못 견디었다.

우리의 자연스럽고 인위적인 충동들 가운데 최고의 것들 속에는 얼마나 많은 찌꺼기가 있는가. 최고의 밀알의 씨앗을 참새귀리 풀로 만들고 변화시키는 땅은 틀림없이 못쓰게 된다. 자연 자체가 변질되는 일이 얼마나 쉬운지 - -

내가 리가에 왔을 때 마침 사람들은 별장에서 전원생활을 즐기고 있었다. 나는 베렌스 가족과 함께 피르몽 온천 요양을 하는 행운을 누렸다. 내 건강은 일부는 과제로 인해, 일부는 중요하지 않은 일을 두서없이 열심히 함으로써, 그리고 일부는 술렁대는 걱정으로 인해 상당한 해를 입었다. 이 걱정 가운데에서 나의 심정은 마치 폭풍이 몰아닥치는 바다 위의 작은 배처럼 끊임없이 이리저리 요동쳤다. 따라서 이 고마운 기회는 나에게 매우 유익했다. 나는 만족할 수 있는 모든 계기가 주어져 있음에도 불구하고 가장 고귀하고 가장 쾌활하며 가장 선량한 두 가문[84] 사람들과의 교제에서 느끼는 기쁨에 마냥 잠겨있을 수는 없었다. 내 뇌의 주변에는 구분할 수 없는 불분

[27]

---

81) Johann Gotthelf Lindner(1729-1776), 린트너(E. F. Lindner)의 형.
82) 하만, 베렌스(J. Chr. Berens), 린트너(J. G. Lindner)를 가리킨다.
83) Marcus Aemilius Lepidus(BC 90-12 경). 레피두스는 BC 43년에 안토니우스와 옥타비아누스와 결탁하여 삼두정치를 했다.
84) (옮긴이 주) 베렌스 가문과 린트너 가문.

[N II, 27]

명한 개념들이 있었고, 내 마음은 설명할 길 없는 동요를 느꼈다. 이 동요는 다름이 아니라 내 자신과 다른 사람들에 대한 불신이었고, 내가 그들에게 접근해야 하거나 그들에게 내 속마음을 털어놓아야 할 때 느끼는 고통이었다. 이런 상황에서 내가 가장 많이 머물렀던 곳은 내가 가장 경탄하고 가장 존경하며 나와 가장 절친했던 가문[85]의 집이었다. 나는 현실태의 나와 가능태의 나를 전혀 발견할 수 없었는데, 사람들이 나를 보고 현명하다고, 하물며 쓸모 있다고 생각할 수 있었다는 것이 어떻게 가능하단 말인가. 이것은 내가 전혀 이해할 수도 없었고 설명할 수도 없었던 비밀이다. 이 때문에 나는 이와 같은 모든 것들을 일부는 예감으로, 일부는 하나님의 손길의 역사(役事)로 간주한다. 어쩌면 나는 하나님의 손이 무겁게 내 위에 드리워져 있었기에,[86] 사람들이 베풀어준 온갖 선행의 혜택을 누리면서도 그것을 깨닫지 못했는지도 모른다. 이것이 내가 살면서 느꼈던 모든 불안감의 원인이다. 나는 하나님께서 내가 알지도 못한 채 그 밑에서 탄식했던 채찍을 이제는 내려놓으시고, 내 자신을 온전히 내맡길 그분의 은혜로운 뜻을 나에게 드러내실 것이라고 스스로 위로했다. 나는 모든 행위와 행동에서, 모든 시도와 계획에서 덜 익은 열매[87]였다. 왜냐하면 이 모든 것들은 하나님 없이 감행되고 시작되어 결실을 맺기보다는 실패했기 때문이다. 결국 나는 가시에 찔려 상처를 입고 피투성이가 되었으나 그 가시를 알고자 하지는 않았다. 그래서 단지 바라는 점은, 회개하고 믿는 죄인을 용서

---

85) (옮긴이 주) 베렌스 가문.
86) 시편 32편 4절 참조.
87) 고린도전서 15장 8절 참조.

하시며 지나간 모든 일을 잊으시겠다고 약속하신 은혜로우신 하나님이 앞으로의 나의 삶을 새롭고 성스럽게 해주셨으면 하는 것이다.

나는 리가에 살면서 친구 집에서 만족스런 시간을 많이 보냈고 상당한 호의를 받았다. 친구 집에서는 나를 형제로, 심지어는 거의 형으로 생각했다. 나는 교직(敎職)을 싫어했고, 효용성을 추구하는 시대 조류에 순응하여 무역과 경제적이고 정치적인 일들을 행하고자 했으며, 또한 그래야만 했다. 이 학문들이 맘에 들었던 이유는 새로움과 인간의 생활에 끼치는 영향 때문이었다. 부수적으로나마 형이상학적이거나 황당한 체계들보다는 이 학문들을 택할 수 있었더라면 더 좋았을 지도 모른다. 하지만 갑자기 작은 방에서 나와 능숙함과 실행과 인솔, 아니면 오히려 선도(先導)를 요하는 사업을 하기 위해 새로운 건물을 짓기 시작하는 것은 생각해본 적이 없었다.

리가에 있을 때, 운 좋게도 내가 처음 가르쳤던 학생인 부트베르크 남작의 아들88)을 친구 집에서 보았다. 나는 후임자로부터 앙갚음을 당했다. 나는 선의로 그 학생을 돌봐주며 친구가 하는 수업에서 보조 역할을 즐겨 감당했었다. 그런데 이것이 오히려 우리의 우정을 냉담케 하고, 그 학생의 마음속에 불쾌감이라는 매우 좋지 않은 인상을 심어주는 계기가 되었던 것 같다. 친구는 남작의 아들에 대한 나의 관심을 공격 내지 비난으로 생각하는 것 같았다. 그리고 남작의 아들은 나의 관심을 증오와 멸시로 갚았다. 어쩌면 우리 세 사람 모두 오해하고 있었는지도 모른다. 하지만 그 오해는 세 사람 모두에게 해로웠고, 나와 내 친구가 가장 큰 도움을 주고자 했고,

---

88) (옮긴이 주) Woldemar Dietrich von Budberg.

[N II, 29]

혹은 맘에 가장 많이 들려고 했던 남작의 아들에게 가장 큰 불쾌감을 불러 일으켰다.

시간이 지나면서 나는 우울해졌다. 왜냐하면 정직하게 자구책을 강구하고 내가 원하는 대로 쓰임을 받을 어떤 길도 보이지 않았기 때문이다. 하나님께서는 매우 특별하고 확실한 방법으로 다시 나를 돌봐주셨다. 나는 쿠를란트로, 다소 성급하게 손해가 되는 말을 하며 나왔던 적이 있었던 바로 그 집으로 다시 와달라는 아주 급한 전갈을 받았다. 그 곳에서는 나의 모든 요구를 들어주겠다고 자청했다. 곤경과 자기도취, 그리고 일부는 이성과 현명함이 이 부름을 수락하도록 했다. 이리하여 나는 그 해 말경에 쿠를란트와 그뢴호프로 돌아가 대단한 환영을 받았다.

1756년 초에 나는 사랑하는 아버지로부터 어머니가 편찮다는 슬픈 소식을 받았고, 그 후 얼마 지나지 않아서는 아직도 어머니를 보고자 한다면 집으로 돌아와 너를 보고 싶어 하는 어머니의 바람을 이루어달라는 애정 어린 명령을 받았다. 자애로운 어머니를 잃을 지도 모른다고 생각하니, 그리고 어머니가 나를 다시 보게 되었을 때 거의 위로받지 못할 것과 내 처지를 숙고해보니 다시 불안해졌다. 나는 150 알베르투스탈러[89]라는 넉넉한 급료를 받았지만 그 돈으로는 아무런 저고리도 사지 못했고, 심지어는 어리석고 비통한 리가 여행으로 인해 빚까지 졌다. 나는 친구를 보기 위해 리가로 갔으나, 그 친구는 몸 상태가 좋지 않았으며, 나는 그의 상태를 완화시키기

[29]

---

89) (옮긴이 주) 1612년 오스트리아 출신 총독인 알베르투스와 이사벨라에 의해 네덜란드에 도입된 은화로 17, 18세기에 네덜란드와 인접 국가에서 중요한 상거래 수단으로 사용되었다.

보다는 오히려 그에게 방해가 되었고 그의 비난을 샀다. 이 빚진 돈을 정직한 바사가 선불해주었다. 나중에는 마지막 여행을 떠나기 전에 갚을 수 없는데도 계속해서 그에게 빚을 졌으며 아직까지 이를 갚지 못했다. 이 일을 회상할 때마다 아픔과 슬픔을 느낀다.

그럼에도 불구하고 나의 마음과 의무는 나를 집으로 향하게 했다. 이 소식을 리가에 있는 친구들[90]에게 전했더니, 그들은 이에 대한 생각을 밝히면서 나를 자신들의 직무와 업무에, 그리고 자신들의 가문에 받아주었다. 나는 이것을 수용하는데 많은 저항감을 느꼈다. 하지만 이 점에서 하나님의 섭리를 발견한다고 생각하니, 그리고 이로써 내 자신도 내 부모님도 고무한다고 생각하니 위로가 되었다. 따라서 나는 부모님에게 성요한절[91]에 도착할 것이라는 희망을 갖게 했다. 나는 무겁고 회의적인 심정으로 베렌스 가문과 약정하고 고용계약을 맺었다.[92] 나는 이 가문이 대주는 비용으로 여행을 해야 했는데, 이는 내 자신을 고무하고 더 많은 명성과 능숙함을 얻어 이 가문으로 되돌아오기 위함이었다.

나는 돌아오겠다는 약속 하에 쿠를란트 그 집[93]에서 나왔는데, 이는 하나님의 특별한 은혜였다. 하지만 그때 나는 구실을 댔고 솔직하지 못했으며, 그 약속이란 명백한 거짓이자 나의 모든 의도와 성향에 반대되는 것이었다. 나는 출발한지 4일째인 일요일 이른 시간에 무사히 투르테나우에 도착했다. 사촌 최펠과 사랑하는 동생이

---

90) 베렌스(J. Chr. Berens)와 린트너(J. G. Lindner).
91) 6월 24일. 17세기에는 이 축일을 가까스로 반휴일로 지냈으나, 18세기에 들어서자 그 의미가 점차 사라지기 시작했다.
92) 하만이 베렌스 가문과 고용계약을 맺은 시기는 1756년 6월 13일이다.
93) (옮긴이 주) 비텐 장군의 집.

[N II, 30]

마차를 타고 나를 마중했는데, 동생은 나를 보자 실신했다. 하나님, 사랑 많으신 하나님께서는 어머니가 20주 넘게 나를 기다리도록 해주셨다. 늙은 아버지는 눈물지으며 창가에서 애타게 나를 기다리다가 맞아주었다. 나는 어머니를 보았다. 하나님께서는 거듭된 기적을 통해 어머니가 병상과 임종의 자리에서 일어서도록 해주셨다. 하지만 어머니의 자식들은, 적어도 나는 결코 아주 진지하게 그것을 하나님께 구하지도 않았고, 그것에 대해 그분께 감사하지도 않았다. 어머니는 생각했던 것보다 훨씬 차분하게 나를 맞아주었는데, 그 전날 급격한 변화를 겪어 죽음을 앞두고 있었기 때문이다. 어머니는 세상에서 이[94] 보다 더 기쁜 일은 있을 수 없다고 고백했다. - - 어머니는 첫 눈에 나를 질책했다. 왜냐하면 어머니 생각에 내 목소리가 변하기는 했으나 더 남자다워지지는 않았기 때문이다. 어머니는 뼈만 남았고, 얼굴은 고통스런 오랜 병상 생활로 인해 완전히 일그러져서 연민 없이는 어머니를 바라볼 수 없었다. 지금 고백하건대, 어머니는 나에게 자상했는데 당시 내 마음은 그리 다정하지 못했으며, 어머니의 임박한 죽음은 아랑곳하지 않은 채 다른 기분전환거리에 빠질 수는 없었다. 그러는 사이에 다행히도 어머니는 누구보다도 내가 내민 손을 받아주었고, 나를 가장 사랑스럽게 부르고는 몸을 일으켜 침상에 제대로 눕혀 달라고 했다. 며칠 후에[95] 어머니는 숨을 거두었다. 이는 내가 어머니의 십자가의 증인과 참여자가 되고, 늙고 올곧으신 아버지가 짊어진 짐의 증인과 참여자가 된지 일주일이 채 되기도 전이었다. 나는 어머니가 임종하는 모

[30]

---

94) (옮긴이 주) 하만의 도착.
95) 1756년 7월 16일.

[N II, 30]

습을 보았다 - - 마음이 심히 동요됐고 죽음에 대해, 한 기독교인의 죽음에 대해 생각했다. 절대자께서는 어머니에게 죽음의 고통 가운데에서도 깨끗한 용모를 주셨고, 어머니의 가슴은 소리 없이 미어졌다. 어머니는 당신[96]께서 많은 사람을 위해 흘리셨던 무죄한 피[97]로 인하여 별다른 고통 없이 빛처럼 돌아가셨다.[98] 어머니의 장례식에 참석했을 때, 고통과 슬픔은 이루 말할 수 없었으며, 나의 가슴은 녹는 것 같았다. 그러나 유감스럽게도 나는 곧 바로 세상으로 인해, 기이한 행운으로 인해 다시 위로를 받았다.

그런 후에 나는 쿠를란트에서 진 채무에서 완전히 벗어났고 여행 비용과 여행에 대한 전권을 받았다.[99] 나는 오랫동안 주저한 후에 거짓된 희망이 주는 우울함과 만족감을 느끼면서 여행을 시작했다. 우리의 육체와 피와 세상과 사탄은 이 점[100]에서 전혀 부족함이 없게 하는데, 이는 그만큼 더 많이 우리를 들추어내어 나중에 우리의 경솔함을 조소하기 위함이다. 나는 1756년 10월 1일 아침 일찍 단치히 행 우편마차에 올랐으며 아버지와는 침상에서 작별했다. 이제는 아버지를 위해 하나님께 간구할 수 있을 뿐이고, 아버지를 하늘

---

96) (옮긴이 주) 예수.
97) 마태복음 26장 28절 참조.
98) 하만은 이와 같은 구절들("깨끗한 용모", "소리 없이", "당신께서 많은 사람을 위해 흘리셨던 무죄한 피", "별다른 고통")을 당시에 널리 퍼져 있었던 장송곡인 「주 그리스도시여, 제가 언젠가는 반드시 죽어야 함을 잘 알고 있습니다. *Herr Christ, ich weiβ gar wohl, daβ ich einmal muβ sterben*」 7절에서 따왔다.
99) (옮긴이 주) 하만은 베렌스 가문으로부터 모종의 임무를 부여받고 영국으로 여행을 떠난다.
100) (옮긴이 주) 거짓된 희망.

[N II, 31]

에 계신 아버지101)께 맡길 수 있을 따름이다.

나는 단치히에서 하루만 머물렀고, 거기에서 베를린으로 향했다. 도중에 많은 피해를 안겨준 무시무시한 폭풍을 견뎌냈다. 나는 고맙게도, 비록 대단히 운이 좋긴 했지만 아무런 피해를 입지 않고 쾨를린102)에 도착하여 며칠간 가만히 있었다. 단치히에서 베를린으로 갈 때 나와 동행한 사람은 사교적이고 호감이 가는 유대인이었다. 그는 고향이 할버슈타트였고 나에게 맞는 동행자였다. 왜냐하면 그는 나처럼 대학에서 공부를 했고, 그의 목표는 무역이었기 때문이다. 쾨를린에서 나는 교회를 방문하여 감화를 주는 목사103)의 설교를 들었다. 이 소도시는 옹색했고, 여관은 형편없었다. 여관에서 그처럼 오래 머물렀던 투숙객은 우리가 처음이었다. 여관 주인은 이발사였다. 그리고 그의 아내는 나에게 선량한 마음씨를 많이 베풀어주었는데, 그녀는 내가 그녀가 다니는 교회의 설교자, 즉 나에게 감화를 줬던 목사와 유사한 점이 많다고 생각했던 모양이다. 하지만 그녀는 이런 상황104)은 알지 못했다.

[31] 나는 10월 14일에 베를린에 도착했다. 나의 연로한 아버지 때문에 추밀고문관 우르지누스105) 집에서 특별히 친절한 대접을 받았고, 폰 핀크 백작의 아들106)의 집에서도 마찬가지였다. 그 밖에 리가에

---

101) (옮긴이 주) 하나님.
102) (옮긴이 주) 이 부분의 번역은 나들러 판("Köslin") 대신 바이어와 바이센보른 판("Körlin")을 따랐다. 쾨를린은 오더 강 동쪽, 단치히와 슈체친 사이에 위치한다.
103) 추측건대 치텔만(Johann Friedrich Zitelmann, 1754-1781) 목사다.
104) (옮긴이 주) 치텔만 목사가 하만에게 감화를 준 것.
105) Erhard Ursinus.
106) Johann Wilhelm 혹은 Christoph Finck, Graf von Finckenstein.

[N II, 31]

있는 친구의 소개로 메르크 집과 구츠코스키 집에서는 많은 도움을 받았다. 특히 베를린은 내가 이제껏 보아왔던 도시들 중에서 제일가는 대도시였다. 여기서 몇몇 좋은 옛 친구들인 루첸,[107] 라인베크 목사,[108] 로위쉬[109]를 만났는데, 모두들 나를 보자 반가워했다. 나는 친구 자메[110]를 알게 되었다. 그리고 학자들 가운데에서 알게 된 사람들로는 유대인 모제스,[111] 그와 같은 믿음과 능력을 지녔거나 그처럼 남에게 뒤지지 않으려고 노력하는 또 다른 유대인[112], 나를 베를린 학술원으로 이끌어 주었던 줄처 교수,[113] 라믈러,[114] 프랑스어를 말하는 스위스 출신의 젊은 베를린 학술원 회원[115], 그리고 나를 프레몽발[116]에게 인도했던 메리안[117]이 있다. 그럼에도 불구하고 나는 양심의 가책을 느끼며 떠도는 사람처럼 아무것도 누릴 수 없었고, 도처에서 부자연스러웠으며 스스로 불안감에 젖어있었다. 침울했고 생각이 없었으며, 불안정하고 만족하지 못했다.

---

107) Johann Gottlob Rutzen.
108) Otto Sigismund Reinbeck(1727-1805).
109) 쾨니히스베르크 출신 부목사인 로위쉬(Christoph Friedrich Reusch, 1695-1742)의 두 아들, 카를 다니엘 로위쉬(Karl Daniel Reusch, 물리학 교수) 혹은 크리스토프 프리드리히 로위쉬(Christoph Friedrich Reusch, 가정교사) 중 한 명을 가리킨다.
110) Gottlob Jakob Sahme, 서기관.
111) Moses Mendelssohn(1729-1786), 철학자이자 계몽주의자.
112) (옮긴이 주) 누구를 가리키는 지 확실치 않다.
113) Johann Georg Sulzer(1720-1779), 베를린 학술원 회원이자 요아힘스탈 김나지움 수학 담당 교수.
114) Karl Wilhelm Ramler(1725-1798), 베를린 국립극장 단장.
115) (옮긴이 주) 누구를 가리키는 지 확실치 않다.
116) André Pierre de Quay Prémontval(1716-1764), 프랑스 수학자.
117) Johann Bernhard Merian, 스위스 철학자.

[N II, 32]

    나는 11월 23일에 베를린을 떠났다. 이곳에서는 원래 계획보다 너무 오랫동안 머물렀고, 체류기간에 비해 너무 무익하게 지냈다. 그리고 메르크 씨가 함부르크에서 상당한 양의 금을 판매하기 원해서 그곳으로 갔다. 하지만 이로 인해 나는 걱정이 많아졌는데, 첫날 밤 내 가방의 자물쇠가 떨어져 나갔기 때문이다. 하지만 무사히 그 금을 함부르크에 전달했다. 거기에서 뤼베크로 급히 갔다. 11월 28일 일요일 아침에 뤼베크에 도착하여 온화한 외삼촌을 방문했다.

    여기에서 나는 맹우(盟友)들에게 신세를 지며 겨울을 나고자 했다. 나의 뜻밖의 방문은 놀라움과 기쁨을 자아냈다. 다행히도 모든 이들이 나를 보고자 했고, 숙부 집과 대부분의 다른 친척 집에서는 다정하고 친근하게 나를 맞아주었다. 따라서 지금 내가 그때 누렸던 다정함과 우의를 자랑하는 것은 당연하다. 부모님에 대한 회상은 나에게는 어디에서나 축복이자 행복이었다. 뢰트 집에서는 합당한 것 이상의 많은 은혜를 입었고, 카르스텐스[118]라는 진실한 친구를 알게 되었다. 늙은 이모를 보자 돌아가신 어머니가 각별히 자주 생각났다. 이들은 매우 닮았으며 자매로서 항상 서로 사랑했다.

    혈연이 가져다주는 포근한 기쁨은 나에게는 어느 정도 새로운 느낌이었다. 왜냐하면 부모님은 쾨니히스베르크에서 타향살이를 했기 때문이다. 나는 올곧고 유쾌한 사람들 가운데에 있으면서 게으름과, 게으름의 욕망에 흠뻑 빠졌다. 나는 할 수 있는 한 만족하려고 애썼고 되도록이면 생각을 딴 데로 돌렸다. - - 이 모든 것은 헛수고였다. 벌레는 죽지 않는다.[119] - - 모든 죄인이 커지지 않는 불을 생

---

118) Johann Nikolaus Karstens.
119) 마가복음 9장 44절(독일어 성서에 따름). 개역개정판에는 이 구절이 "없

각하지 않고서는 어찌 경악하겠는가. 처벌과 고통은 최초의 죄인[120]만으로 족하다.

나는 눈물을 흘리며, 행운을 기원하는 진심어린 수많은 말을 들으며 1757년 1월 24일에 뤼베크를 떠났다. 사촌과 일단의 친구들은 뤼베크와 함부르크 중간 지점까지 나와 동행했다. 도중에 우리는 존경하는 늙은 브란덴부르크 감독 교구장 집에서 묵었다. 그는 니더작센 시인들의 작품을 습작하는 가운데 몇몇 운 좋은 시로 유명해졌으며, 또한 우리의 먼 사촌이기도 했다. 이어서 나는 1월 27일에 [함부르크에] 도착했고, 2월 5일 좋은 겨울날씨에 브레멘으로 떠났다. 브레멘에서는 해빙기가 시작되었다. 하지만 그 대신에 젊은 함부르크 사람인 라이히라는 동행자를 얻게 되었다. 그는 암스테르담으로 가고자 했고, 나는 그와 교제했다. 우리는 가장 안전한 지름길로 가기 위해 특별우편마차를 탔다. 우리는 처음 며칠 동안은 상당한 위험부담을 안고 여행했다. 왜냐하면 모든 것이 물에 잠겨 어떤 길도 보이지 않았기 때문이다. 우리는 2월 9일에 출발해서 델멘호르스트, 빌스하우젠, 클라펜부르크, 뢰닝엔, 보셀로에, 링엔, 노위하우스, 하르텐베르크, 츠볼레, 아메르스포르트를 경유하여 2월 17일에 암스테르담에 도착했다.

우리가 묵었던 여관에서 나는 동향인인 어떤 악한을 만났다. 그는 우리 집에 대해 매우 잘 알고 있었고, 우리 집을 자주 방문했었다. 그의 이름은 클라인이었다. 그는 교활하고 음흉한 악한으로 동향인들을 꾀어 유혹해서는 사기를 쳤다. 그는 우리를 한 너저분한

음"으로 표기되어 있고 비어 있다.
120) (옮긴이 주) 아담.

[N II, 33]

여관으로 안내했는데, 우리는 그곳에서 쉽게 곤경에 처할 수도 있었다. 왜냐하면 그는 여관 주인과 결탁했었기 때문이다. 그는 수중에 한 푼도 없으면서 온갖 것을 주문했다. 나는 그 대신에 돈을 지불했고, 그는 며칠 후에 돈을 가지고 달아났다. 그러는 사이에 나는 도처에서 많은 빚을 졌다.

암스테르담에서 보낸 시간은 마찬가지로 절망적이었다. 나는 갈피를 잡지 못했으며 무역과 학문에 대해 문의해야 하는지를 몰랐다. 전에는 내 신분과 기질에 맞는 지인과 친구를 만나는 행운이 있었음을 자랑했는데, 이곳에서는 그런 행운을 모두 잃어버렸다. 내 생각에는 모든 사람이 나를 꺼려하는 것 같았으며, 내 자신도 그들을 멀리했다. 굳이 그 이유를 들자면 다음과 같은 것들밖에 없다. 하나님의 손이 내 머리 위에 무겁게 드리워져 있었다는 것,[121] 내가 그분을 도외시하고 떠나 미지근한 마음과 입으로만 그분을 고백하고 불렀다는 것, 내가 가는 길이 그분의 맘에 들지 않았다는 것, 그분께서 상기시켜주시고 내 마음을 감동시키셨음에도 불구하고 나는 내 죄를 인식하고자 하지 않았다는 것, 오히려 나는 늘 딴 길로 가고자 했으나 이것도 뜻대로 되지 않았다는 것, 결국에는 내 자신조차도 피하기 위해 내 취향을 부인했을 뻔했다는 것. 그리고 이런 이유들 때문에 나는 하나님이 부여해주신 좋은 것을 남용하고 허비하고 거부하며 인생의 대부분을 보냈다고 생각한다. 나는 성공을 목표로 삼았지만 현재의 변화에 제대로[122] 대처하지 못했다는 내 자

[33]

---

121) 시편 32편 4절 참조.
122) (옮긴이 주) 이 부분의 번역은 나들러 판("wohl") 대신 바이어와 바이센보른 판("recht")을 따랐다.

[N II, 33]

신에 대한 질책을 늘 마음에 지녔다. 따라서 나는 그 질책을 성공을 위한 더 좋은 기회를 포착하는 보조수단으로 이용해야만 했다. 그리고 친구를 만족시킬 수 있는 기회를 찾았더라면 그렇게 했을 것이다. 그런데 모든 것이 헛수고였다. 누구도 나를 알 수 없었고, 나를 알고자 하지 않았다. 나는 내 길을 끝까지 가서 경솔한 바람과 어리석은 성향과 탈선적인 착상의 결말을 봐야만 했다.

결국 끈덕지게 요구하여 영국으로 가고자 하는 나의 바람은 이루어졌다. 내가 결정한 이 종착지는 마지막 유일한 희망을 나에게 여전히 불어넣어주었다. 나는 항상 영국을 나의 모험적인 사고방식과 생활방식의 고향이자, 이에 제격인 토대이자 토양이라고 생각했었는데, 이 나라에 대한 우스꽝스런 선입견이 그 희망을 뒷받침해주었다. 나는 말이 끄는 배를 타고 성(聖)목요일 아니면 성금요일에 암스테르담을 떠났다. 그런데 나는 이런 날을 쇠는 것이 불필요하다고 생각한다. 왜냐하면 이런 날은 네덜란드와 영국에서는 축제일로 여기지 않기 때문이다. 라이덴에서는 매우 어수선하고 억눌린 마음으로 부활절 첫 며칠을 보냈다. 그런 후에 나는 로테르담에 가서 스빈스회프트 혹은 슈바인스코프라는 가장 좋은 여관에서 묵으며 한 영국 젊은이를 만났다. 나는 그와 함께 암스테르담에서 라이덴으로 왔는데, 그는 교제를 원했다. 그와의 교제가 너무 맘에 들어 나는 벌써 그와 아는 사이가 되었다고 착각하고는 흡족해했다. 하지만 그를 알게 된 것의 결말은 좋지 않았다. 우리는 헬뵈츄루이스[123]로 사냥 가자고 약속했는데, 그곳에서 당일 4월 16일에 정기

---

123) (옮긴이 주) 네덜란드 서부에 위치한 항구도시.

선이 출발했다. 그 날은 토요일이었다. 우리는 다음날 일요일에 제법 큰 모임에 갔다. 거기에 브레멘 출신의 한 젊은이도 있었는데, 그는 언어 때문에 영국에 가서 공부할 생각이었다. 순풍이 불어 저녁에는 하위치에 도착했다. 그동안 나는 현기증과 약간의 메스꺼움을 제외하고는 배 멀미기를 조금도 느끼지 않았다. 우리는 그 다음날 월요일 아침에 우편마차를 세냈다. 나와 동행한 영국인은 이름이 쉐퍼드[124]인 대학생이었다. 그도 네덜란드를 여행 중에 있었으며 나와 마찬가지로 모국어만을 알아듣는다는 이점이 있었다. 그리고 내가 잘못 생각한 것이 아니라면 그는 가톨릭교도였다. 나는 그가 아침에 무릎을 꿇고 기도하는 모습을 보았다. 한편으론 이상하게 생각하기도 했고, 한편으론 그의 경건함에 감동받아 그를 더욱 신뢰하게 되었다. 그는 자청해서 통관세와 다른 비용 등 모든 경비를 포함하여 2기니를 받고 나를 런던에 데려다 주겠다고 자청했다. 나는 그에게 그 돈을 주었다. 그런데 그는 도중에 상당히 불안해하며 나에게 대략 반 기니를 돌려주며 말하기를, 나머지는 내가 알아서 지불했으면 한다고 했다. 나는 그의 불안감에 연민을 느끼고, 그의 행실을 경멸하여 돈을 갚으라고 재촉하지 않았다. 그는 어쩌면 부득이 그렇게 행동했을 지도 모른다. 왜냐하면 나는 런던에 도착해서도 그에게 또 1실링을 선불해줘야만 했기 때문이다. 하지만 나는 그 돈을 돌려받지 못했고, 그 영국인을 다시 만나지도 못했다.

우리는 1757년 4월 18일 저녁 매우 늦게 런던에 도착했다. 런던에서 나는 브레멘 출신의 젊은이와 함께 한 여관에서 매우 불안한

---

124) Shepherd. 그러나 페히너(Jörg-Ulrich Fechner)에 따르면, 이 대학생의 이름은 'Edward Sheppard'이다.

밤을 보냈다. 왜냐하면 그 여관은 우리가 볼 때 살인자의 소굴로 보였고, 불량배가 득실대는 것처럼 생각되었으며, 방문을 통해 들어와 우리를 깨우고자 하지 않았을 사람들은 누구나 창문으로 들어올 수 있을 정도로 우리 방은 너무 안전하지 못했기 때문이다. 런던에서는 모든 창문을 밀어서 열 수 있다.

나는 업무에 착수하기 전에 며칠간 한숨을 돌리고서 브레멘 출신의 젊은이와 함께 좋은 여관을 찾았다. 그에게는 친구인자 안내인이 동행했는데, 그의 친구는 젊은 상인으로 그의 누이와 결혼할 것이라고 했다. 방을 세낸 후에 내가 범했던 최초의 어리석은 짓은 모든 언어장애[125]를 치유할 수 있다고 소문이 난 허풍선이를 방문한 일이었다. 그는 이슬링턴에 살고 있었다. 어느 독일 여관에서 그에 대해 문의했더니, 여관 사람들은 그를 잘 알고 있었다. 그리고 나에게 털어놓기를, 그가 몇 차례 언어장애를 치료하여 유명해졌지만 내 경우에는 그 원인을 알 수 없을 것이라고 했다. 나는 가서 한 노인을 찾았다. 그는 나를 진찰했으나 언어기관에서는 아무런 문제점도 찾을 수 없었다. 그는 치료 조건으로 자기 집에서 배울 것과 상당한 돈을 요구했다. 그런데 치료 중에는 얼마동안 아무 말도 해서는 안 되었고, 결국 한 마디씩 말하는 것을 배워야 했다. 그의 방법에서는 더 많은 것을 얻어낼 수 없었다. 따라서 나는 기존의 혀와 가슴을 갖고서 업무를 시작해야만 했다. 나는 거래처 사람들에게 내 업무를 말했다. 그들은 내 사안의 중요성에 놀랐고, 실행방법에 대해서는 더욱더 놀랐으며, 어쩌면 업무 담당자[126]의 선발을 보고

---

125) (옮긴이 주) 하만은 상당히 말을 더듬었다고 한다.
126) (옮긴이 주) 하만.

[35]

가장 많이 놀랐던 것 같다. 그들은 처음에 놀랐던 것에서 진정되자 - - 주저 없이 속내를 털어놓기 시작했고 - - 나를 파견했던 사람들에 대해 비웃기 시작했으며, 내 처지를 안타깝게 여겼다. 이런 모든 일들로 인해 나는 불안했고, 동시에 화가 났다. 결국 나는 러시아 공사[127])에게 보낼 공문서를 작성했다. - - 이것이 내가 할 수 있었던 모든 것이었다. 공사는 나에게서 뭔가를 실행하려는 모든 희망을 앗아갔으나, 나를 도와주겠다는 자신의 열의에 대한 확신은 그만큼 더 많이 나에게 심어주었다. 어쩌면 이것은 나의 희망이 실현되었을 경우 그의 열의를 참작해달라고 하기 위함이었을 것이다. 아무 일도 안하거나 가능한 한 거의 일을 하지 않을 경우에, 가장 잘 그리고 가장 영예롭게 맡을 수 있는 직책과 업무가 있다. 만약 우리가 진심으로 가능한 모든 일에 조심해야 한다면, 우선 안락함과 평안함을 상당히 제쳐놓아야만 하고, 자신을 큰 위험과 책임에 내맡기며, 어쩌면 자신의 적(敵)을 만들고, 자신의 선의와 무능력의 희생자가 될 것이다. - - 이런 상황[128])에 한 장관이 처해 있다. 그는 자신의 의무를 저버리고, 자신이 대표하는 군주의 명예를 더럽히는 것을 영리함과 신중함으로 간주하고, 자신의 안전을 위해 타인의 이해관계를 생각하지 않으며, 어려운 일을 불가능한 일로 간주한다. 따라서 나는 바로 이 규칙들에 따라 내 업무를 처리해야 하고, 가능한 한 거의 일을 해서는 안 된다고 생각하였다. 이는 기타

---

127) 갈리친(Alexander Michailowitsch Gallitzin, ?-1783). 당시 리가는 제정 러시아에 병합되어 있었다.
128) (옮긴이 주) "아무 일도 안 하거나 가능한 한 거의 일을 하지 않는 경우".

[N II, 36]

경비를 늘리지 않고, 성급한 조처로 인해 틈을 보여 창피를 당하지 않기 위함이었다. 나는 일을 거의 하지 않는 것을 적절하고 타당한 모든 것으로 생각할 수밖에 없었다. 따라서 나는 억눌리고 정신이 몽롱한 상태로 이러 저리 돌아다녔다. 나에게는 속마음을 털어놓거나 조언이나 도움을 받을 수 있는 친구가 없었다.

나는 절망 직전에 있었으며 오직 기분전환에 의해 절망감을 저지하고 억누르고자 했다. 맹목적인 행동, 미친 짓, 심지어는 죄악이 나에게는 유일한 구원책으로 생각되었다. '세상 될 대로 되라지' - - 불가사의하게 도와주시는 섭리에 대한 신뢰를 모독하면서 - - '네 자신을 잊기 위해 네 마음에 떠오르는 것은 무엇이나 이용하라.' 이것이 바로 내가 행동거지의 기준으로 삼고자 했던 체계였다. 나는 이 체계에 따라 매번 시도하여 그때마다 불행하게도 좌절을 맛보았지만, 바로 그 의도 때문에 이 체계를 다시 구축했다. 나는 다름 아니라 하나의 기회 - - 하나의 절호의 기회 - - 하나의 절호의 기회를 노렸다. - - 하나님께서는 내가 죄 값을 치르고 나서 거리낌 없이 미친 짓을 다시 시작할 수 있기 위해서라면 물불을 가리지 않았으리라는 것을 알고 계셨다.

그래서 나는 모든 것을 포기했다. 편지를 써서, 우정과 감사를 생각해서 했던 공허한 시도들은 순전한 가상이자 썩은 목재이며 늪에서 생긴 도깨비불이었다. 나의 좋은 기분과 영웅다운 기백은 한 방랑기사의 상상과 내 광대모자에 달린 방울에 불과했다.

[36]

나는 베를린에서 어리석은 짓을 한 적이 있었는데, 라우테를 연주하는 남작 집에서 일주일동안 시간을 보냈던 일이 그것이다. 올곧은 아버지는 직업과 눈을 생각해야 한다고 상기시키며 이 일 때

[N II, 36]

문에 나를 꾸짖었지만 헛수고였다. 사탄은 라우테[129)]로 나를 다시 유혹했다. 이 악기로 인해 나는 베를린에서 불쾌한 일을 겪었다. 나는 음악으로 먹고 사는 가난한 대학생인 피어메츠 모르게 빌린 라우테를 망가뜨렸다. 나는 이에 대해 그에게 아무런 배상도 하지 못했고, 오히려 그의 아주 끔찍하고도 지독한 신경질로 인해 마음에 상처를 받았다. 그 때문에 나는 라우테를 연주하는데 전혀 음악적인 재능이 없었지만, 마치 나의 모든 행복이 이 악기에 달려있기라도 하듯이 라우테를 찾아다니기 시작했다. 라우테를 찾기란 불가능했다. 사람들 말로는 런던에 단 한 사람이 있는데, 그는 라우테로 상당한 돈을 벌 수 있었으나 지금은 융커[130)]로 산다고 했다. 나는 이 행운아를 알고 싶어 못 견딜 지경이었다. 그로 인해 나는 얼마나 심한 벌을 받았던가! 나는 그와 허물없는 사이가 되었다. 나는 매일 그의 집을 출입했고, 그의 집 부근으로 이사했다. 그에게는 자기 소유의 집이 있었고, 그는 창녀에게 생계비를 대주고 있었다. - - 그는 나에게 모든 것을 제공했다. 나의 판단이, 나의 첫 판단이 아무리 그를 멀리하게 했어도, 내가 그의 성격에 대해 심중에 아무리 많은 의구심을 품었어도, 그는 이 모든 것을 불식했다. 나는 원하던 것을 이제 찾았다고 생각했다. - - '너는 그를 통해 이름이 알려질 수 있어. 이제 적어도 너에게는 교제할 수 있는 사람과 기분전환 할 수 있는 집이 있고, 라우테를 연습하여 그를 대신할 수 있단다. 너는 그처럼 행복하게 될 수 있어' - - 나는 사랑하는 하나님께 감사드린

---

129) 하만은 라이하르트(Johann Reichardt)에게서 라우테를 배웠다. 이것은 하만이 열정적으로 배워 익힌 유일한 악기로 가정교사 생활을 할 때나 베를린에 갈 때도 소지했다.

130) (옮긴이 주) 근대 독일, 동프로이센의 보수적인 토지귀족.

다. 나는 물방앗간에서 일하는 노예처럼 한 인간에게 매어서 그와 함께 죄와 악덕의 동일한 길을 걸었는데, 그분께서는 나를 사랑하셔서 나를 그 인간에게서 놓아주셨다.

눈이 먼 내 마음은, 교육도 받지 않고 원칙도 없는 한 인간에게 취향과 원칙을 불어넣고자 애쓰는 것을 선한 의도에서 하는 일로 생각했다. 눈이 먼 나는 타인의 길라잡이가 되고자 했다.[131] 아니면 그럴듯하게 죄를 짓도록, 이성의 방향을 악행 쪽으로 돌리도록 가르치고자 했는지도 모른다. - - 폭음도, 폭식도, 사랑놀이도, 여기저기 들락거리는 것도 소용이 없었다. 폭음과 폭식을 하다가 깊이 생각해보기도 했지만, 책을 읽다가 비행을 저지르기도 했지만, 열심히 일하다가 수없이 게으름을 피우기도 했지만 아무 소용이 없었다. 이 양 측을 오가며 멋대로 살았지만 소용이 없었다. 나는 9개월 동안 거의 매달 거주지를 옮겼으나 어디에서도 평안함을 얻지 못했다. 모든 사람들은 정직하지 못했고 비열했으며 이기적이었다.

마침내 나는 내 친구의 정체를 발견함으로써 결정적인 충격을 받았다. 그에게는 이미 무수히 많은 혐의거리가 있었지만, 나는 이것들을 폭로하지 않았다. 들리는 말로 그는 수치스런 방법으로 어느 부유한 영국인에게서 생계비를 보조받고 있었다. 그의 이름은 세널[132]로 알려졌으나, 독일남작 폰 푸르노아이유라고 사칭했고 런던에는 누이가 있었다. 그의 누이도 마찬가지 방법으로, 아마도 러시아 공사로부터 생계비를 보조받고 있었으며 폰 페를 부인이라 사칭했고 아들이 하나 있었다. 나는 이 소문을 듣고 깜작 놀라 확증을

---

131) 마태복음 15장 14절 참조.
132) Senel.

[N II, 37]

얻고자 했다. 그는 오래 전에 나에게 편지 한 다발을 맡겼는데, 중요하다고 하면서도 돌려달라고 말하는 것을 깜박했다. 나 또한 어떤 예감이 들어서 그랬는지 모르겠지만 그에게 편지 다발을 되돌려주지 않았다. 그렇다고 해서 그의 신뢰를 악용한다는 생각은 전혀 들지 않았다. 편지들은 아주 느슨하게 봉인되어 있어 나는 이로부터 확증을 얻고자 하는 유혹에 저항할 수 없었다. 그 때문에 나는 편지들을 개봉했다. 그리고 만약 이 편지들에서 그에게 씌워진 범죄에 관련된 사항을 아무것도 발견하지 못한다면, 내가 행한 주제넘은 짓을 솔직히 고백하고 그에게 그것들을 돌려주며, 그 밖의 사항에 대해서는 가능한 한 절대비밀을 지킬 것을 그에게 맹세하리라 스스로 변명했다. 하지만 내가 그 편지들에서 내 원칙에 상반되는 다른 비밀들을 발견했을 때에는 그에게 절교를 선언하리라 다짐했다. 유감스럽게도 그의 치욕적인 면[133]을 확신하기에 너무 많은 비밀들을 발견했다. 그것들은 혐오스럽고 우스꽝스러운 연애편지였는데, 그의 좋은 친구들이라 하는 사람들이 보낸 것이었다.

나는 내가 취한 행동에 대해 상당히 불안했다. 그러나 그가 저지른 범죄의 가장 많은 증거가 포함된 몇몇 편지는 내주지 않고, 이것들의 사용[134]은 시간과 상황에 내맡길 필요가 있다고 신중히 생각했다. 그는 얼마동안 시골에서, 같이 악행을 일삼고 그에게 생계비를 대주는 사람 집에 머물렀다. 그가 돌아와서 아주 조심스럽게 편지를 요구하자, 나는 다소 불안해하며 그에게 그것을 건네주었다. 그런데 그는 나와 똑같은 정도로 아니면 더 불안해하며 그것을 받

---

133) 동성애.
134) (옮긴이 주) 이 부분의 번역은 나들러 판("den brauch davon") 대신 바이어와 바이센보른 판("den Gebrauch davon")을 따랐다.

앉다. 나는 그에게 속마음을 털어놓고 내 생각을 말하고자 했다. 그 때문에 비록 마음이 내키지 않았지만 마지못해 다시 이전처럼 그를 대하기로 했다. 그가 나를 보살펴주고자 했던 유일한 이유는 내가 그 악행에 대해 뭔가를 알고 있는지 캐내기 위함인 것 같았다. 내가 이 일에 대해 그를 안심시켰던 것처럼 보였을 때, 그는 점차적으로 당연히 나를 멀리할 수 있다고 생각했다. 나는 그를 앞질러 내가 잘 아는 그 영국인에게 손수 편지를 쓰겠다는 또 다른 결심을 했다. 이는 그 영국인에게 동료인 악한과 맺고 있는 관계의 수치스러움과 위험을 알려주기 위함이었다. 나는 할 수 있는 한 강력하게 이 일을 했으나 궁극적인 목적은 이루지 못했다. 내가 그 두 사람을 떼어놓는 대신에 그들은 하나가 되어 내 말문을 막았다.

그러는 동안 나는 교제할 사람이 더 이상 없어 카페로 이사했다. 이는 공개적인 모임에서 다소 고무되고, 어쩌면 이 길을 통해 이름이 알려져 행운에 이르는 다리를 구축하기 위함이었다. 이것이 항상 나의 모든 행위의 첫 번째 의도였다. 이런 생활을 비교적 오랫동안 해나가기에는 비용이 너무 많이 들었고 너무나 유혹적이었다. 돈이 줄어들어 몇 기니135)만 남자 다시 생활방식을 바꿔야만 했다. 나는 불안감과 걱정에 가득 차 밖으로 나가 새 방을 찾았다. 말버러가(街)136)에 있는, 정직하고 선량한 사람들인 콜린스 부부 집에 방을 구한 것은 하나님의 은혜였다. 나는 1758년 2월 8일부터 지금까지 이곳에 살고 있다. 이 젊은 부부는, 자신들은 사환으로 소매를 시작했는데, 하나님께서 눈에 띄게 축복해 주셨다고 누구에게나 고

---

135) (옮긴이 주) 영국의 금화.
136) (옮긴이 주) 런던 시의 웨스트-켄싱턴 구역에 위치.

[N II, 39]

백하는 것을 영광으로 알고 있다. 그들은 하나님의 축복에 감사하며 계속해서 근면하고 겸손하게 생활한다. 내가 이 집을 발견하게 된 것은 섭리의 특별한 은혜이다. 이 집에서 나는 아주 저렴하고 만족스럽게 살고 있다. 비싼 집세에 대한 염려를 전혀 할 필요 없이 최고의 대접을 거저 받고 있다. 하나님께서 이전에 내가 이 집을 찾게 해주셨다면 내가 좀 더 일찍 구원받을 수 있었을 텐데, 왜 그분께서는 그렇게 하지 않으셨을까 하고 생각했다. 그분만이 우리에게 도움의 시작을 보여줄 시간을, 최적기를 알고 계신다. - - 갖고자 분투하나 얻게 되는 것이라곤 화와 불행뿐인 우리는 하나님의 도움을 받고자 하지 않으면서, 하나님께서는 왜 이전에 우리를 도와주고자 하지 않으시냐고 그분께 투덜댄다.[137)]

이전에 살던 카페에서 나는 8일 동안 변비에 시달리며 채울 길 없는 엄청난 허기를 느낀 적이 있었다. 알코올 도수가 높은 이곳의 맥주를 물처럼 폭음했다. 생활방식이 난잡하고 정서가 혼란스러웠는데도 내가 건강한 것은 하나님께서 베풀어주신 기적이다. 물론 내 삶조차도, 내 삶을 유지한 것도 기적이었음은 의심할 여지가 없다. 카페에서 거의 3개월을 지내는 동안 제대로 식사한 적은 기껏해야 4번 이상이 안 되었다. 내가 섭취한 음식물이라고는 곡물 죽과 하루 한 잔의 커피가 다였다. 하나님께서는 이것들이 내 몸에 자양분이 되게 해주셨다. 그분이 도와주시면 이런 상황에서도 가능한 한 오랫동안 견뎌낸다고 생각한다. 궁핍해서 그렇게 밖에 못 먹었지만, 어쩌면 이것이 폭음과 폭식의 후유증으로부터 내 육체를 다

---

137) 출애굽기 16장 7-8절 참조.

시 회복시키는 유일한 수단이었는지도 모른다.

나는 여기에서 150 파운드를 탕진하여 더 이상 살아갈 힘과 의지가 없었다. 리프란트와 쿠를란트에서 내가 빚진 돈은 모두 합해서 300 파운드가 넘는다... 나에게는 더 이상 돈이 없었으며, 내 시계는 카페 주인에게 주었다. 악한으로 생각되는 놈과의 교제로 인해 쓸데없는 지출을 많이 했고, 종종 이사 가고 집을 옮기는 것도 마찬가지로 많은 비용이 들었다. 나는 옷 두 벌과 많은 책을 구입했는데, 두 벌 가운데 한 벌은 제법 화려하게 덧대어져 있는 조끼였다. 이 집138)에서 나는 모든 교제를 멀리하고 책으로만 위안을 삼고자 했다. 하지만 상당한 분량의 책은 읽지 않았거나, 적어도 생각 없이 읽었고, 읽었더라도 제대로 활용하지 못했다. 하나님께서는 마찬가지로 성서 한 권을 구입할 생각을 나에게 불어넣어주셨다. 그전까지만 해도 나는 매우 무덤덤하게 성서를 소지하기만 했는데, 그때는 매우 흥분하며 성서를 찾아 돌아다닌 끝에 맘에 드는 성서를 얻을 수 있었다. 외로움, 완전한 궁핍과 빈털터리 신세를 면하지 못하리라는 전망 - - 나는 때때로 절망한 나머지 빈털터리가 되려고 애썼는데, 이것을 수단으로 삼아 요행수를 바라는 대담한 행동을 고무하기 위함이었다. - - 심지어 나는 가난하기를 바랐는데, 이는 지금까지 내 삶을 인도해주셨으며 매우 위급한 상황에서 항상 나를 도와주셨던 은혜로우신 하나님을 다시금 고의로 아주 무모하게 시험하고자 하는 상당히 비열한 의도에서였다. - - 간단히 말하자면, 나는 메마른 주변 상황과 격심한 근심으로 인해 가지고 있는 책을

---

138) (옮긴이 주) 콜린스 부부 집.

[N II, 40]

읽고 싶은 마음이 사라졌다. 나에게 책은 재난을 주는 위로자[139]이자 친구였다. 나는 이런 친구 없이는 살 수 없다고 생각했고, 내 운명의 유일한 지주이자 자랑거리로 간주할 정도로 그에게 푹 빠졌다.

온갖 열정에 휩쓸릴 때면 종종 숨을 들이쉴 수가 없었다. 이런 열정의 혼잡스러움 가운데 그 모습은 더 이상 모르겠지만, 한 명의 친구를, 현명하고 성실한 친구를 하나님께 항상 구했다. 하지만 그런 친구 대신에 그릇된 우정의 쓴 맛을 맛보았고, 좋은[140] 우정은 충분히 맛보지 못했는데, 그것도 족히 그랬다. 내 마음 문의 열쇠를 줄 수 있는, 미로 같은 내 삶에서 벗어날 실을 줄 수 있는 친구는 -- 내가 그 내용을 제대로 이해하지도 분간하지도 못한 채 품었던 바람(願)인 경우가 종종 있었다.

[40] 다행히도 나는 이런 친구를 내 가슴속에서 만났다. 내 마음이 공허함과 암울함과 적막함을 가장 많이 느꼈을 때, 이 친구가 내 마음속으로 몰래 들어왔다. 그때 나는 구약을 한번 완독했고, 틀리지 않다면 신약은 두 번 완독했다. 나는 다시 시작하고자 했기 때문에 내 이성과 마음 위에 씌워진 덮개를 발견했던 것 같다. 이 덮개로 인해 처음에는 성서를 읽지 못 했는지도 모른다. 그 때문에 나는 좀 더 주의를 기울이고 좀 더 체계적으로 좀 더 갈급한 심정으로 성서를 읽고, 그때 나에게 떠오르는 생각을 적으려고 시도했다.

나는 3월 13일 때[141]보다는 더 솔직한 심정으로 시작했다. 여전

---

139) 욥기 16장 2절.
140) 이 부분의 번역은 나들러 판("Besserung") 대신 바이어와 바이센보른 판("besser[en]")을 따랐다.
141) 하만이 런던에서 처음으로 성서를 읽었던 때.

히 하나님의 말씀에 대해 매우 불완전하고 부정(不正)한 개념을 갖고서 성서를 읽었다. 성서를 계속 읽어나감에 따라 성서는 나에게 더욱 새로워졌고, 성서의 내용과 영향이 지닌 신성함을 더욱더 경험했다. 성서를 읽는 가운데 가지고 있던 모든 책을 잊었다. 전에 이것들과 하나님의 책을 비교한 것을, 전에 이것들을 성서 옆에 놔두었던 것을, 전에 심지어 이것들을 성서보다 더 좋아했다는 것을 부끄러워했다. 나는 예수 그리스도의 구원 속에서 하나님의 의지의 일관성을 발견했다. 모든 역사(歷史), 모든 기적, 하나님의 모든 계명과 역사(役事)는 이 중심142)에서 만나며, 인간의 영혼을 움직여 노예상태, 종의 신분, 맹목성, 바보짓과 죄의 죽음에서 벗어나 최대의 행복과 최고의 축복을 맛보게 하고 이런 자산을 받아들이도록 한다. 이 자산이 우리에게 모습을 드러낼 경우, 틀림없이 우리는 그 자산을 누릴만한 자격이 없다는 사실보다는, 혹은 그 자격을 갖출 가능성보다는 그 자산의 크기를 보고 더욱 놀랄 것이다. 나는 유대민족의 역사에서 내 자신의 범죄를 인식했고, 내 자신의 생애를 읽었으며, 자기 백성에 대한 하나님의 인내심에 감사했다. 왜냐하면 나에게 동일한 희망을 품도록 해줄 수 있었던 것은 그러한 예(例)밖에 없었기 때문이다. 무엇보다도 모세오경에서 기이한 발견을 했다. 이스라엘 백성들은 패역한 민족143)처럼 보이지만, 몇몇 경우에는 하나님께서 그들을 위해 하실 의향이 있으셨던 것만을 그분께 요청했다. 그들은 회개하는 죄인이 그러하듯이 자신들의 불순종을 생생하게 깨달았지만, 그럼에도 불구하고 그 죄인과 마찬가지로 회개를

---

142) (옮긴이 주) 예수.
143) 마태복음 17장 17절 참조.

[41]

빨리 잊었다. 그러나 회개를 두려워하며 한 분의 구원자, 한 분의 대변자, 한 분의 중보자144)만을 간청했다. 그분 없이는 그들이 하나님을 제대로 두려워한다거나 제대로 사랑하기는 불가능했다. 매우 신비스럽게 여겨지는 이러한 것들을 고찰하는 가운데 나는 [1758년] 3월 31일 저녁에 신명기 5장을 읽으며 깊은 사색에 잠겼다. 나는 아벨을 생각했다. 하나님께서는 그에 대해 말씀하시기를, '땅이 그 입을 벌려 네[카인] 아우의 피를 받았다.'145)라고 하셨다. - - 나는 가슴이 뛰는 것을 느꼈다. 나는 한 목소리가 가슴 깊은 곳에서 탄식하고 신음하는 것을 들었다. 그것은 피의 목소리이자, 자신의 흘린 피를 복수하고자 했던 맞아 죽은 동생의 목소리였다. 나는 곁에서 그 목소리를 듣지 않았고 계속해서 그 목소리에 귀를 막았다. - - 바로 이로 인해 카인은 불안하여 달아났던 것이다.146) 갑자기 나는 가슴이 부풀어 오르는 것을 느끼며 울음을 터뜨렸다. 나는 더 이상 숨길 수 없었다 - - 내가 형제살해범임을, 하나님의 독생자147)의 형제살해범임을 더 이상 하나님께 숨길 수 없었다. 성령은 내가 무척 연약함에도 불구하고,148) 내가 이제껏 하나님이 보여주신 증거와 그분이 끼치신 감동을 오랫동안 받아들이지 않았음에도 불구하고, 계속해서 나에게 하나님의 사랑의 비밀과 우리의 은혜로우시고 유일하신 구세주에 대한 믿음의 유익함을 점점 더 많이 계시해주셨다.

하나님께 소중하며 가치 있는 해석자149)가 그분 앞에서 탄식을

---

144) (옮긴이 주) 예수.
145) (옮긴이 주) 창세기 4장 11절.
146) 창세기 4장 12절 참조.
147) 예수. 요한복음 1장 14절.
148) 로마서 8장 26절 참조.

내쉬었는데,150) 나도 그처럼 탄식하며 계속 하나님의 말씀을 읽었다. 그리고 성서기자들이 하나님의 말씀을 쓸 때 받았던 그 도움을 경험했다. 이 도움이 바로 성서의 뜻을 이해하는 유일한 길이다. 나는 하나님의 도움으로 특별히 풍성한 위로와 원기를 받으며 쉬지 않고 일한 끝에 4월 21일에 작업을 마쳤다.

다행스럽게도 이제는 마음이 이전보다 더 평안하다. 우울증이 생기려고 했던 여러 순간에 나는 넘치도록 풍성한 위로를 받았다. 그런 위로는 내 자신에게서 기인할 수 없으며, 그 누구도 이웃에게 불어넣어줄 수 없는 것이다. 나는 넘쳐흐르는 위로를 받고서 깜작 놀랐다. 이 위로가 모든 두려움, 모든 슬픔, 모든 불신을 삼켜버려서 내 마음 속에서는 이것들의 흔적을 더 이상 찾아볼 수 없었다. 하나님께 내 안에서 시작하셨던 역사(役事)151)를 축복해주시라고 간구했다. 그분의 말씀을 통해, 그분의 영, 은혜로우신 영, 풍성하신 영을 통해, 이성의 한계 너머에 있고 세상이 주는 것과 같지 않은 평강의 영,152) 사랑의 영을 통해[, -] 사랑의 영이 없다면 우리는 하나님의 원수(怨讐)와 다름없으며, 이 은인153)을 증오하는 사람이 어찌 일시적으로나마 사랑할 수 있겠는가? [-] 육체의 자랑이라는 환영과는 달리 치욕이 되지 않도록 해주시는 희망의 영을 통해, 내 연약한 믿음을 축복해주시라고 간구했다.

내가 하나님께 큰 호의와 귀한 진주154)와 타고난 상급(賞給)을 받

---

149) (옮긴이 주) 성령.
150) 로마서 8장 26절 참조.
151) 빌립보서 1장 6절 참조.
152) 요한복음 14장 27절, 빌립보서 4장 7절 참조.
153) (옮긴이 주) 사랑의 영.

[42]

있는데, 그분이 지금 나의 모든 삶을 다스리심을 어찌 의심하겠는가. 내 인생의 목적은 달성됐다. 나는 몸을 그분의 현명하시고 홀로 선하신 뜻에 맡긴다. 이제는 내 의지의 맹목성과 타락함을 너무나도 잘 알기에 내 의지를 부인해야만 한다. 내 죄는 내가 현재 지고 있는 빚보다 훨씬 더 중하고 더 영향력이 있다. 천하를 얻는다고 해도[155] 내 죄 값을 치를 수는 없을 것이다. 비록 아브라함이 가나안 사람 에브론에게서 은 사백 세겔 때문에 '이것이 나와 당신 사이에 무슨 문제가 되리이까'라는 말을 들어야만 했을 지라도 말이다.[156] 기독교인이 중요한 일로 이방인과 협의할 때, 하나님께서는 이방인보다는 기독교인으로 하여금 더 아량을 갖고서 생각하도록 시키지 않겠는가. 이것 혹은 저것을 주며 구매하도록 하는 사소한 일이 어찌 하나님에게 중요하겠는가. 300 파운드는 내가 하나님께 진 빚이다. 그분께서는 바울이 빌레몬의 종에게 했듯이,[157] 나를 대해주시고 지혜로 그 빚을 청산해주실 수 있을 것이다.

『내 생애에 대한 생각』을 작성한 것은 내 자신 혹은 사랑하는 아버지와 동생을 위해서였다. 따라서 아버지와 동생, 아니면 가장 가까운 내 친구들이 이 글을 통독했으면 하는 바람이다. 이 글에서 나는 하나님, 그리고 내 자신과 이야기 했다. 내 삶의 측면에서 하나

---

154) 마태복음 13장 45-46절 참조.
155) 마태복음 16장 26절.
156) (옮긴이 주) 창세기 23장 참조. 아브라함은 아내 사라가 죽자 가나안 땅 헷 족속에게 막벨라 굴을 매장지로 달라고 요청한다. 그러자 소유자인 에브론은 땅 값이 은 사백 세겔이지만 아무 대가 없이 아브라함에게 제공하려한다. 하지만 아브라함은 이를 거절하며 은 사백 세겔을 달아 그에게 땅 값으로 준다.
157) (옮긴이 주) 신약 빌레몬서 참조. 빌레몬의 종은 오네시모이다.

님을 변호했고, 나를 탄핵했으며, 삶속에서 내 자신을 고발하고 속 내를 털어놓았다. - - 이 모든 것은 나를 용서해주시고 홀로 선하신 하나님께서 치르신 값으로, 그분의 독생자의 피158) 속에서, 그리고 하나님의 영이 그분의 말씀과 나의 가슴속에서 확증하시는 증거 속에서 이루어졌다. 하나님께서 나를 한 통에서 꺼내 다른 통에 부으신 것은 내가 지나치게 많은 효모를 섞어 구제할 길 없이 맛이 시어져 악취가 나지 않도록 하기 위함이었다. 우리에게는 모든 것이 합력하여 선을 이룸이 틀림없다.159) 죄로 인한 죽음이 우리에게 생명을 가져다주듯이, 죄로 인한 모든 질병은 틀림없이 경험과 본보기가 되어 하나님을 찬양하게 한다. 이스라엘의 여정(旅程)과 내 생애를 비교하고자 하는 사람은 이 둘이 정확히 일치함을 알게 될 것이다. 나는 순례가 끝나면 하나님의 은혜로 약속의 땅에 들어가리라 믿는다. - - 만약 내가 여기에서 무질서와 타인에게 끼친 피해를 배상할 시간과 기회를 갖지 못할 것이라고 가정한다면. 내가 근심과 절망의 독(毒)으로 인해 죽었더라면, 친구들은 틀림없이 더 슬퍼했을 것이다. 내 건강과 삶은, 거듭해서 말하지만, 기적인 동시에 하나님이 내가 나아질 것과 그분을 섬기는 데 있어 장차 유용하리라는 점을 의심치 않으심을 보여주는 증표이다. 내 아들아! 네 마음을 내게 줄지어다!160) - - 나의 하나님, 제 마음이 여기 있습니다! 당신께서는 제 마음이 아무리 맹목적이고 딱딱하고 모가 나고 잘못되고 완고하더라도 그것을 원하셨습니다. 제 마음을 깨끗하게 해주

---

158) 요한1서 1장 7절.
159) 로마서 8장 28절.
160) 잠언 23장 26절.

시고 새롭게 해주시며 당신의 선하신 영이 활동하는 곳이 되게 해주소서. 마음이 제 손안에 있었을 때는 그것에 너무 자주 속아 이제는 그것을 더 이상 제 것으로 여기지 않으려고 합니다. 마음은 리워야단[161]과 같아 당신만이 길들일 수 있습니다. - - 당신께서 내주(內住)하시면 마음은 평안과 위로와 행복을 누립니다.

하나님의 구원의 말씀[162]에 대해 그분께 진심으로 솔직하게 감사했을 때 얻은 내 자신의 경험을 증거함으로써 이 글을 끝맺고자 한다. 그분의 말씀은 그분께 나아갈 뿐만 아니라 우리 자신을 아는 데 있어 유일한 빛임이 검증되었다. 모든 자연과 자연의 모든 보화를 훨씬 능가하는, 하나님의 은혜의 가장 귀한 선물임이 검증되었다. 이는 우리의 불멸하는 영이 육체와 피의 접합보다 훨씬 뛰어난 것과 마찬가지이다. 하나님의 말씀은 천국과 지상과 지옥에서 신성에 대한 가장 심오하고 가장 고상하며 가장 경이로운 비밀의 가장 놀랍고도 가장 경배할 만한 계시임이 검증되었다. 하나님의 본성과 특성, 그리고 주로 우리 비참한 인간들을 향한 그분의 넘쳐흐르는 위대하신 뜻의 가장 놀랍고도 가장 경배할 만한 계시임이 검증되었다. 하나님의 말씀은 모든 시대를 지나 영원에 이르기까지 가장 중요한 발견들로 가득 찬 가장 놀랍고도 가장 경배할 만한 계시임이 검증되었다. 우리 영혼의 유일한 빵이자 만나임이 검증되었다.[163] 기독교인은 지상의 인간이 일용한 양식을 필요로 하는 것보다 이런

---

161) 욥기 3장 8절, 이사야 27장 1절 참조. 이사야 27장 1절에서는 리워야단을 "날랜 뱀" 혹은 "꼬불꼬불한 뱀"으로 묘사한다.
162) 로마서 1장 16절, 고린도전서 1장 18절 참조.
163) 신명기 8장 3절 참조. (옮긴이 주) 만나는 이스라엘 민족이 애굽(이집트)을 탈출하여 광야에서 생활할 때 하나님이 내려주셨던 양식이다.

빵과 만나를 더 필요로 한다. - - 고백하건대, 이와 같은 하나님의 말씀은 그 속에서 거론되는 것과 마찬가지의 큰 기적을 순진하든지 학식이 있든지 간에 한 기독교인의 영혼에게 행한다. 따라서 성서 이해와 성서 내용에 대한 믿음은 성서기자들을 움직이게 했던 바로 그 영에 의해서만 이루어 질 수 있다.[164] 하나님께서는 형용할 수 없는 자연의 비유를 들어 우리 가슴 속에서 말할 수 없는 탄식[165]을 내쉬는데, 그분이 성서에서 쏟아 내쉰 탄식의 양은 자연 전체와 자연계의 모든 씨보다 훨씬 더 많다.

두 번째는 내 마음과 내 최고의 이성의 고백으로, 예수 그리스도에 대한 믿음 없이는 하나님을 인식한다는 것은 불가능하다는 점이다. 예수 그리스도는 사랑이 많으시고, 이루 말할 수 없이 온화하시며 자선을 베푸시는 분으로, 그분의 지혜와 전능과 기타 모든 특성은 말하자면, 그분이 인간을 사랑하심을 보여주는 도구에 불과한 것 같다. 그분께서 벌레와 같은 인간을 이처럼 좋아하시는 것은 하나님의 계시의 가장 심오한 비밀에 속한다. 예수 그리스도는 단지 인간이 된 것에 만족하시지 않고, 오히려 불쌍하고 가장 비참한 인간이 됐다는 점에 만족하셨다.[166] 성령은 우리에게 한 책을 가리켜 그분의 말씀이라 부르셨다. 그 말씀에서 그분께서는 어리석고 미친 사람처럼, 우리의 오만한 이성의 거룩하지 못한 불결한 영처럼, 동화를, 사소한 경멸할 만한 사건들을 천국과 하나님의 역사로 만드셨다. 고린도전서 1장 25절[167] - - 이 믿음에 따르면, 우리 자신의

---

164) 베드로후서 1장 21절 참조.
165) 로마서 8장 26절.
166) 빌립보서 2장 7-8절 참조.

모든 행동과 인간의 덕의 가장 고귀한 열매는 확대경을 놓고 보면 가장 세밀한 펜의 갈라진 틈 혹은 가장 연약한 피부에 불과하다는 것이 드러난다. 그 때문에 하나님에 대한 믿음이 - 믿음은 그분의 영의 활동으로 인해 생긴다 - 없이는, 유일한 중보자[168]의 공로 없이는 우리 자신과 우리의 이웃을 사랑하는 것[169]은 불가능하다. 간단히 말하자면, 진실한 기독교인이 되어야만 올바른 아버지, 올바른 자녀, 좋은 시민, 훌륭한 애국자, 좋은 신하, 물론 좋은 주인과 종이 될 수 있다. 가장 엄밀한 의미에서 보자면, 모든 선은 하나님 없이는 불가능하다. 하나님께서는 모든 선의 유일한 원조이시다.

따라서 내가 죄의 모든 결과를 그분[170]께 맡기는 것은 그분이 내 죄의 짐을 담당하셨기 때문이다. 그분이 내 아버지를 위로해주셨으면 한다. 그분께 내 경박함과 그분의 사랑을 망각함으로 인해 심려를 끼쳐드린 점에 대해 용서해달라고 간구했듯이, 그분이 내 아버지에게 이 용서의 열매도 전해주셨으면 한다. 나에게는 그런 역량이 없다. 어쩌면 아버지는 가장 순종하는 아들이 우리에게 기쁨이나 도움이 될 수 없는 그런 상황에 처해 있는지 모른다. - - 따라서 아버지가 노인으로 격렬한 전쟁 한 가운데에서 사시든, 아니면 되젊어진 천사로 평화의 땅에 사시든 하나님께서 그의 아버지가 되어주셨으면 한다.

하나님, 당신만이 저의 사랑하는 동생을 인도하시고 다스려주시며,

---

167) (옮긴이 주) "하나님의 어리석음이 사람보다 지혜롭고 하나님의 약하심이 사람보다 강하니라."
168) 예수. 디모데전서 2장 5절.
169) 마태복음 22장 39절 참조.
170) (옮긴이 주) 예수.

그를 어리석은 짓과 방탕과 파멸로부터 보호해주시고, 당신의 아들 예수 그리스도의 집에서 쓰임 받는 유용한 도구로 만들어주소서.

하나님, 친구들이 저를 생각할 때 근심하거나 저주하지 않도록 해주소서. 당신의 은혜로 저에 대한 이들의 선한 의도를 만천하에 갚아주소서. 이는 제가 그들의 사랑을 악용함으로 인해 그들이 타인에게 마음 문을 닫지 않도록 하기 위함입니다. 하나님, 그들에게 풍성한 영과 은혜[171]를 느끼도록 해주소서. 저는 그들의 선행을 잃었지만 그러한 영과 은혜를 얻었습니다.

사랑 많으신 하나님! 피조물과 구원받은 자들의 아버지시여![172] 당신께서는 저의 모든 소원을 아십니다. 저의 도움은 당신에게서만 옵니다.[173] 당신께서는 저의 죄를 그토록 오랫동안 보시고 들으시고 용서해주셨습니다. 마찬가지로 제가 지금 짓고 있는 죄를 보시고 들으시고 용서해주소서. 저의 원대로 마옵시고 당신의 원대로 되기를 원하나이다.[174] 아멘!

> 제 자신의 뜻을
> 고집하지 않도록
> 하늘에서 온 분별력을 주소서.
> 옳은 것을 실현할 수 있도록
> 저의 친구이자 소중한 조언자가 되어 주소서.

---

171) 에베소서 1장 7절 참조.
172) 예레미야 3장 4절, 19절 참조.
173) 시편 121편 2절 참조.
174) 누가복음 22장 42절 참조.

[N II, 45]

당신의 얼굴에서
경건한 영혼 속으로 퍼지는
고귀한 빛을 주소서.
그리고 당신의 힘이 일깨우는
올바른 지혜의 힘을 [주소서].

[45] 모든 것을 검토하여 저에게 좋은 것은
고취해주시고 육체와 피가
선택한 것은 허용하지 마소서.
당신의 사랑과 영광이
최고의 목적이자 고귀한 몫이 되게 하소서.

따라서 내 혼아, 네 자신에 충실하고
너를 창조하시고 구속하신
분만을 신뢰하라.
어떤 일이 일어나든, 하늘에 계신 네 아버지는
모든 것을 다 알고 계신다.[175]

1758년 4월 24일

---

[175] 4연으로 이루어진 위 시는 실은 하만이 두 찬송가의 가사에서 따와 편집한 것이다. 위 시의 행수와 배열은 바이어와 바이센보른 판을 따랐다. 첫 3연의 출처는 게르하르츠(Paul Gerhardts, 1607-1676)가 쓴 「나의 하나님, 저는 저의 모든 행위를 알고 있습니다. *Ich weiβ, mein Gott, daβ all mein Tun*」(EKG 384)이다. 하만은 이 찬송가의 가사 순서를 무시하고 이를 5연, 4연, 6연 순으로 배열했다. 마지막 4연은 플레밍스(Paul Flemmings, 1609-1640)가 지은 「나의 모든 행위에서는 하나님이 드러나신다네. *In allen meinen Taten, laβ ich den Höchsten raten.*」(EKG 292,9)의 한 부분인데, 하만은 이를 약간 수정한 후 인용했다.

4월 25일

경건은 범사에 유익하다.[176] - - 내 생애에 이 중요한 진리가 적용되는 특별한 사례가 두 가지 있다. 우선 경건은 아주 사소한 우리의 행위 속으로 파고들어가 전혀 눈에 띄지 않는 실수를 포함하여 이전의 무질서를 알아채지 못하는 방법으로 개선하고자 한다. 사탄과 우리의 육체는 무수한 하찮은 일과 어리석은 짓을 통해 우리를 종속시킨다. 이런 것들의 대상은 아주 중요하지도 않고 사소하지만, 이런 것들을 즐기면 벌을 받는다. 근래 나는 어떻게 했는지는 모르지만 코담배와 늦잠자기라는 두 가지 좋지 않은 습관에서 벗어났다. 이런 습관을 갖게 된 것은 밤에 오랫동안 앉아있었기 때문인데, 이로 인해 눈에 해가 많이 갔다. 전자[177]는 어쨌든 그리 중요하지 않을 지도 모른다. 하지만 우리가 이런 먼지 같은 것에 익숙해져 그것이 없으면 만족하지 못하고 제대로 생각을 하지 않으며, 배고픔과 갈증처럼 가장 시급한 육체의 필요로 인한 것보다 더 큰 곤경에 처할 정도로 어리석을 수 있다는 점이 얼마나 이해가 되지 않는 지 숙고해보라. 그와 같은 욕망이 우리가 기도하고 예배 보는 일을 방해하는 경우가 얼마나 자주 있는가.

두 번째는 위로인데, 믿음만이 우리 인생의 아주 사소한 우연들에 대해 - - 더욱이 굴곡지고 균열된 우리 삶에 대해 우리에게 위로를 줄 수 있다. 따라서 나의 바람은 탐욕스럽게 펼쳐지며 혼잡스러

---

176) 디모데전서 4장 8절.
177) (옮긴이 주) 코담배.

[N II, 46]

운 내 의도조차도 하나님의 뜻에 의해 그분께 유익하고 소용될 수 있었으면 하는 것이다... 아니면 적어도 내가 느헤미야[178]와 마찬가지로(2장 12절[179]) 경악하고 슬퍼하며 돌 더미를 바라보면, 그분께서 이 돌 더미를 곧 치워주실 수 있었으면 하는 것이다. 하나님께는 무너지고 파괴된 건물을 대신해 그 안에서 그분이 변용되고자 하시는 새롭고 더 좋은 건물을 세우는 것은 아무것도 아니다.

주님 당신만이
우리를 위해 모든 통나무와 돌을 치워주십니다.

[46] 성서 전체는 사소한 일에서도 하나님께서 통치하심을 우리에게 가르치고자 하는 바로 이 의도를 위해 쓰인 것 같다. 하나님께서는 우리가 태어날 때 산파의 생각과 말에 귀 기울이시는 분이시며, 레아[180]와 라헬[181]이 르우벤[182]의 합환채를 놓고 벌인 아주 중요하지 않는 대화를 기록하신 분이시다. 창세기 38장 27-30절. 창세기 30장 14절과 15절.[183] 우리 종교는 우리의 필요와 연약함과 결핍에

---

178) (옮긴이 주) BC 5세기에 활동했던 유대인 지도자. 페르시아 왕에게 술을 따르는 관원으로 일하다가 예루살렘으로 귀환하여 무너진 성벽을 재건하였다.
179) 느헤미야 2장 12절("II.12"). (옮긴이 주) 바이어와 바이센보른에 따르면, 이 구절은 느헤미야 2장 12절(2,12)이 아니라, 느헤미아 2장 1절과 2절(2,1.2)을 가리킨다.
180) (옮긴이 주) 야곱의 첫째 부인.
181) (옮긴이 주) 레아의 동생으로 야곱의 둘째 부인.
182) (옮긴이 주) 야곱과 레아 사이에서 태어난 장자.
183) (옮긴이 주) 산파의 생각과 말은 창세기 38장 27-30절에, 르우벤의 합환채를 놓고 벌인 레아와 라헬의 대화는 창세기 30장 14절과 15절에 나와 있다.

[N II, 46]

초점을 맞추고 이 모든 것을 선행과 아름다움으로 변화시킨다. - - 돌이키지 않은 우리들에게 적대적인 모든 것을 - - 우리와 더불어 모든 것을, 하나님을 믿는 자녀인 우리에게 적대적이었거나 적대적인 것조차도 변화시킨다. 세상의 이성(理性)이 볼 때, 있음직하지 않고 우스꽝스럽게 생각되는 모든 것이 기독교인들에게는 확실하며 위로가 된다는 것은 불가피하고 부정할 수 없는 사실이다. 이성으로 인해 억눌리고 절망하고 낙담하는 그것이 우리를 일으켜 세워주고 하나님 안에서 우리를 강하게 해준다.

오늘 사보이 교회의 설교자이자 경건하고 올바른 성직자인 피티우스[184] 씨를 방문했다. 나는 그의 설교를 듣고 이해하고 느끼며 많은 감동을 받았다. 그는 여기에서 묵고자 하는 나의 모든 희망을 앗아갔으나, 나는 그것으로 인해 의기소침하지 않았다. 왜냐하면 도움은 인간이 아니라 하나님에게서 받을 수 있다고 믿기 때문이다. 우리 영혼이 먼저 그분께 중심을 둔다면 우리 영혼이 움직이더라도 그분께서는 더 이상 그 곁을 떠나지 않으시며, 지구가 태양에게 하듯이 우리 영혼은 그분을 충실히 따르게 된다. 그 밖의 모든 성향들은 달처럼 원래 나름대로 각인되어 있는 진동과 궤도를 따른다.

런던에서 어느 잠 못 이루는 밤에, 어머니처럼 조카인 나를 아주 다정하게 사랑해 주신 돌아가신 숙모님을 잊었음을 회상하고서 나의 배은망덕을 신랄하게 질책하던 일이 있었다. 하나님, 은혜 가운데 그녀의 연약한 사랑과, 그녀에 대한 기억을 더럽힌 나의 경솔함과 성실하지 못함을 용서해주셨듯이, 그녀가 베푼 모든 사랑을 영원토록 갚아주소서.

---

184) Johann Reichard Pit[t]ius.

[N II, 47]

5월 29일

[47] 피티우스 목사를 방문하는 것으로 이번 주를 시작했다. 하나님께서는 나에게 은혜를 베푸사 공중예배를 기대하게 하셨다. 지난주 예배 때 이 경건한 목사가 부자와 행복한 나사로에 대해[185] 설교하는 것을 들었는데, 이 설교는 회중을 상당히 각성시켰다. 그가 다음 주일에 성찬식이 있다고 공지했기 때문에 나는 이전에도 그랬던 것처럼 이 의식에 초대해줄 것을 하나님께 간구했다. 나에게는 어려움이 많았다. 수중에 있는 것이라고는 반 크로네[186] 밖에 없었고, 시계는 이미 4파운드를 받고 하숙집 주인에게 넘겼다. 따라서 육체적으로 힘겨웠던 나는 이 사람[187]을 방문하여 그에게 내 마음과 모든 상황을 털어놓았다. 그러자 그는 영국을 떠나라고 나에게 촉구했다. 하나님께서는 이 사람에게 내 마음에다 대고 말하도록 많은 은혜를 베푸셨으며, 또한 내가 그의 말을 듣고 대답하도록 도와주셨다. 나는 그의 집에 너무 오랫동안 기거했는데, 내가 이것을 알게 된 것은 그의 얼굴에서 나를 내쫓는 너무 당혹스런 표정을 보았을 때였다. 그래서 나는 상당한 용기를 내어 그를 떠났다. 그런데 그러한 용기 때문에 그 목사 자신도 때로는 나에게 당황했던 것 같았다.

하나님! 당신의 길에는 사랑이 얼마나 많은지요. 긍휼과 진리. 당신께서 저에게 상당히 많은 기적을 베풀어 주셨음은 틀림없는 사실

---

185) (옮긴이 주) 누가복음 16장 19-31절 참조.
186) (옮긴이 주) 가장 오래된 영국의 탈러 동전(금화와 은화)으로 5 실링에 해당한다. 1526년에 도입되었다가 1663년에 기니로 대체되었다.
187) (옮긴이 주) 피티우스 목사.

[N II, 47]

입니다. 이는 제가 자녀로서 알고 있었던 것, 모든 자녀가 알고 있는 것, 그리고 당신에게서 이 믿음을 영향 받고 선사받은 사람만이 진실로 믿고 있는 것, 이런 것들에 대한 믿음을 저로 하여금 배우도록 하기 위함입니다. 제가 말하는 것은 "나를 떠나서는 너희가 아무 것도 할 수 없음이라"[188]와 같은 쉬운 진리입니다. 제가 말하는 것은 "나는 너희를 떠나지 아니하며 버리지 아니하리니"[189]와 같은 유일한 위로입니다.

내가 그 올바른 이스라엘 사람[190]의 당혹스런 얼굴표정을 보고 내쫓기듯 떠난 것은 다 까닭이 있었다. 그가 기거하고 있는 사보이 교회를 떠나 몇 걸음 내딛자 등 뒤에서 내 이름을 부르는 소리가 들렸다. 그것은 예기치 않게도 한 남자가 기뻐하며 다정하게 나에게 말을 건네는 소리였다. 그 남자는 내가 항상 나쁜 선입견을 갖고 있어서 가능하면 기피했었던 사람이었다. 그는 뤼더스 씨로 러시아 공사인 갈리친 왕자의 비서였다. 그는 내 친구[191]가 상트페테르부르크에서 보낸 편지를 가져왔고, 자기 생각을 말하고 새로운 소식을 전해줌으로써 나에게 전혀 새로운 활기를 불어넣어주었다. 그는 우연히 나를 만나게 된 행운에 대해 기뻐했다. 왜냐하면 그는 나 때문에 걱정했고 나를 찾아내고자 원했기 때문이다. 내가 그와 함께 시내로 달려가고자 했을 때 일생동안 간직할만한 기이한 상황이 나를 다시 불러들였다. 나는 내 동행인과 좀 더 편하게 말할 수 있기

---

188) (옮긴이 주) 요한복음 15장 5절.
189) (옮긴이 주) 여호수아 1장 5절.
190) (옮긴이 주) 피티우스 목사.
191) 베렌스(J. Chr. Berens).

위해 매우 비좁은 인도에서 비켜섰다. [그런데] 나는 갑자기 의식할 사이도 없이 땅 위에, 한 기둥 옆에 쓰러졌다. 하마터면 머리가 그 기둥에 부딪혀 박살나거나 팔이 뻘 수가 있었다. 너무나 갑작스럽게 이런 일이 발생하다 보니, 내가 모자와 가발을 잃지 않고, 적어도 구경꾼들에게 웃음거리가 되지 않은 것은 기적이었다. 비록 내가 피해보지 않고 그 상황을 모면했다손 치더라도 말이다. 나는 몸이 더러웠기에 되돌아가야만 했다. 그때 이러한 사태가 나에게 말해주는 듯한 것을 진심으로 많이 느꼈다. 그리고 아주 특별한 보호를 받아 전혀 다치지 않고 일어섰다는 점으로 인해 많은 기쁨과 위로를 받았다. - - 이 모든 일이 발생한 것은 내가 하숙집으로 귀가하도록 하기 위함이었다. 나는 도중에 부탁하여 몸가짐을 바로 했기 때문에 하숙집에 돌아왔을 때는 다시 깨끗해졌다.

어떤 충동에 이끌려 그랬는지 모르겠지만 점심식사를 하자마자 다시 밖으로 나갔다. 리가에서 알게 된 한 영국 젊은이[192]의 아버지를 찾아내어 가능하면 집에 대한 새로운 소식을 듣거나, 어쩌면 그 아버지를 지인이자 친구로 얻기 위함이었다. 궁극적으로는 그가 나를 자기 집에 받아주었으면 했고, 아니면 적어도 좋은 충고를 하며 나를 도와주었으면 했다. 수없이 수소문한 끝에 결국 버니조버 씨를 만났다. 내가 이름을 말하자마자 그는 나를 반가이 맞아주었고, 마침내 나를 만나게 된 소식을 전함으로써 내 아버지를 기쁘게 해줄 수 있어 다행이라고 했다.

나는 동생이 쓴 영어 편지와 늙고 올곧은 아버지가 첨부한 짧은

---

192) 버니조버(Salomon Vernizobre).

글을 읽었다. 그러나 아무것도 이해할 수 없었다. - - 가슴이 감정으로 복받친 나머지 무엇을 읽었는지 알지 못해 편지 읽는 것을 미뤄야만 했다. 하나님께서는 어머니가 임종하기 전에 어머니를 포옹케 하는 은혜를 베풀어주셨듯이, 살아생전에 아버지를 만나리라는 희망을 주셨다. 하나님께서는 아버지에게 기억력 상실이라는 십자가를 지우셨다. 아버지, 저는 당신이 담당하고 있는 벌을 감당하기에 합당하지 않습니다. 나는 아버지를 하나님께 맡겼고, 하나님께서 모든 일을 잘 처리하시고 훌륭하게 마무리 지으실 줄 믿는다. 우리 영혼 속에 있는 성령의 증거는 기억에 의존하지 않는다. 우리가 모든 것을 잊더라도 십자가에 못 박히신 예수님은 모든 지혜와 모든 힘, 모든 이성과 모든 감각을 대변하신다. 예수님 없이 사느니 차라리 가슴과 머리 없이 사는 게 낫다. 그분께서는 우리 본성과 우리 모든 힘의 머리이시자 움직임의 근원이시다. 이 움직임의 근원은 맥박이 살아 있는 인간 속에서 그러하듯이 기독교인 속에서 가만히 있을 수 없다. 기독교인만이 살아있는 인간이며 영원히 죽지 않고 사는 인간이다. 왜냐하면 기독교인은 하나님 안에서 하나님과 더불어 살고 움직이며 하나님을 위해 존재하기[193] 때문이다.

  하나님께서는 6월 4일 성찬식에 참여할 수 있는 특별한 은혜를 베풀어주셨다. 이로 인해 나는 고무되었고, 신앙생활은 굳건해졌다. 지난 일을 상기시켜주시는 신실하신 하나님의 영이시여, 죽음에 대한 기억을 내 영혼 속에 보존해 주실[194] 뿐만 아니라, 주님이 오실 때까지 그분의 죽음을 내 삶과 변화 가운데에서 보여주시고

---

193) 사도행전 17장 28절 참조.
194) 요한복음 14장 26절 참조.

[N II, 49]

[49] 선포할[195] 힘 또한 주소서. 아멘.

리가로 돌아가려는 내 결심은 점점 더 굳어졌다. 나는 모든 친구에게 편지를 써서 이미 소식을 전했다. 다시 찾은 이 올바른 길을 가는데 있어 나를 더욱 고무한 것은 사탄이 내 가는 길에 던지려고 하는 부딪히는 장애와 돌이었다. 사랑 많으신 하나님, 저를 도와주사 그것들을 길에서 치워주시고 내 자신과 세상을 극복하도록 해주소서! 모든 성공 혹은 반대로 모든 위로는 당신께만 달려 있습니다!

6월 25일, 성삼위일체 축일 이후 다섯 번째 일요일. 누가복음 5장 1절 - [196]

이 날이 어쩌면 영국에서 보내는 마지막 일요일일지 모른다. 하나님께서는 오늘 설교에서도 경건한 종의 입을 통해 나에게 많은 축복을 주셔서, 나는 많은 애착과 위로와 기쁨을 느끼며 설교를 들을 수 있었다. 배를 타고 떠나고자 했기에 설교 말씀은 더욱 내 여행에 적합했다. 설교자는 "하나님이 네가 하는 일들을 벌써 기쁘게 받으셨음이니라"는 전도서 9장 7절 말씀으로 시작했다. 그는 복음서 이야기[197]에서 가정과 생활에서 지켜야 하는 다섯 가지 수칙을 제시했다. 이를 준수하면 우리 직업은 축복받고 우리가 하는 모든 일은 주님을 기쁘시게 한다. 1) 하나님 말씀 묵상. 이로 인해 우리의 세상 직업은 방해받지 않고, 오히려 하나님께서 우리 직업 위에

---

195) 고린도전서 11장 26절 참조.
196) (옮긴이 주) 이 구절의 문단 구성은 바이어와 바이센보른 판을 따랐다.
197) 누가복음 5장 1-11절 참조.

[N II, 49]

부어주시는 축복은 늘어나며 게으름, 무질서, 무절제 등과 같은 모든 장애물은 제거된다. 2) 충실하고 열심히 생업에 종사하기. 예수님은 직업이 어부인 사람들을 제자로 삼으셨다. 3) 온갖 유혹 가운데에서 담대하기. a) 밤이 새도록 일했으나 고기를 전혀 잡지 못함,[198] b) 하나님의 길에서 과감하게 높은 바다 위를 거니는 것을 두려워하는 것은 있을 법하지 않음, c) 찢어지는 그물, d) 가라앉는 배[199]. 이것들은 모두, 제자들이 물에 빠지는 것을 감수하고 단순히 믿음으로써 극복한 유혹들이다. 4) 겸손함. 우리는 하나님의 모든 선하신 행동을 겸손히 받아들이고 인식해야 한다. "주여 저를 떠나소서 저는 죄인이로소이다."[200]라고 베드로는 말했다. 제자들이 보답으로 이와 같은 기적을 체험한 것은 그들이 순종[했기 때문만이] 아니라 담대했기 때문이다. 5) 제자들이 세상에서 모든 것을 버렸듯이, 우리 영혼의 구원을 위해 하나님의 사랑에 순종하고 이에 대해 감사하며 모든 세상 이점을 부인하고 단념하기. 오후 예배는 「주 예수 그리스도여, 당신께 부르짖으오니」라는 찬송가[201]로 끝났는데, 나는 그 찬송가를 8일 전부터 되뇌며 많은 위안을 받았다. 마지막 두 절[202]에서는 믿음의 건(腱)과 근(筋)이 삶에 딱 맞게

---

198) 누가복음 5장 5절.
199) 누가복음 5장 6-7절 참조.
200) (옮긴이 주) 누가복음 5장 8절.
201) 이 곡(Ich ruf zu dir Herr Jesu Christ, EKG 244)의 작사자는 아그리콜라(Johann Agricola, 1494-1566)이다.
202) 4.
세상의 즐거움과 두려움이 몰려와도
당신[예수]을 외면치 않게 하소서.
저에게 힘을 주사 끝까지 변치 않게 하소서.

표현되고 있다. 하나님, 은혜 가운데 저의 기도를 들어주시고, 지

> 당신만이 만물을 주관하십니다.
> 당신께 받는 사람은 거저 받는 것이니
> 누구도 자기 공로로 얻거나
> 상속할 수 없습니다.
> 이는 우리를 죽음에서 구원해주신
> 당신의 은혜입니다.
> Laβ mich kein Lust noch Furcht von dir
> in dieser Welt abwenden;
> beständig sein ans End gib mir,
> du hast's allein in Händen;
> und wem du's gibst, der hat's umsonst,
> es mag niemand erwerben
> noch ererben
> durch Werke deine Gunst,
> die uns errett' vom Sterben.

> 5.
> 오, 주 그리스도여, 고군분투하고 있는
> 연약한 저를 도와주소서.
> 당신의 은총에만 의지하오니
> 저에게 힘을 주소서.
> 시련이 몰려와도 견뎌내고
> 넘어지지 않겠습니다.
> 당신이 함께 하시면
> 안전합니다.
> 저를 지켜주시리라 확신합니다.
> Ich lieg im Streit und widerstreb,
> hilf, o Herr Christ, dem Schwachen;
> an deiner Gnad allein ich kleb,
> du kannst mich stärker machen.
> Kommt nun Anfechtung her, so wehr,
> daβ sie mich nicht umstoβe;
> du kannst machen,
> daβ mir's nicht bringt Gefähr.

혜와 믿음과 더불어 당신의 좋은 영을 선사해 주시며, 당신께서 저의 기도를 들어주시고 저를 축복해주실 때까지 계속해서 기도하고 기도를 그치지 않게 하소서. 아멘! 예수님의 이름으로 아멘!

　6월 27일에 예기치 않게 런던을 떠나야 했다. 내가 타고 갈 배가 이미 떠났다는 소식을 듣고 충격을 받았기 때문이다. 그날 밤 그레이브젠드에 도착했는데, 이곳에서 내 물건을 훔치려던 - 그렇게 밖에는 결론을 내릴 수 없다 - 한 선원 때문에 위험에 처했다. 마침 그때 한 영국인이 인접한 여관에서 나와서 나를 돌봐주고는 그곳에 방 하나를 배정해주었다. 우리는 군함을 타고 가서 다른 배들이 오기를 기다려야만 했다. 그리하여 7월 8일에야 비로소 배를 타고 떠났다. 7월 16일 일요일에는 꽤 강한 역풍과 폭풍으로 인해, 그리고 카테가트 해협에서의 위험으로 인해 불안했으나 시편 42편을 읽고 하나님으로부터 위로와 격려를 받았다. 7월 16일/27일[203])에 하나님의 은혜 가운데 무사히 리가에 도착하여 칼 베렌스[204]) 씨의 집에 들렀는데, 그는 나를 매우 친근하고 다정하게 맞아주었다. 비록 내가 정신이 없었지만, 하나님께서는 그 다음 주 일요일에, 성삼위일체 축일 이후 다섯 번째 일요일인 7월 19일에 성찬식에 가고자 하는 의지를 선사해주셨고 이 의식에 참여토록 인도해주셨다. 성찬식에서 내가 경탄해마지 않았던 것은 베드로가 엄청나게 많은 물고기

　　Ich weiβ, du wirst's nicht lassen.
203) (옮긴이 주) 7월 16일은 러시아에서 통용되던 율리우스력(old style, stili veteris)에 따른 것이고, 뒤에 있는 7월 27일은 정교도를 신봉하는 동유럽과 남동유럽을 제외한 기타 유럽지역에서 사용하였던 그레고리우스력(new style, stili novi, 현재 우리나라에서 사용됨)에 따른 것이다.
204) Karl Berens(1725-1789), 베렌스(J. Chr. Berens)의 형.

를 잡았다는, 내가 영국을 떠날 때 받았던 바로 그 복음205)으로 하나님께서 나를 맞아주셨다는 점이다.

[리가에] 도착한 당일 곧장 오랜 친구인 린트너206)에게 달려갔다. 그에게서 내 동생이 이곳 성당학교의 보조교사로 초빙되었다는 소식을 듣고 깜작 놀랐으며 기뻤다. 오랫동안 기다린 끝에 동생은 10월 16일/27일207)에야 비로소 무사히 도착했다. 저희 둘에게 그처럼 풍성하게 베풀어주신 모든 긍휼함에 대해 하나님께 감사와 찬양을 드립니다! 당신께서 제 입안에 넣어주셨던, 매일 저의 유일한 동생을 위해서 하는 기도 또한 당신의 사랑하는 아들 예수 그리스도를 위해 은혜롭게 들어주소서. 동생에게 소명을 감당하는데 필요한 힘과, 그 힘을 충실히 사용할 의지와 열심을 선사해주소서. 그에게 은혜를 주사 학생들을 예수님의 이름으로 영접하여 양육하게 하소서. 동생을, 자신에게 맡겨진 양과 어린 양을 치는 신실한 목자로 삼아주시고 준비시켜 주소서. 모든 생업에 관한 네 번째 계명208)의 축복을 그에게 허락하시고, 그가 가는 모든 길에 이 축복이 뒤따르게 하소서. 그리고 당신의 사랑하는 아들 예수 그리스도가 보여준 완전한 순종으로 인해 저희 둘이 그 축복을 누리도록 해주소서. 바로 그 축복을 통해 저희 가슴이 진정한 형제애 속에서 하나가 되어 저희들이 부딪히는 돌처럼 서로에게 방해가 되지 않게 하소서. 오히

---

205) 누가복음 5장 1-11절.
206) 린트너(J. G. Lindner).
207) (옮긴이 주) 이 부분의 번역은 나들러 판("den 27./16. v. n. Octobr.") 대신 바이어와 바이센보른 판("d[en] 27 n./ 16 v. Octobr.")을 따랐다.
208) (옮긴이 주) "안식일을 기억하여 거룩하게 지켜라."(십계명 중 네 번째 계명)

[N II, 51]

려 서로 격려하여 우리 구세주이신 목자의 신실한 목소리를 쫓아 점점 더 자기 자신을 부인하며 그분의 십자가를 짊어지고,[209] 그분께서 소중한 피를 흘리며[210] 남기신 발자취를 따르도록[211] 하소서.

동생이 아버지가 우리에게 나눠준 선물을 가지고 도착했을 때 나는 기뻤다. 올곧고 연로한 아버지의 도움으로 나는 신실한 친구인 바사와의 관계가 원만해질 수 있었다. 이로 인해 나는 아버지의 도움에 더욱더 감동했다. 하나님, 이를 겸손한 신자인 저의 자애로운 아버지에게 갚아주소서. 그리고 무질서하게 살았던 제 경험을 통해 무질서한 습관을 점점 더 버리고 지상의 축복을 지혜롭게 관리하는 가르침과 단련을 점차적으로 받게 하소서.

은인[212]의 집에서 내가 하는 일은 지금까지는 그의 형제[213]와 편지를 주고받는 것, 우리 가문의 수장(首長)의 장녀를 가르치는 것, 계산대에서 일하는 은인의 남동생 게오르게[214]를 조금 도와주는 것뿐이었다. 지금까지 눈에 보이는 손으로 이 일을 도와주신 하나님, 당신의 사랑하는 아들 예수 그리스도의 이름으로 드리는 충심어린 감사와 찬양을 받으소서. 풍성하신 당신께 거듭해서 은혜를 긷게 하시고, 당신의 선하시고 거룩하신 영의 도움을 받아 모든 일을 하게 하시며, 당신의 영광과 제 영혼과 다른 이의 영혼의 구원을 위해 모든 일이 잘되게 해주시고, 저를 부여받은 재능의 충실한 청지

---

209) 마태복음 16장 24절 참조.
210) 베드로전서 1장 19절 참조.
211) 베드로전서 2장 21절.
212) 칼 베렌스.
213) 베렌스(J. Chr. Berens).
214) 게오르게 베렌스(George Berens, 1739-1813).

기[215])로 삼아주소서. 당신께서 저를 위해 마련해주신 일을 하고, 저의 대제사장이시며[216] 대변자이신 당신의 사랑하는 아들 안에서 당신께서 기뻐하시는 일을 하며, 이웃을 거짓 없이 사랑하는 가운데 제 믿음이 점점 더 살아 움직이고 풍성해지도록 해주소서.

특히 하나님께서는 나와 친구의 편지교환을 이용하여 내가 미신과 위선의 효모에 대해 조심하게 하셨다. 하나님, 몸소 저에게 이처럼 유익한 시련을 온갖 축복으로 보답해주소서.

두 번째 강림절인 12월 6일에 하나님께서는 성찬식에 참여하는 축복을 나에게 주셨다. 그 전날 병든 게리케[217] 목사를 대리하는 에센[218] 목사에게 참회하며 상당히 많은 감동을 받았다. 저를 일깨워 이 성스러운 일을 하게 하시고, 그 일을 완수하게 하시며, 그것의 열매와 평화를 누리도록 해주신 하나님의 모든 긍휼하심에 대해 거듭 감사드립니다.

[52] 12월 11일은 속죄의 날이었다. 그날 저녁은 편지 한 통을 쓰면서 시간을 보냈는데, 편지 내용은 여하튼 상당히 생각해볼 만한 것이었다. 하나님, 불쌍한 죄인인 저에게 은혜를 베풀어주시고, 제가 다른 이들에게 복음을 전하는 동안 지탄받지 않도록 해주소서.

세 번째 강림절인 12월 13일에 식탁에서 특이하면서도 모호한 느낌이 들었다. 이는 내 친구의 운명[219] 때문인 것 같았다. - 그의 누

---

215) 누가복음 19장 11-27절 참조.
216) 히브리서 4장 14절.
217) 게리케(Johann Christoph Gericke, 1696-1759). 하만이 리프란트로 여행할 때 동행했던 친구인 게리케(N II, 22)의 아버지.
218) Immanuel Justus von Essen(?-1780).
219) 베렌스(J. Chr. Berens)의 여성편력.

이[220])에게서 도대체 뭔지는 말할 수 없지만 이와 유사한 느낌을 발견했다는 생각이 들었다. 나는 그녀에게 되도록 빨리 남동생[221])에게 편지를 쓰도록 간청했고, 그녀를 도와 이 일을 하겠다고 자청했으며, 그녀는 내 제안을 받아들일 마음이 상당히 있는 것 같았다. 12월 14일에는 위층에서 혼자 식사하고서 약속했던 편지 쓰는 일을 했는데, 손이 머리에서 생각하는 것과는 전혀 다른 말과 생각을 계속 쓰는 것처럼 여겨지면서 편지가 전혀 잘못된 방향으로 전개되는 것 같았다. 작성한 편지를 내려 보내고서 내 착상을 어떻게 받아들일까에 대해 불안했다. 그래서 외출하면서 그녀에게 부탁하기를, 그 편지에 대해 양해해 달라고도 했고, 그것에 대해 좀 더 자세하게 내 생각을 밝힐 수 있도록 해달라고도 했다. 그녀는 매우 슬퍼보였는데, 나는 그것을 남동생의 운명에 대한 그녀의 민감한 반응 탓으로 돌렸다. 그날 밤, 나는 집에 식사하러 왔지만 정말로 모호한 느낌으로 인해 평소보다 더 일찍 내 방으로 내몰렸다. 방에서 나는 욥기 몇 장과 시편 몇 편을, 틀린 것이 아니라면 시편 12편에서 20편까지를 읽은 후에 많은 평안과 위로를 받고 침대로 갔다. 잠자리에 들 때 평안과 위로를 의식하고 있었고, 이에 대해 하나님께 감사했으며, 편안한 마음으로 잠들 수 있기를 바랐다. 그 직후에 느꼈던 것은 제대로 적을 수 없다. [하지만 그것을 하나님의 도움으로 가능한 한 충실하게 많이 적고자 하는데, 이는 그 일에 대한 기억을 간직하기 위함이며, 이 사건은 부분적으로는 내가 할 수 없다고 여겼던 결심을 하게 된 근거였기 때문이다. 내 친구의 운명을 생각했고,

---

220) 카다리나 베렌스(Katharina Berens, 1727-1805).
221) (옮긴이 주) 베렌스(J. Chr. Berens).

[N II, 53]

그와 같은 육체의 유혹에서 벗어난 것에 대해 하나님께 감사했으며, 앞으로도 그렇게 해달라고 간구했다. 잠자지 않았던 것만큼은 알고 있는데 - - 내가 제대로 깨어 있었는지, 아니면 어떠했는지는 전혀 모르겠다. 심중의 한 목소리를 들었는데, 그 목소리는 나에게 한 여인[222]을 취하려고 결심했는지 물었다. - 하나님께 순종하여 - - 나는 한 마디도 하지 않았다. 그런데 마치 비명을 지르며 벌떡 일어나 소리쳤던 것처럼 느껴졌다. 당연지사라면 제게 친구의 누이를 주소서 - - 즐거운 확신이 장엄한 목소리로 '너에게 정해졌으며, 너를 위해 그처럼 오랫동안 그처럼 놀랍게 간직된 것은 바로 그녀이다.'라고 말하는 것이 들리는 것처럼 생각됐다. - 처음에는 합리적인 우둔함으로 인해 결혼을 포기했다.[223] 어릴 적에 지은 죄에 대한 징계로 생각해 독신 상태를 기꺼이 감당하고자 했고, 또한 내 육체를 살아있고 성스러우며 하나님이 기뻐하시는 제물로 삼아달라고[224] 그분께 간구했다. 하나님께서는 천사를 통해 특별히 신중하게 나를 감독하셨기 때문에, 나는 성교의 죄를 범할 수 없었다. - - 아브라함은 '비록 내 육체가 죽어 자손이 없다 할지라도 하나님이 능히 이 돌들로 자손이 되게 하실 수 있으시다.'[225]라고 믿었으며, 그 믿음이 흔들리지 않았다. "하나님이여 나를 살피사 내 마음을 아시며 나를 시험하사 내 뜻을 아옵소서. 내게 무슨 악한 행위가 있나 보시고

---

222) (옮긴이 주) 카타리나 베렌스.
223) (옮긴이 주) 하만은 아버지를 간병하던 하녀 안나 레기나 슈마허(Anna Regina Schuhmacher, 1736-89)와 법적으로 결혼하지 않고 동거 생활을 했으며, 이를 통해 아들 하나와 딸 셋을 두었다.
224) 로마서 12장 1절 참조.
225) (옮긴이 주) 마태복음 3장 9절, 누가복음 3장 8절 참조.

나를 영원한 길로 인도하소서."(시편 139편 23-24절) "주께서 그의 종들의 영혼을 속량하시나니 그분께 피하는 자는 다 벌을 받지 아니하리로다."(시편 34편 23절)226) 나는 내 연인227)과 나를 하나님의 긍휼하심에 내맡긴 후에 요한나절인 12월 15일에 결혼하려는 생각을 하며 일어났다. 하나님께서는 사람의 모든 행사는 망하게 하시며, 그분을 고대하고 그분의 선하심을 믿는 자들에게는 수치를 당치 않게228) 하신다. 그녀는 이것을 의식하고서 나의 첫 아침 인사를 받았다. 그때 그녀는 남동생에게 편지를 쓰는데 몰두하고 있었는지도 모른다. 나는 12월 16일/22일에 아버지에게 편지를 썼는데, 놀랍게도 12월 27일에 아버지의 답장을 받았다. 답장에서 아버지는 나를 하나님께로 인도했다. 12월 28일에는 친구에게 내 결심에 대해 알렸으며, 하나님께서는 내 편지에 은혜를 베푸셨다. 그 다음날 아침 나는 같은 편지를 친구의 누이에게 내려 보냈고, 오후에 그녀에게 온 편지 한 통을 받았는데, 그 편지의 겉봉에는 내 이름이 적혀 있었다. 나는 그 편지를 전달했고, 그녀는 희망이 있다고 나에게 알려왔다.229)

1758년 마지막 날에 아렌트230) 씨와 나는 이례적으로 많은 언쟁

---

226) (옮긴이 주) 원문에는 시편 34편 23절로 되어 있으나, 개역개정판 성경에 따르면, 이 구절은 시편 34편 22절이다.
227) (옮긴이 주) 카다리나 베렌스.
228) 시편 25편 3절.
229) 하만과 카다리나의 바람과는 달리, 남동생 베렌스(J. Chr. Berens)가 이들의 결혼을 승낙하지 않자, 결국 하만은 칼 베렌스의 집을 떠날 수밖에 없었다. 하지만 그 이후에도 하만과 베렌스(J. Chr. Berens)의 친분은 계속 유지되었다.
230) 아렌트 베렌스(Arend Berens, 1723-1769), 베렌스 가문의 수장.

[N II, 54]

을 벌였다. 나는 그가 선지자들 가운데에 있는 사울[231]처럼 나와 함께 말하는 것을 들었다. 히스기야[232]가 한 날에 대해 말하기를, "오늘은 환난과 징벌과 모욕의 날이라 아이를 낳을 때가 되었으나 해산할 힘이 없도다."(열왕기하 19장 3절)라고 했다. 나는 심경의 변화로 인해, 그리고 그에게서 지각했던 것 같은 각인된 은혜로 인해 마음이 심히 동요되어 아래층에서 저녁식사를 하는 중에 마음이 편치 못했다. 은혜로우신 하나님께서는 이 형제의 영혼을 구원하고자 하셨는데, 나는 이 해의 마지막 저녁에 기꺼이 이날 밤을 허비하려는 심정으로 잠자리에 들었다.

[54]
1759

당신의 사랑하는 아들의 피로 [인간과] 화해하신 [하나님] 아버지, 올해 우리 모든 영혼을 축복해주소서. 살같이 부드러운 마음과 새로운 생각과 새로운 영[233]을 우리에게 선사해주소서. 우리를 당신의 면전에서 물리치지 마시고, 당신의 성령을 우리에게서 거두지 마소서.[234] 성령의 손가락으로 시편 51편의 모든 말씀을 제 가슴 속에 새겨주시고, 저를 긍휼히 여겨주소서. 당신께서는 우리의 죄는

---

231) (옮긴이 주) 사무엘상 10장 12절. 사울은 이스라엘 왕국의 첫 번째 왕이었다.
232) (옮긴이 주) 유다 왕국의 13대 왕.
233) (옮긴이 주) 에스겔 11장 19절, 36장 26절.
234) (옮긴이 주) 시편 51편 11절.

채찍으로, 우리의 잘못된 행위는 고생으로 벌하십니다. 하지만 우리에게서 당신의 은혜를 거두지 않으시며, 우리에게 당신의 진리가 부족하지 않게 하십니다. 당신의 언약을 더럽히지 않으시고, 당신의 말씀을 바꾸지 않으십니다. 당신께서는 전에 당신의 거룩함으로 맹세하시기를, "다윗에게 거짓말을 하지 아니할 것이라 그의 후손이 장구하고 그의 왕위는 해 같이 내 앞에 항상 있으며 또 궁창의 확실한 증인인 달 같이 영원히 견고하게 되리라. 셀라"(시편 89편)[235] 라고 하셨습니다. "제게서 돌이키사 저에게 은혜를 베푸소서 당신의 종에게 힘을 주시고 당신의 여종의 아들을 구원하소서 은총의 표적을 제게 보이소서 그러면 저를 미워하는 그들이 보고 부끄러워하리니 주여 당신은 저를 돕고 위로하시는 이시니이다."(시편 86편)[236]

제 아버지와 동생, 제 은인들과 친구들, 그리고 특히 저와 함께 사는 사람들이 당신의 사랑과 풍성한 축복을 누릴 수 있게 해주소서. 당신의 은혜로운 뜻대로 그들을 보살펴주시고, 그들에게 당신의 평화와 생명과 선행을 선사하소서. 당신께서 몇몇 영혼들 가운데에서 시작하신 선한 일이 당신의 영에 의해 마무리되도록 해주시고,[237] 저와 다른 이들 속에서 연약해지는 것을 강건케 해주소서. 저희들이 첫 사랑을 버리지 않도록 해주소서. 저희들에게 들을 귀를 주시고, 저희들이 싸우되 이를 극복하게 도와주시며, 그 숨겨진 만나를 먹게 해주소서. 저희가 선한 증거를 영접토록 해주시고, 그 증거를 가지고 영접하는 자 이외에 그 누구도 알지 못하는 새로운

---

235) (옮긴이 주) 시편 89편 35-37절.
236) (옮긴이 주) 시편 86편 16-17절.
237) 빌립보서 1장 6절 참조.

[N II, 54]

이름을 쓰게 하소서.

  사랑의 하나님, 깨어서 제 마음과 우리 누이의 마음을 감찰하소서! 당신의 성령으로 저희들의 마음을 거룩하게 하시며, 온갖 육적인 생각에서 깨끗하게 하소서. 시편 128편 말씀이 당신의 은혜로운 뜻이라면, 우리에게서도 그 말씀의 약속이 성취되게 하소서. 지나가는 모든 이들이 우리에게 외치게 하소서. '주님의 축복이 너희 위에 임하기를 바라며, 주 이름으로 너희들을 축복하노라!'[238] 제 말이 옳다고 시인하는 사람들은 틀림없이 자랑하고 기뻐하며 항상 말할 것입니다. '당신의 종에게 호의적인 주님, 높이 찬양 받으소서!' 곧 우리가 이 축원의 말을 부재중인 형제의 입에서 듣게 해주시며, 그가 마음속에서 이 말의 진리와 힘을 느끼도록 해주소서! 아멘!

---

238) 시편 129편 8절 참조.

소크라테스 회상록

Sokratische Denkwürdigkeiten

일러두기

1. 번역 원본으로는 나들러 판의 오자(誤字)를 바로잡은 레클람 판(*Johann Georg Hamann, Sokratische Denkwürdigkeiten*, mit einem Kommentar herausgegeben von Sven-Aage Jørgensen, Stuttgart 1968, pp. 3-73)을 사용하였다.

2. 번역할 때 다음과 같은 영역본도 참고하였다.
   Hamann's Socratic Memorabilia, a Translation and Commentary of James C. O'Flaherty, Baltimore 1967.
   Two dedications, from *Socratic Memorabilia*. In: *Johann Georg Hamann, Writings on Philosophy and Language*, translated and edited by Kenneth Haynes, Cambridge University Press 2007, pp. 3-8.

3. 각주를 작성할 때는 레클람 판과 오플래허티(O'Flaherty) 영역본, 그리고 블랑케의 해설(*Johann Georg Hamann, Sokratische Denkwürdigkeiten*, erklärt von Fritz Blanke, Gütersloh 1959)을 참고하였다.

[N II, 57]

공중(公衆)[1]의 지루함을 달래기 위해[2]
지루함의 애호가[3]가 수집한

아무도 안인과 두 분[4]께 드리는
두 편의 헌사가 담긴

소크라테스 회상록[5]

인간의 근심과 노력은 얼마나 어리석은가! 우리네 삶에는 공허한 것이 얼마나 많은가!
도대체 그와 같은 것을 누가 읽는단 말인가? 라고 … 네가 나에게 묻고 있는가? … 진실로 말하지만 아무도 읽지 않을 것이다. … 뭐라고, 아무도 안 읽는다고? -
어쩌면 두 사람, 아니면 아무도 읽지 않을 것이다.

페르시[우스][6]

1759년, 암스테르담[7].

1) 공중(Publikum)에 대한 클롭슈토크와 하만의 생각은 전혀 상반된다. 클롭슈토크는 잡지 『북방의 감시자 Nordische Aufseher』 첫 권(1758)에 기고한 논문 「공중론 Von dem Publico」에서 "공중"과 "많은 무리 groβe Haufen"를 구분하고, "공중"은 문학 비평가와 전문가로 구성된 반면, "많은 무리"는 문학에 대해 전혀 문외한이라고 주장한다. 하만은 클롭슈토크의 「공중론」에 반대하여, 『소크라테스 회상록』을 집필하기 직전인 1759년 7월 20일에 친구 린트너(J. G. Lindner)에게 쓴 편지에서 다음과 같은 견해를 피력한다. "이 공중, 그것은 변화무쌍한 프로테우스입니다. 공중이 부리는 온갖 변신과 취하는 온갖 모습에 대해 그 누가 이야기 할 수 있습니까? 공중은 그러는 가운데 경배를 받고, 맹신하는 독자는 이에 기만당한답니다."(ZH I, 368) 공중이 클롭슈토크에게는 정신적으로 높은 수준에 있는 집단을 가리킨다고 한다면, 하만은 그것을 배척해야 할 우상, 즉 "아무도 안인 niemand"으로 생각한다.
2) "지루함을 달래기 위한"이라는 표현은 1759년에 출판되어 독일에서 곧 영향력 있는 잡지가 된 『최근 문학 편지 Briefe, die neueste Litteratur betreffend』에서 기인한다. 비록 이름은 밝히지 않았지만 레싱은 이 잡지 첫 권의 짤막한 서문에서 허구적인 이야기로 이 잡지의 발간배경을 언급한다. '초른도르프(Zorndorf) 근처에서 부상당한 장교가 치유기간 동안에 지루함을 느꼈다. 이를 달래기 위해 그는 최근 문학에 몰두하기로 결심하고서 친구들에게 도와달라는 편지를 썼다. 그의 뜻은 이루어져 한 친구로부터 자신이 원하는 정보를 얻었다. 이렇게 하여 『최근 문학 편지』가 생겼다.'
3) 하만. 하만은 1759년에 고향인 쾨니히스베르크로 돌아와 연로한 아버지와 정신 박약한 남동생을 돌보며 지낼 때 아무 직업이 없었다. 그러자 주변 친구들은 그가 아무 일도 하지 않은 채 게으름만 피우고 나태하다고 생각했다. 하지만 하만 자신은 지루해 하기보다는 오히려 '여유 Muβe'를 느끼며 내적으로 충일한 삶을 보냈다.(Cf. ZH I, 329) 따라서 "지루함의 애호가"란 하만에 대한 주변 친구들의 생각을 나타내는, 그럼으로써 이것을 비꼬는 반어적인 표현이다.
4) 칸트와 베렌스(J. Chr. Berens).
5) (옮긴이 주) 책 제목(Sokratische Denkwürdigkeiten)에 대해 부연하고자 한다. 하만은 1759년 8월 18일 린트너에게 보낸 편지에서 "여기[쾨니히

스베르크]에서 소크라테스의 생애 가운데 몇몇 기억할만한 것들(einige Denkwürdigkeiten in Sokratis Leben)에 관한 소논문『소크라테스 회상록』을 시작했습니다."(ZH I, 400)라고 썼다. 그리고 같은 해 8월 31일에는 린트너에게 쓰기를, "소크라테스의 생애 가운데 가장 중요한 상황들을 취했으며, 특히 몇 가지 상황에 대해서는 자세하게 논했습니다. 그리고 가능하면 많은 지면을 할애하여 이것들을 연구하고 싶군요."(ZH I, 404) 라고 했다. 따라서 하만의 본래의 의도를 고려하면, 책 제목에는 '소크라테스의 생애 가운데 기억할 만한 것들'이라는 의미가 내포되어 있으며, 실제로 이 저서에서는 소크라테스의 주요 생애만 언급되고 있다.
6) 위 글의 출처는 고대 로마시인인 페르시우스(Aulus Persius Flaccus, 34-62)의 『풍자시 Satura』 I, 1이다. 페르시우스는 하만이 좋아했던 고대 시인이었다. "페르시우스의 침울한 어두움과 페트론[페트로니우스(Petronius)]의 추잡한 경솔함에 대한 가차 없는 비판이 있기는 하지만, 이들은 내가 갈급하고 호감을 갖고서 읽었던 최초의 고전의 샘이었다."(N III, 348)
7) 『소크라테스 회상록』은 암스테르담이 아니라 쾨니히스베르크에서 출판되었다. 검열을 피하기 위해 출판지를 암스테르담으로 고쳐 기재한 것은 아니었다. 왜냐하면 검열당국인 베를린 학술원은 지체 없이 하만의 저서의 출판을 허가했기 때문이다. 출판지를 잘못 기재한 이유에 대해서는 『탈의(脫衣)와 변용. 잘 알려진 인물인 아무도 안인에게 보내는 급신(急信) Entkleidung und Verklärung. Ein Fliegender Brief an Niemand, den Kundbaren』(1787년 집필, 사후 출판)을 참조. "[『소크라테스 회상록』] 필사본에는 발행년도만 적혀 있었습니다. 허위로 기재된 출판지는 어쩌면 인쇄공의 실수이거나 착상일지 모릅니다. 그런데 이에 대한 책임은 필재[하만]에게 전가됐습니다."(N III, 348)

[N II, 59]

공중
혹은
잘 알려진 인물인 아무도 안인에게 쓰는 헌사

"이 아무도 안인은 어디에 있어?"[8]
(에우리피[데스], 『퀴클롭스』)

그대에게는 이름이 있어 그대의 존재를 입증할 필요가 없고, 그대는 사람들이 그대를 믿기에 그것에 합당한 표적을 보여줄 필요가 없으며, 그대는 영광을 받고 있어 그것에 대한 개념도 느낌도 없다. 우리는 우상이 세상에 없다는 것을 알고 있다.[9] 그대 또한 인간이 아니지만, 미신으로 인해 우상시된 인간적인 형상임에 틀림없다. 그대에게는 눈과 귀가 있으나, 이것들은 보지도 듣지도 못한다.[10] 그

---

8) 에우리피데스의 작품 『퀴클롭스』 675행. (옮긴이 주) 오뒷세우스는 퀴클롭스족의 일원인 폴리페모스에게 자신을 '아무도 안인'이라고 소개한 뒤, 이 외눈박이 거인이 포도주에 취해 잠들자 그의 외눈을 올리브나무 말뚝으로 찌른다. 이에 폴리페모스는 고통을 참지 못하고 고통을 호소한다. 그러자 그의 동료들이 도와주러 몰려와 "무슨 일이냐"고 묻자, 그는 "아무도 안인이 자신의 눈을 멀게 했다"고 말한다. 하만이 인용한 구절은 화가 난 폴리페모스가 오뒷세우스를 찾으며 동료들에게 한 말이다. 이에 대해서는 또한 호메로스의 『일리아스』 9권 참조.
9) 고린도전서 8장 4절 참조.
10) 시편 115편 5-6절, 예레미아 5장 21절, 마태복음 13장 13절 참조.

대가 만든 인공 눈은 멀어서 보이지 않고, 그대가 심은 인공 귀는 먹어서 들리지 않으며,11) 그대의 숭배자들 또한 마찬가지다. 그대는 모든 것을 알아야 하나 아무것도 배우지 않고,12) 그대는 모든 것을 바로잡아야 하나 아무것도 이해하지 못하며, 항상 배우나 결코 진리를 인식할 수 없다.13) 그대의 성직자들14)이 큰 소리로 부르고 그대가 그들과 그들의 조롱자에게 불로 화답해야 할 때에, 그대는 시를 짓거나 볼일이 있거나 출타 중이거나 아니면 혹시 잠자고 있는지도 모른다.15) 그대에게 매일 제물을 바치나 다른 사람들이 그대 제물을 먹어치우는 것은, 그대가 엄청난 양의 제물을 열납하는 것으로 속여 그대가 살아있다고 꾸미기 위함이다.16) 그대가 아무리 까다롭다고 하지만, 사람들이 빈손으로 그대 앞에 나오지만

---

11) 시편 94편 9절, 잠언 20장 12절 참조.
12) (원주) 잠언 9장 13절.
13) (원주) 디모데후서 3장 7절.
14) 비평가들.
15) 열왕기상 18절 27절 참조. (옮긴이 주) 엘리야는 바알 선지자 4백50명을 갈멜산으로 불러들여 하나님과 바알 중에서 누가 참 신인지를 가리자고 하면서 희생제물을 불로 태우는 신을 참 신으로 정하자고 제안한다.
16) (옮긴이 주) 외경 다니엘서 14장 1-42절(공동번역 성서, 카톨릭용, 대한성서공회 발행 1977, 공동번역 제2 경전, 231-233쪽) 참조. 다니엘이 '벨Bel' 신을 경배하지 않고, '용(龍)' 신(공동번역 성서에는 '큰 뱀'으로 번역됨)을 죽여 사자 굴에 갇히지만 다치지 않은 채 7일 만에 다시 살아나자, 오히려 그의 대적자들이 사자 굴에 던져져 죽는다. 여기에서 하만은 공중을 우상인 '벨' 신과 '용' 신에 비유하여 이들을 비판하고 있다. '벨'의 기사(奇事)를 보면 페르시아 고레스 왕은 다니엘에게 제물을 열납하는 '벨' 신을 섬길 것을 권유한다. 그러나 다니엘은 기지를 발휘하여 '벨' 신이 재물을 열납하지 않고 제사장과 그의 가족이 그 재물을 몰래 먹는다는 사실을 밝혀낸다.

않는다면[17] 그대는 모든 것을 용납한다. 나는 그 철학자처럼 폭군의 경청하는 발에 엎드린다.[18] 내가 드리는 봉납물은 바로 그대와 같은 신이 먹고서 배가 터져 죽었던 덩어리[19]이다.[20] 따라서 그 덩어리는 그대를 숭배하는 두 사람[21]에게 넘겨주라. 이 알약[22]으로 나는 그대의 공허함에 종노릇하는 그들을 정화하기 원한다.[23] 그대

---

17) 출애굽기 23장 15절 참조.
18) 철학자 아리스티포스(Aristippos, BC 435?-BC 366)는 자신이 폭군 디오뉘시오스(Dionysios)의 발치에 엎드린 일을 두고 주변에서 비난을 받자 둘러대기를, 그 폭군은 발에 귀가 있다고 했다. 이에 대해서는 디오게네스 라에르티오스의 『철학자들의 생애 Vitae Philosophorum』 II, 8(전양범 역, 『그리스철학자열전』, 동서문화사 2008, 128쪽) 참조.
19) (옮긴이 주) 원어는 "Küchlein"으로, 직역하자면 "작은 케이크"이다. 하지만 외경의 내용을 반영하여 "덩어리"로 번역했다.
20) (옮긴이 주) 외경 다니엘서 14장 27절. "다니엘은 역청과 비계와 머리털을 한데 섞어 끓여 가지고 여러 덩어리로 만들어 뱀[용]에게 먹였다. 뱀[용]은 그것을 먹자 곧 죽어 버렸다. 다니엘은 왕[고레스]에게 '저것이 폐하께서 숭배하시던 뱀[용]입니다' 하고 말하였다."
21) 칸트와 베렌스.
22) 『소크라테스 회상록』.
23) 로마서 8장 19-21절 참조. (옮긴이 주) 하만은 자신의 저서를 통해 칸트와 베렌스가 우상인 공중을 숭배하는 행위에서 벗어나기를 바란다. 공중을 경배하는 행위의 폐해에 대해서는 소크라테스가 아데이만토스에게 하는 말에서도 잘 드러난다. "누군가가 다중(多衆)과 사귀면서, 이들에게 자기의 시나 그 밖의 다른 어떤 제작물이나 또는 나라에 대한 봉사를 과시하며, 불가피한 정도 이상으로 다중을 자신의 주인들로 모실 경우에는, 이른바 '디오메데스의 불가피성'이 그로 하여금 다중이 칭찬하는 것들을 하도록 할 것이기 때문일세. 그러나 이것들에 대해, 이것들이야말로 진실로 좋으며 아름다운 것들이라는 주장을 가소롭지 않는 것으로 펴는 걸 일찍이 자네[아데이만토스]는 들은 적이 있는가?" "적어도 제[아데이만토스]가 생각하기로는, 일찍이 들은 적도 없지만, 앞으로 듣게 될 일도 없을 것 같습니다."(『국가』 제6권, 493d-e(박종현 역, 서광사 1997, 405쪽))

[N II, 60]

[60]

는 얼굴에 인간의 무지와 호기심의 표정을 지니고 있기에, 내가 그대의 손을 통해 이처럼 경건한 사기극[24]을 연출하고자 하는 대상인 이 두 사람이 누구인지 고백하고자 한다. 첫 번째 사람[25]은 현자의 돌[26]을 연구하는데, 마치 인도주의자처럼 한다. 이 인도주의자는 현자의 돌을 근면과 시민의 덕과 공공단체의 안녕을 증진하는 수단으로 간주한다. 나는 그를 위해 소피스테스의 신비적인 언어[27]로 썼다. 왜냐하면 지혜는 항상 국민경제학의 가장 은밀한 비밀일 것이기 때문이다. 비록 연금술이 마르퀴 드 미라보[28]의 풍성한 준칙에 의해 틀림없이 곧 프랑스에 살게 될 모든 사람을 부유하게 만든다는 목표에 도달한다고 해도 말이다. 따라서 오늘날의 세계 계획에 따르면, 금을 만드는 기술은 당연히 우리의 정치적 수완이 있는 사람들의 최고의 프로젝트이자 최고선이다.

또 다른 사람[29]은 뉴튼[30]처럼 보편적인 철학자이자 훌륭한 화폐

---

24) 오비디우스의 『변신』 IX, 711행(천병희 역, 『원전으로 읽는 변신이야기』, 숲 2005, 454쪽) 참조.
25) 베렌스. 그는 상인으로서 국민경제에 관심이 많았다. 그의 지론에 따르면, 국민소득은 무역이 확대됨에 따라 늘어난다.
26) 나들러에 따르면, 현자의 돌은 "베렌스에게는 경제호황을 위한 묘약"(N VI, 366)이었다.
27) 베렌스와 하만의 친구들은 하만이 런던에서 회개한 이후로 신비적인 경향을 지녔으며 말장난 같고 소피스테스적인 논증방법을 사용한다고 비난했다.(Cf. ZH I, 307, 310, 396, 397) 이에 대해 하만은 특히 베렌스의 정치적인, 무역정책적인 이념에 반대했다.
28) 미라보(Victor Riquetti, Marquis de Mirabeau, 1715-1789)는 저서 『인간의 벗 혹은 인구에 관한 논문 *L'Ami des Hommes ou Traité de la Population*』(1755)에서 나라는 인구가 많을수록 부유해진다는 견해를 피력한다.
29) 칸트.

순도 검사관 역할을 담당하고 싶어 한다. 금과 은을 검증하기 위해 고안해냈던 것보다 더 확실한 분석방법은 없다. 따라서 독일의 화폐제도에서의 혼란31)은 우리들 사이에서 통용되는 교과서에 잠입해 있는 그것처럼 그렇게 크다고 할 수 없다. 우리에게는 어떤 착상을 진리로 통용하고자 하는 등등의 일을 할 경우, 그 착상의 표준량32)은 어떠해야 하는가를 규정해주는 정확한 비례 도표가 없다.33) 이 덩어리는 피렌체의 코시모 가문34)이 문장(紋章)으로 받아들였던 것들35)과 흡사한데, 씹어 먹는 것이 아니라 삼켜야만 하기 때문에 맛보기위해 만들어지지는 않았다. 이 덩어리의 효과에 대해서 말하자면, 베스파시아누스는 처음에 그 덩어리에 대해 유사한 감정을 느

---

30) 뉴턴은 1699년에 조폐국 국장으로 임명되어 1727년 죽을 때까지 이 직위를 유지했다. 뉴턴은 주화의 순도를 검사하여 위조 화폐 방지에 힘을 쏟았다고 한다.
31) 하만이 살던 당시 독일에서는 아직 본위(本位)제도가 확립되지 않았는데, 이는 1871년까지 지속되었다.
32) 표준량(Korn und Schrot). 'Korn'는 주화에 함유된 금이나 은 등의 양을 말하고, 'Schrot'는 주화의 총중량을 가리킨다.
33) (원주) "오, 제우스시여, 왜 그대는 가짜 황금에 대해서는
　　　　인간들에게 확실한 징표를 주셨으면서
　　　　사악한 인간을 가려낼 수 있는 표지는
　　　　사람의 몸에 타고나도록 해주시지 않았나이까?"
　　　　(에우리피테스, 『메데이아』 [516-519행(천병희 역, 숲 2009, 49쪽)])
　　(옮긴이 주) 위 구절은 메데이아가 남편인 이아손이 크레온의 딸과 결혼한다는 소식을 듣고 배신감을 느껴 절규하는 말이다.
34) 메디치 가문. 메디치 가문의 많은 주도적인 인물들은 '코시모 Cosimo'라는 이름을 지녔다.
35) 메디치 가문의 문장은 황금 방패 위에 6개의 구슬 혹은 가문의 이름(메디치, 의사)에 걸맞게 6개의 알약으로 구성되어 있다.

[N II, 60]

졌을 때 그대 이름의 행운을 인식하게 되었고, 자신의 권좌가 아닌 변기 위에서 다음과 같이 외쳤다고 한다. "내 생각에 나는 신이 된 다!"36)

---

36) 베스파시아누스(Titus Flavius Vespasianus, 9-79) 황제가 장 질환으로 죽어가면서 외쳤던 반어적인 말. 위 말의 출처는 하만(N II, 95)이 가지고 있었던 베이컨(Francis Bacon, 1561-1626)의 저서『도덕적, 경제적, 정치적 시론 Sermones fideles, ethici, politici, oeconomici』(1683)의 제2장 "죽음에 대해 De Morte"이다. 베스파시아누스 황제는 사후에 자신이 신격화 되는 것을 조롱했다고 한다.

두 분[37]께 드리는 헌사

- - "물론 이 제물은 형편없지만, 그것은 내가 가진 전부야" - -
(소포클레스, 『엘렉트라』)[38]

고대 그리스의 공중은 동물의 자연사에 대한 아리스토텔레스의 회상록을 읽었지만, 알렉산더 대왕은 그 책을 이해했습니다.[39] 일반 독자에게는 곰팡이만 보일지 모르지만, 격정적인 우정이 당신들[40]에게는 어쩌면 이 책장(冊張)들 속에서 미시적인 작은 숲[41]을 밝혀줄 것입니다.

---

37) 칸트와 베렌스.
38) 소포클레스,『엘렉트라』450-451행. (옮긴이 주) 엘렉트라는 어머니 클뤼타임네스트라의 강요에 의해 제물을 가지고 살해당한 아버지 아가멤논의 무덤을 찾아간다. 그러나 그녀는 어머니가 아버지 무덤에 바치라고 준 제물은 부정하다고 거들떠보지도 않고, 보잘것없지만 자신의 머리털과 허리띠를 바치면서 위 구절을 읊조린다.
39) 베이컨(『학문의 진보 Advancement of Learning Divine and Human』(1605)(진석용 역, 아카넷 2002, 110-111쪽))에 따르면, 아리스토텔레스는 『자연사』를 출판한 후에 - 그런데 고대 원전에 따르면, 그 저서는 『형이상학』이었다 - 비교(秘敎)적인 철학을 백성들에게 유포했다고 알렉산더 대왕으로부터 질책성 편지를 받았다고 한다.
40) 칸트와 베렌스.
41) 하만은 자신의 저서 『구름. 『소크라테스 회상록』의 속편 Wolken. Ein Nachspiel Sokratischer Denkwürdigkeiten』(1761, 이하 『구름』)에서 소책자 『소크라테스 회상록』은 "즉흥적인 사유의 모음을 포함하고 있는데, 고대인들은 그와 같은 것을 숲(Wälder)이라 불렀다."라는 말을 은연중 전해 들었다고 주장한다. 이에 대해서는 N II, 100 참조.

저는 소크라테스에 대해 소크라테스적인 방법으로 썼습니다. 유비(Analogie)42)는 그의 추론의 영혼이었으며,43) 그는 추론에게 아이러니를 육체로 주었습니다. 불확실과 확신은 아무튼 저의 특징일지 모릅니다. 그러나 그것들은 여기에서는 미학적인 모방으로 간주돼야만 합니다.

크세노폰의 저서에서는 미신적인 경건함이, 그리고 플라톤의 저서에서는 광신적인 경건함이 지배합니다.44) 따라서 유사한 느낌들의 혈관은 [계몽주의의 언어와 사고를 혹은 소크라테스의 사유방식을] 흉내 내는 이 책45)의 모든 부분에 뻗어 있습니다. 이 점에서 불신자들의 솔직함에 좀 더 다가가는 것이 제게는 가장 쉬웠을 지도 모릅니다. 그러나 저는 마지못해 제 신앙을 위해 애국적인 세인트 존46)과 플라톤적인 셰프츠베리47)가 자신들의 불신앙과 그릇된 신

---

42) (원주) "유비, 여기 아래에서는 인간의 가장 확실한 안내자". 영(Young). 『밤』 6. [에드워드 영(Edward Young, 1683-1765), 『밤의 상념 The Complaint: or, Night-Thoughts on Life, Death, and Immortality』 (1742- 1745) 6, 1, 734]
43) 여기에서 하만은 자신의 유사한 상황을 언급하고 있다. 다시 말하면 하만은 자신을 소크라테스로, 계몽주의자인 칸트와 베렌스는 소피스테스로 간주한다. 그는 이들과의 관계를 소크라테스의 가르침과 생애에서 유추하여 밝히고자 한다.
44) 칸트와 베렌스는 하만이 런던에서 회심한 이후로 미신적이고 광신적이 되었다고 비난했다.
45) 『소크라테스 회상록』.
46) 하만이 언급한 '애국적'인 말과 관련된 볼링브룩(Henry St. John Bolingbroke, 1678-1751)의 저서는 『애국왕에 대한 견해 The Idea of a Patriot King』(1748)과 『애국심의 정신 On the Spirit of Patriotism』 (1749)이다. 볼링브룩은 『역사 공부와 역사 이용에 관한 편지 Letters on the Study and Use of History』에서 구약성서 가운데 기독교 교리의 토

앙을 위해 짰던 베일을 빌리기로 결심해야만 했습니다.

당신들에게 말씀드리지만, 소크라테스는 비범한 비평가였습니다. 그는 헤라클레이토스의 저서들에서 자신이 이해하지 못한 것과 자신이 이해한 것을 구분하고, 이해한 것에서 이해하지 못한 것을 아주 정당하고 겸허하게 추측했답니다.[48] 이 기회를 이용해 소크라테스는 헤엄칠[49] 수 있을 독자에 대한 이야기를 했습니다. 그 철학자[50]가 쓴 저 살아있는 비가[51]에서는 생각과 느낌이 합류하지만, 어

대가 되는 부분만 역사적인 가치가 있다고 주장했다. 그는 구약과 신약에서 계시된 하나님의 진리로서의 기독교를 - 이는 하만의 신앙의 요체였다 - 공격했는데, 교리의 절대적인 진리 앞에 몸을 수그리는 역사가의 베일을 쓰고서 은밀하게 이 일을 했다.

47) 셰프츠베리(Anthony Ashley Cooper Lord Shaftesbury, 1671-1713)는 이성과 본성을 신뢰하는, 윤리상 낙관적이고 미적으로 세련된 인간상을 대변했다. 하지만 이는 타락한 인간의 구원 필요성을 주장하는 기독교 교리에는 배치되었다. 그는 비록 기독교와의 직접적인 논쟁을 피했지만, 전통적인 기독교의 많은 부분을 회의적으로 바라보았고, 특히 광신도를 조롱했다.

48) "에우리피데스가 헤라클레이토스의 저서들에 대한 소크라테스의 견해를 알고자 했을 때, 소크라테스가 에우리피데스에게 아주 공손하게 대답했던 것을 이야기하는 것이 이 상황에 맞는다면 [...] '제가 그 저서들에서 이해했던 것은' 하고 소크라테스는 말했습니다. '아주 좋다고 생각합니다. 제가 이해할 수 없었던 것도 이해한 것보다 더 나쁘지 않았을 것이라고 믿고자 합니다. 그런데 이 저자는 헤엄을 잘 칠 수 있는 독자를 필요로 하더군요'"(CT, 26) 또한 이에 대해서는 라에르티오스의 『철학자들의 생애』 II, 22(『그리스철학자열전』, 99쪽) 참조.

49) (원주) "그리고 모든 것에 그처럼 박식한 이 사람은 헤엄칠 수 없었다." 수에톤(Sueton)이 쓴, 칼리굴라(Caligula) 황제에 대한 일화. [수에토니우스(Suetonius)가 쓴 『황제들의 생애 De vita Caesarum』에 따르면, 모든 신체운동에 능숙했던 칼리굴라 황제조차도 헤엄치는 것은 배우지 못했다고 한다.]

[N II, 61]

쩌면 이로 인해 그의 문장들은 다수의 작은 섬이 되었습니다. 하지만 이 섬들을 연결해주는 다리와 나룻배와 같은 방법은 없었습니다.

당신들 두 분은 제 친구이기에 당신들의 편파적인 칭찬과 당신들의 편파적인 비난 모두 환영합니다. 저는 … 입니다.

---

50) 헤라클레이토스.
51) 헤라클레이토스는 '우는 철학자'라 불렸다.

서문

철학사에는 프랑스 장관[52]의 조각상에서 벌어졌던 것과 같은 일이 발생했다. 위대한 한 예술가[53]는 그 조각상에서 자신의 끌 솜씨를 보여주었다. 이름이 한 세기 전체를 대변했던 어떤 군주[54]는 기념비 건립비용을 대주고 자기 신하가 만든 작품에 감탄했다. 그러나 장사 때문에 여행하며, 노아 혹은 프로젝트 계획자인 율리안[55]의 갈릴리인[56]처럼, 자기 백성의 신이 되기 위해 목수가 된 스키타이인[57]. 이 스키타이인에게는 약점이 하나 있었는데, 이것을 기억하는 것만으로도 그를 불멸하게 할 수 있을 것이다. 그는 대리석으로 달려가 그 말하지 못하는[58] 돌이 자신의 넓은 제국의 반을 통치하는 법을 가르쳐 주고자 한다면, 제국의 나머지 반을 주겠다고 관대하게 제안했다. 우리 역사가 신화가 되어야 한다면, 생명 없는 교사의 이 포옹은 동화로 변화되어 있을 것이다. 그 교사는 이기심 없이 성취의 기적을 행했으며, 그 동화는 피그말리온[59]의 생애의 유

---

52) 리슐리외.
53) (원주) 지라르동([François] Girardon, [1630-1698]). [프랑스 조각가 지라르동은 루이 14세의 분부로 1694년 리슐리외의 기념비를 만들었다.]
54) (원주) 루이 14세.
55) 로마 황제 배교자 율리안(Julian)은 기독교 교육을 받았으나 신플라톤주의식으로 이교국을 부활시키기 위한 프로젝트를 세웠다. 그는 죽을 때 다음과 같이 외쳤다고 한다. "결국, 그대 갈릴리엔[예수]이 이겼도다."
56) 예수.
57) (원주) 페터 대제.
58) (원주) 하박국 3장 19절. [실제로는 하박국 2장 19절임.]
59) (옮긴이 주) 피그말리온은 자신이 조각한 여성을 사랑하게 되어, 이 여성상을 자기 아내로 달라고 아프로디테에게 기도한다. 그러자 여신은 그의

[N II, 62]

품과 유사하게 보일 것이다. 우리 기지(Witz)의 언어로 표현하자면, 자기 백성의 창조자[60]는 아득한 미래에는 틀림없이 여성을 만들어 낸 조각가와 마찬가지로 시적으로 이해될 것이다.

학문의 신전에는 실제로 우상이 하나 있다. 그 우상 밑에는 '철학사'라고 새겨진 구절이 있으며 대제사장과 레위인도 있다. 스탠리[61]와 브루커[62]는 우리에게 거상(巨像)을 제공했다. 그런데 이 거상은, 어떤 그리스인[63]이 의도적이고 우연하게 인상을 얻을 수 있었던 모든 미인들의 매력을 모아서 구성한 저 미의 그림과 마찬가지로, 특이하고 완성되지 못했다. 이 걸작을 보고 학식 있는 예술전문가는 항상 감탄하고 탐색할 것이나, 이와 반대로 현명한 사람들은 이것을 기상천외하게 만들어진 것이자 환영으로 여겨 은근히 비웃거나, 아니면 지루함을 달래기 위해 연극적으로 묘사하며 모방할 지도 모른다.

스탠리는 영국인이고 브루커는 슈바벤 사람이기 때문에, 이 두 사람은 공중의 지루함을 달래주었으며 이로 인해 명성을 얻었다.

   기도에 응답하여 그 여성상에게 생명을 준다. 이에 대해서는 오비디우스의 『변신』 X, 244-297행(천병희 역, 477-480쪽) 참조.
60) 페터 대제.
61) 영국의 시인이자 철학사가인 스탠리(Thomas Stanley, 1625-1678)의 저서로는 『철학사 History of Philosophy』 I-III(1655-1662)가 있다.
62) 독일 철학자 브루커(Johann Jacob Brucker, 1696-1770)의 저서로는 『세계의 여명기부터 우리 시대까지의 역사에 대한 철학적 비판 Historia critica philosophiae a mundi incunabulis ad nostram usque aetatem deducta』 I-V(1742-1744)가 있다.
63) 제욱시스는 헬레나를 그리기 위해 크로톤 도시에 살고 있는 가장 아름다운 소녀들의 가장 아름다운 신체부위를 모델로 삼았다고 한다.

[N II, 63]

비록 공중은 이 국민저술가들의 상이한 실수를 눈감아주는 호의 때 [63]
문이라도 칭찬을 듣기에 합당하지만 말이다.

포괄적인[64] 기지를 지닌 저자 데랑드[65]는 갈리아주의 취향의 내
각을 위해 벽난로 위에 놓는 중국풍의 인형을 생산했다.[66] 아름다
운 자연[67]의 창조자[68]는 프랑스의 가장 위대한 두뇌들을 저주했던
것 같은데, 이는 이전에 주피터가 퀴클롭스들[69]을 저주하며 흐릿한
번개와 천상의 불꽃놀이에 필요한 빛과 폭죽을 대장간에서 만들도

---

64) (원주)『구름』[N II, 94] 참조.
65) 데랑드(André François Boureau Deslandes, 1690-1757)의 저서로는『비판적인 철학사 Histoire Critique de la Philosophie』I-III(1737)가 있다.
66) 하만이 살던 당시에 예술과 건축에 끼친 중국의 영향력은 상당했다. 예를 들면 1757년에 프리드리히 대제는 상수시 궁전에 소위 '중국 집'을 건립했다. 중국이라는 소재는 특히 실내장식과 온갖 유형의 공예품에서 유행했다. 마리 앙투아네트는 교황에 대한 적합한 선물이라 확신하며 교황 피우스 6세에게 중국 책상을 선사했다. 본문에서 하만은 중국풍의 공예품에 대한 프랑스 로코코의 애호를 암시한다.
67) 하만이 "아름다운 자연 die schöne Natur"으로 말하고자 하는 것은 프랑스 고전주의 미학의 '아름다운 자연 모방' 원칙이다. 이 원칙에 따라 프랑스 고전주의는 예술작품 속에서 현실을 엄격하게 선택하고 이를 이상화하여 표현하고자 했다. 그런데 하만에 따르면, 이 "아름다운 자연"이란 결코 본래의 진실 된 자연이 아니라 오히려 날조된 자연이며, 이런 자연관으로 인해 "가장 위대한 두뇌들"(볼테르, 디드로, 달랑베르 등의 백과전서파)은 외눈박이 노예들("퀴클롭스들")이 되었다. 이 노예들의 작품은 반짝거리기는 하지만, 실제로는 전혀 효과 없는 불꽃놀이에 불과하다.
68) 프랑스 예술철학자 바퇴(Charles Batteux, 1713-1780).
69) (옮긴이 주) 우라노스와 가이아 사이에서 태어난 세 아들(브론테스, 스테로페스, 아르게스)로 "이마에 있는 하나뿐인 둥근 눈"(헤시오도스,『신통기』144행(천병희 역, 한길사 2004, 35쪽))때문에 그와 같은 이름을 얻게 되었다. 이들은 제우스와 티탄 신족이 싸울 때 제우스에게 번개와 벼락을 만들어주어 그가 티탄 신족을 이길 수 있도록 도와준다.

소크라테스 회상록 115

[N II, 63]

록 했던 것과 같다.

　철학사의 비판적인 체계에 대한 이처럼 존경할 만하고 훌륭한 모든 시도들에 대해 내가 내렸던 판단에서 다분히 추론할 수 있는 것은, 내가 그것들 중에 아무것도 읽지 않았고, 단지 학자 무리의 비약과 어조를 모방하고자 하며, 그것들을 모방함으로써 내 글의 독자들에게 아첨하고자 한다는 점이다. 그동안 내가 좀 더 확실하게 믿고 있는 것은, 만약 학자나 철학자로서가 아니라 올림픽 경기를 관람하는 한가한[70] 관중의 입장에서 화가처럼 뒤로 물러나[71] 시대, 두뇌, 종족과 민족의 농담(濃淡)에 따라 철학이라는 이 이름 혹은 단어의 운명을 연구했거나 연구할 수 있다면, 우리 철학은 틀림없이 다른 모습을 지닐 것이라는 점이다.

　이솝과 같은 프리기아인[72]은 지금 사람들이 말하듯이, 현명해지기 위해서는 풍토 법칙에 따라 여유를 가져야만 했다. 그리고 라퐁텐과 같은 아주 타고난 멍청이는 인간의 사고방식보다 동물의 사고방식에 더 잘 순응할 수 있었고, 더 쉽게 동물의 사고방식을 지닐 수 있었다. 이들이라면 철학자들의 그림이나 멋지게 훼손된 그들의 흉상대신에 우리에게 전혀 다른 생물들을 보여주고, 삶에 좀 더 가

---

70) (원주) 일이 없는 사람을 그리스어로 "아르구스 Argus"라 부른다. [하만의 친구들은 그가 빈둥대는 것을 보고 몹시 못마땅해 했다고 한다. "한가한 관중"이란 어쩌면 하만을 가리킨다. 젊은 하만은 한가해야만 철학을 제대로 이해할 수 있다고 생각했다.]

71) (원주) 에우리피[데스의] 『헤카베』[807행을 보면, "화가처럼 뒤로 물러나" (천병희 역, 『에우리피데스 비극 전집 1』, 숲 2009, 240쪽)이라는 문구가 있다.]

72) (옮긴이 주) 소아시아 지역(지금의 터키)에 살았던 민족. 속담에 따르면 프리기아인들은 우둔했다고 한다.

까운 색으로 윤리와 격언, 전설적인 교리와 행위를 모방할 것이다.

그러나 어쩌면 철학적인 연대기와 화랑(畫廊)은 이것들의 애호가가 이것들을 가지고 하는 악용보다는 비난을 덜 받을 수 있다. 여기에서 약간의 광신과 미신 정도는 관대히 봐줄만하다. 그 뿐만 아니라 영혼을 흥분시켜 철학적 영웅주의를 지니게 하려면 이러한 효모는 약간은 필요하다. 진리와 덕을 갈망하는 공명심, 그리고 그 자체로는 인식되지 않으며 인식을 허용하지 않는 온갖 거짓과 악덕을 정복하고자 하는 강렬한 욕구[73]. 여기에 철학자의 영웅정신이 있다.

카이사르가 마케도니아 젊은이의 입상(立像) 옆에서 눈물을 흘렸다면,[74] 그리고 이 젊은이[75]는 아킬레우스의 무덤 곁에서 질투하며 저 눈먼 연가 가인[76]이 그러했던 바 명성의 전령을 회상했다면, 에라스무스 같은 사람은 조롱하며 성(聖) 소크라테스 앞에서 무릎을 꿇었다. 그리고 우리 폰 바[77]의 헬레니즘적 무사 여신은 또마 디아

[64]

---

73) 하만은 『소크라테스 회상록』을 쓴 지 몇 년 후에 헤르더의 『인류의 태고적 문서 Älteste Urkunde des Menschengeschlechts』(1774-1776)에 대한 호의적인 견해를 표명하면서, 헤르더가 "강렬한 정복 욕구 Eroberungswuth" (N III, 126)를 갖고서 소재에 접근했다고 지적한다.
74) 플루타르코스의 『영웅전』(카이사르 11)에 따르면, 카이사르는 스페인 총독으로 있을 때 알렉산더 대왕에 관한 책을 읽다가 눈물을 흘렸다고 한다. 그 이유는 알렉산더 대왕은 젊은 나이에 대제국을 건설했지만, 자신은 40세가 되었는데도 이렇다 할 만한 성과를 거두지 못했기 때문이라고 한다. 그런데 하만은 이 내용을 약간 변경하여 카이사르가 알렉산더 대왕의 입상 옆에서 눈물을 흘렸다고 적고 있다.
75) (옮긴이 주) 알렉산더 대왕.
76) 호메로스.
77) Georg Ludwig von Bar(1702-1767), 독일의 저술가이자 번역가.
"신분이 낮은 사람들이 사랑하는 성자들에게 간구하듯이
로마와 아테네의 현인들에게 간청하게나."

[N II, 64]

프와뤼스와 같은 사람의 희극적 망령을 불안케 하며, 틀림없이 우리에게 지하세계의 진실을 전했을 것이다. 지하세계의 진실이란, 이교도인들 가운데 거룩한 사람들이 있었다는 것, 우리는 구름같이 둘러싼 이들 허다한 증인들78)을 무시해서는 안 된다는 것, 하늘은 그들에게 기름을 부어 사자(使者)와 통역자로 삼았다는 것, 그리고 하늘은 그들을 자기 족속 가운데에서 성별(聖別)하여 감당해야 할 소명을 부여했는데, 이것은 선지자들이 유대인 가운데에서 받았던 바로 그 소명이라는 것이다.79)

    하나님은 이들에게 생기를 불어넣어 이교도 나라에서 사람들을 가르치게 했다네.
    마치 유대 민족을 위해 선지자들을 택했듯이 [...]
    친구여, 내 안에 있는 아첨하는 시인을 두려워 말게.
    에라스무스는 성 소크라테스*에게 빌도록 부추김을 당했네.
    나는 그 정도는 아닐세. 하지만 저 많은 현자들은
    제단에 이르기까지 봉헌된 나의 피난처이자 나의 위로라네.
    *나는 '성 소크라테스여, 우리를 위해 간구하소서'라고 외칠 수밖에 없네."
    (*Des Hrn. G. L. von Bar poetische Werke.* Aus dem Französischen übersetzt. Tome II, Berlin 1756, p. 62.) 이 시구들은 몰리에르의 희극작품 『상상병 환자 *Le Malade imaginaire*』(1673)에 나오는 등장인물인 또마 디아프와뤼스(Thomas Diafoirus)에게 쓴 시 속에 들어 있다.
78) 히브리서 12장 1절.
79) (원주) "스콜라 철학자인 성 토마스[토마스 아퀴나스]는 아직 실제로 굴복하지 않고 순화되지 않은 소요학파의 사도로 선택받았지 않았을까? 젠체하고 반항심이 강한 무리는 권위에 복종하지 않고 항상 이성을 의지하며 항상 근거를 묻는다. -- 내가 볼 때 이 마지막 사명은 무익하지 않았던 것 같다."(발자크, 『기독교인 소크라테스 *Socrate Chretien*』, Discourse V) [성 토마스는 아우구스티누스의 신학을 아리스토텔레스 학파(소요학파)의 철학과 결합하였다.]

[N II, 64]

    자연이 우리에게 주어진 것은 우리 눈이 뜨이기 위함이었듯이, 역사가 우리에게 주어진 것은 우리 귀가 열리기 위함이었다. 육체와 사건을 최초의 원소에 이르기까지 분해하는 것은 하나님의 보이지 않는 본질과 그분의 영원하신 능력과 신성80)을 포착하려 한다는 것을 의미한다. 따라서 모세와 선지자들의 말을 믿지 못하는 자는81) 창조사(創造史)에 대해 기술한 뷔퐁82)과 로마제국의 역사를 쓴 몽테스키외83)처럼 자신의 지식과 의도와는 달리 항상 시인이 된다.

    우리 하나님께서 허락하지 아니하시면 어떤 참새 새끼도 땅에 떨어지지 않듯이,84) 없어졌다면 우리가 애석해 했을 고대 시대의 어떠한 기념물도 사라지지 않았다. 하나님 당신께서 저술가이셨고, 하나님의 영은 경건한 열심을 지녔던 우리 종교가 불살랐던 최초의 금서들의 가치85)를 기록하실 만큼 세심하셨는데, 하나님의 사전 배려가 저작물들에게 미치지 않겠는가? 우리는 폼페이우스가 자신의 적인 세르토리우스의 저서를 없애버린 것86)을 보고 이를 재치 있고

---

80) 로마서 1장 20절.
81) 누가복음 16장 29절 참조.
82) 『박물지 *Histoire naturelle générale et particulière*』(1749-1789).
83) 『로마인의 위대함과 그 쇠락의 원인에 관한 고찰 *Considérations sur les causes de la grandeur des Romains et de leur décadence*』(1734).
84) 마태복음 10장 29절 참조.
85) 사도행전 19장 19절 참조.
86) 폼페이우스가 세르토리우스의 저서와 편지를 읽지 않고 불태우게 했던 것은, 한편으론 자신의 은밀한 적들의 이름을 알게 되지 않기 위해서였고, 다른 한편으론 로마에서 또 다른 소요를 예방하기 위해서였다. 폼페이우스에 대해서는 플루타르코스의 『영웅전』(폼페이우스 20, 세르토리우스 27) 참조.

고귀한 행위라 감탄하면서도, 주님께서 켈수스와 같은 사람의 저서[87]를 사라지게 하신 것을 보고는 왜 감탄하지 않는가? 따라서 하나님께서는 적어도, 카이사르가 소지하고 바다에 뛰어들었던 글이 적혀있는 두루마리에 대해 지녔던 만큼의 관심을,[88] 혹은 사도 바울이 드로애[트로이]에 있는 양피지에게 가졌던 만큼의 관심을[89] 우리에게 소중한 모든 책에 대해 갖고 계신다고 내가 말하는 것은 근거 없는 이야기는 아니다.

[65] 콩을 던져 바늘귀를 통과시켰던 달인이라면, 그 숙련된 재주를 연마하기 위해서 한 셰펠[90]의 콩이면 충분하지 않았겠는가? 사람들은 이 질문을, 저 달인이 콩을 사용할 수 있는 것보다 더 재치 있게 고대인의 작품을 사용할 수 없는 모든 학자에게 하고 싶어 한다. 만약 시대가 선사하고자 했던 것보다 더 많은 것이 우리에게 있다면, 우리 자신은 불가피하게 화물을 물속에 던지거나, 도서관에 불을 지르거나, 아니면 네덜란드 사람들이 향료를 가지고 했던 행위[91]를

---

87) 켈수스는 180년에 『진실된 말』이라는 저서를 썼다.
88) 카이사르는 알렉산드리아가 포위되었을 때 한 손으로는 중요한 서류를 물 위로 쳐들고 다른 손으로는 헤엄을 쳐서 목숨을 구했다고 한다. 플루타르코스의 『영웅전』(카이사르 49) 참조.
89) (원주) 디모데후서 4장 13절.
90) (옮긴이 주) 곡량(穀量)의 옛 단위(50리터에서 222리터까지 일정치 않음).
91) (원주) V. *Melanges interessans et curieux*. Tom. X. [『재미있고 호기심을 끄는 잡록(雜錄) 혹은 아시아, 아프리카, 아메리카와 극지방의 자연사, 도덕사, 시민사, 정치사 개요 *Mélanges interessans et curieux ou Abrégé d'histoire naturelle, morale, civile et politique de l'Asie, l'Afrique, l'Amérique et de Terres Polaires*』(1763-1765). IX, p. 380. 네덜란드 사람들은 풍년이 되면 높은 가격을 유지하기 위해 향료를 불태웠다고 한다.]

해야만 했을 것이다.

놀라운 사실은 베이컨이 물리학을 위해 했던 일을 아직 그 누구도 역사를 위해 감행하지 않았다는 점이다.[92] 볼링브룩은 제자에게, 고대사 일반은 이교도의 신화학처럼, 그리고 시적인 사전처럼 공부하라고 조언한다.[93] 하지만 어쩌면 전체 역사는 이 철학자가 생각하는 것 이상으로 신화이고, 자연과 마찬가지로 봉한 책[94]이며, 숨겨진 증거이자, 우리의 이성과는 다른 송아지로 밭 갈지 않고서는 풀 수 없는 수수께끼[95]이다.

내 의도는 소크라테스의 역사가가 되고자 하는 것이 아니다. 나는 뒤클로가 멋진 공중의 지루함을 달래기 위해 18세기 역사에 대한 회고록[96]을 출판했던 것처럼, 단지 그의 회상록을 쓰고자 한다.

블랙웰[97]이 호메로스에 대해 의미심장한 시론(試論)을 제공했듯이, 소크라테스의 삶에 대해 그러한 시론을 쓸 수 있음은 물론이다.

---

92) 하만은 『미학의 진수』에서 경험적 자연과학의 창시자인 베이컨을 수차례 증인으로 내세운다. 그 이유는 베이컨이 자연을 매개로 한 하나님의 계시(자연계시)를 고수했기 때문이다.
93) 하만은 여기에서 볼링브룩의 저서 『역사 공부와 역사 이용에 관한 편지』를 염두에 두고 있다.
94) 이사야 29장 11절. "자연 자체는 하나님의 영의 해석과 자연의 창조주의 해석이 없다면 참으로 봉한 책이다."(N I, 148) 참조.
95) 사사기 14장 18절 참조.
96) 뒤클로(Charles Pinot Duclos, 1704-1772)의 저서 『18세기 풍속사에 기여하기 위한 회고록 Mémoire pour servir à l'histoire des moeurs du dix-huitième siècle』(1751). 하만은 자신의 『소크라테스 회상록』이 뒤클로의 저서와 마찬가지로 현실과의 연관성을 지니고 있음을 암시한다.
97) 블랙웰(Thomas Blackwell, 1701-1787)은 『호메로스의 삶과 그의 작품 탐구 Enquiry into the Life and Writings of Homer』(1735)에서 역사적으로, 즉 호메로스의 시대와 사회를 배경으로 그를 이해하고자 했다.

[N II, 65]

철학의 아버지98)는 문학의 아버지99)보다 이런 명예를 누릴만한 자격이 더 있지 않았을까? 쿠퍼가 출판한 저서100)는 학교 연습문제(Schulübung)에 불과한 것으로, 이 연습문제에는 찬양하는 글의 까다로움도 논쟁하는 글의 까다로움도 들어 있다.

소크라테스는 친구였던 무두장이101)의 작업장을 종종 방문했다. 이 무두장이의 이름은 시몬이었는데, 이는 사도 베드로가 욥바102)에 머물 때 유숙하던 집 주인의 이름이기도 하다.103) 그 장인(匠人)에게 소크라테스의 대화를 기록하려는 최초의 생각이 떠올랐다.104) 소크라테스는 어쩌면 플라톤의 대화편105)보다는 [이 장인이 쓴] 대화편에서 자신을 더 잘 인식했는지도 모른다. 소크라테스는 플라톤의 대화편을 읽고서 깜짝 놀라 물었다고 한다. "이 젊은이[플라톤]는 나를 어떻게 할 생각인가?"106) - - 내가 무두장이 시몬처럼 내 영

---

98) 소크라테스.
99) 호메로스.
100) 쿠퍼(John Gilbert Cooper, 1723-1769)는 『소크라테스의 생애 The Life of Socrates』(1749)에서 소크라테스가 비양심적인 성직자들의 음모에 의해 희생당했다고 주장한다.
101) (원주) 『구름』 [N II, 95] 참조. [소크라테스의 친구는 무두장이가 아니라 제화공이었다. 그런데 하만은 사도 베드로와 소크라테스 간의 유형학적인 연관성을 구축하기 위해 소크라테스의 친구를 무두장이로 만들었다.
102) (옮긴이 주) 예루살렘 서북쪽에 위치한 지중해 연안의 항구도시.
103) 사도행전 10장 6절 참조. 욥바의 시몬도 무두장이였다.
104) 이 일화에 대해서는 라에르티오스의 『철학자들의 생애』 II, 122(『그리스철학자열전』, 154쪽) 참조.
105) (옮긴이 주) 『뤼시스』. 『그리스철학자열전』, 194쪽 참조.
106) "또한 소크라테스는 [...] '아이쿠, 이 젊은이는 나에 대해 얼마나 많은 거짓말을 하는 것이랴!'고 했다고 한다. 왜냐하면 이 사람[플라톤]은 소크라테스가 실제로는 하지 않은 말을 적잖게 (그 대화편 『뤼시스』 속에)

옹[107])을 잘 이해하기만 한다면!

쓰고 있었기 때문이다."(라에르티오스의 『철학자들의 생애』 III, 35(『그리스철학자열전』, 194쪽))
107) (옮긴이 주) 소크라테스.

[N II, 66]

제1절

소크라테스가 조각가[108)와 산파[109)를 양친으로 둔 것은 까닭이 있었다. 그의 가르침은 항상 산파술[110)과 비교되었다. 사람들은 이 착상이 풍성한 진리의 씨앗으로 싹트도록 해주지 않았으면서도 여전히 그것[착상]을 반복하는 것에 만족해한다. 이 표현은 비유적(tropisch)일뿐만 아니라, 동시에 탁월한 개념들로 이루어진 실뭉당이(Knäuel)다. 교사라면 누구나 오성을 교육하는 실마리로 이 개념들을 필요로 한다. 인간이 하나님과 동일하게 창조되었듯이, 육체는 영혼의 모습(Figur) 혹은 형상인 것 같다.[111) 우리가 은밀한 데서 만들어졌기 때문에, 우리가 아래 땅 속에서 지음을 받았기 때문에,[112) 우리 전신이 감춰져 있다면, 우리 개념들은 은밀한 데서 훨씬 더 많이 만들어질 것이며, 그것들은 우리 오성의 사지로 간주될 수 있다. 내가 우리 개념들을 오성의 사지라고 부르기는 하지만, 각 개념은 특별하고 완전한 탄생 자체이기도 하다. 따라서 소크라테스는 배워 익힌 지식을 한 노파의 기술과 비교할 만큼 충분히 겸손했

---

108) (원주) "소크라테스는 소프로니스코스[소크라테스의 아버지]를 불멸하게 한다."(세네카, 『선행에 대해 *De beneficiis*』 III)
109) (옮긴이 주) 소크라테스의 어머니는 파이나레테이다.
110) (원주) "따라서 산파의 아들이자 스스로 조산(助産)에 정통하기도 한 나에게 네 자신을 맡기라."(플라톤의 대화편 [『테아이테토스』 151b-c]에서 소크라테스가 테아이테토스에게 한 말.
111) (원주) 다음 각쥐[원쥐]를 보라. ["육체는 영혼의 모습 혹은 형상"이라는 표현의 출처는 루터의 저서 『라이프치히에 있는 고명한 라틴어 문학 연구자에 맞서는 로마 교황권 *Von dem Papsttum zu Rom wider den hochberühmten Romanisten zu Leipzig*』(1520)이다.]
112) 시편 139편 15절 참조.

[N II, 67]

다. 그 노파는 단지 산모의 수고와 때맞춘 해산을 도와주러 와서 이 일에 도움의 손길을 내민다.

타성의 힘과 이에 상반되는 것 같은 거만함의 힘. 우리는 수많은 현상과 관찰을 계기로 거만함의 힘이 우리 의지 속에 있다고 가정한다. 이 두 가지 힘은 이것들과 유사한 모든 정열 이외에 무지와 오류와 선입견을 낳는다. 무지에서 오류와 선입견이 기인한다. 따라서 이런 측면에서 볼 때 소크라테스는 자기 아버지를, 다시 말하면 "목재의 불필요한 부분은 없애고 베면서, 바로 이를 통해 상(像)의 형태를 만들어가는"[113] 조각가를 모방했다. 그 때문에 당대의 위인들에게는, 소크라테스가 자기들 숲에 있는 모든 참나무를 넘어뜨리고 자신들의 모든 통나무를 망쳐놓으며 자신들의 목재를 갖고서는 나뭇조각만을 만들 수 있다고 그를 규탄할 이유가 있었다.

추측건대 소크라테스는 조각가가 되었다. 왜냐하면 그의 아버지가 조각가였기 때문이다. 사람들은 그가 만든 우미의 세 여신상이 아테네에 보관되었다는 점에서 그의 조각 솜씨가 평범하지 않았음을 추론하였다. 옛적에는 이 여신들에게 옷을 입히는 것이 관례였는데, 소크라테스는 유행에 뒤진 이 관례를 모방했다. 그래서 그가 조각한 우미의 여신들은 당시의 신들의 체계와 이에 토대를 둔 순수예술의 관행과는 배치되었다. 어떻게 소크라테스가 이런 개혁에

[67]

---

113) (원주) "우리 교부인 마르틴 루터의 말『7편의 참회 시편 *Sieben Buβpsalmen*』(1525)]. 최근에 그루테의 이름이 언급되었을 때 올바르고 날카로운 사고를 지닌 한 열광자가 우리에게 상기시키기를, 우리는 이 위대한 사람으로부터 독일어에서 뿐만 아니라 전반적으로, 마땅히 해야 하고 할 수 있는 것만큼 배우지 못했다고 했다."(클롭슈토크, 『북방의 감시자』[1, 223])

[N II, 67]

이르렀는지, 이는 그의 수호신(Genius)이 심어준 영감 때문인지, 아니면 자신의 작품을 구별하고자 하는 허영심 때문인지, 아니면 경건한 아테네인[114]에게는 틀림없이 기이하게 생각되었을 타고난 부끄러움이라는 소박함 때문인지 나는 모르겠다. 그러나 다시 옷을 입은 이 우미의 여신들은 다시 옷을 입은 오늘날 우리 문학의 우미의 여신들[115]과 마찬가지로 십중팔구 논박당할 것이다.

이 자리는 인류와 인류의 치유에 대해 지나치게 기발한 생각을 지닌 애국자들[116]의 근시안(近視眼)을 벌하는 곳이다. 그들은 소크라테스 안에 내재해 있는 조각가로서의 공적을 너무 크게 생각한 나머지 그 현자를 오인했다. 그들은 조각가를 신성시하는데, 이는 목수의 아들[117]에 대해 더욱더 적절하게 조롱할 수 있기 위함이다. 그들이 진지하게 소크라테스를 믿는다면, 그의 격언은 그들에게는 불리한 증거이다. 이 근대의 아테네인들[118]은 소크라테스를 고발하고 독살했던 자들의 자손이며, 조상보다 더 우둔한 중상자이자 더 잔인한 살인자[119]이다.[120]

---

114) 사도행전 17장 22절 참조.
115) 『소크라테스 회상록』.
116) 하만 당시에 소크라테스를 찬미했던 독일인들. 아델룽(Adelung)에 따르면, 애국자(Patriot)란 가장 좁은 의미로는 사리(私利)에 손해가 가더라도 공공의 이익을 증진하는 사람, 자신의 복지보다는 공공의 복지를 우선하는 사람을 가리킨다.
117) 예수. 마태복음 13장 55절.
118) 계몽주의자들.
119) 마태복음 23장 30-32절 참조.
120) 이 단락에서 하만이 비판하는 사람들은, 위대한 윤리학자이자 조각가인 소크라테스를 존경하면서도 예수의 성육신으로 인해 인류가 치유된 것은 간과하는 계몽도덕가들과 세계개혁자들이다. 하만에 따르면, 현자 소

[N II, 67]

소크라테스의 눈이 미와 미의 비례에 익숙하고 이에 단련된 것은 그가 받았던 교육방법에서 기인한다. 따라서 용모가 준수한 젊은이에 대한 그의 취향은 우리에게 낯설지 않을 것이다. 그가 살았던 이교도 시대[121]를 잘 안다면, 그가 어떤 악덕[122]에서 결백함을 입증하는 일은 어리석은 수고다. 우아한 세계[123]가 투생[124] 같은 사람이 쓴 『풍습』[125]의 작은 애교점이라 하여 정열에 관한 그의 보잘 것 없는 소설[126]을 눈감아 주었듯이, 우리 기독교도들은 소크라테스의 그 악덕을 눈감아줘야 한다. 소크라테스는 그 행위가 다른 사람이 지닌 인상에 의해서가 아니라, 심중(心中)에 의해 규정받는 솔직한 사람이었던 것 같다. 그는 자신의 숨겨진 성향이 관상가[127]가 얼굴을 보고 발견한 것과 들어맞음을 부인하지 않았다. 그는 관상가의 안경이 제대로 보았다고 고백했다. 아무것도 모른다고 확신하

크라테스는 무지의 가르침으로 복음에 길을 터줬으며, 인간은 구원이 필요한 존재임에 주의를 환기시켰다. 성육신 사건은 그 후에 일어났기에 계몽주의자들인 근대의 아테네인들은 고대의 아테네인들보다 더 사악하다. 이는 예수 그리스도가 활동하던 시대의 율법학자들이 그들의 조상보다 더 사악했던 것과 마찬가지이다.

121) (원주) 로마서 1장 [27절].
122) 동성애.
123) 로코코와 계몽주의.
124) François Vincent Toussaint(1715-1772), 프랑스 저술가.
125) 『풍습 Les Moeurs』(1748).
126) 『정열의 역사 Histoire des Passions』(1751).
127) 조퓌로스(Zopyros). "조퓌로스라는 이름을 지닌 사람은 소크라테스의 얼굴을 보고 한결같이 판단하기를, 그가 틀림없이 품행이 나쁘다고 했다. 이에 소크라테스는 [동성애에 대한] 자신의 타고난 애착이 패륜적임을 고백했다. 그러나 그는 철학을 통해 이러한 애착을 개선했음을 또한 고백했다. 그리고 그는 신들에게 무엇보다도 자신에게 내면의 아름다움을 주시기를 간구했다."(CT, 137)

[N II, 68]

[68] 는 사람은 자신의 거짓말을 책망하지 않고서는 자신의 선량한 마음을 잘 알 고 있다고 할 수 없다. 소크라테스가 자신에게 씌워진 악덕에 대해 격노한 것을 보면, 그가 그 악덕을 증오했음을 알 수 있다. 그리고 그에 대한 이야기에는 그의 결백을 보여주고, 그를 거의 면죄해주는 특징들이 있다.[128] 감성 없이는 활기찬 우정을 느낄 수 없다. 그리고 형이상학적인 사랑이 신경액(Nervensaft)에게 해를 끼치는 것은, 동물적인 사랑이 육체와 피에게 하는 것보다 어쩌면 그 정도가 더 거칠다. 따라서 소크라테스가 외적인 미와 내적인 미의 조화에 대한 욕구 때문에 내면적으로 괴로워하고 싸워야만 했다는 것은 의심할 여지가 없다. 게다가 세계의 유년시절에는 아름다움, 강력한 육체와 정신, 그리고 자녀와 재물의 풍부함은 신의 속성의 상징이자 신의 현존의 발자취로 통했다. 지금 우리는 너무 추상적

---

[128] (옮긴이 주) 당시 고대 그리스에서는 나이 든 남자와 어린 소년 간의 동성애가 성행했는데, 『국가』 제3권에서 소크라테스는 글라우콘에게 "성적 쾌락"이 배제된 올바른 동성애에 대해 설파한다. "한데, '성적 쾌락' 보다도 더 크고 민감한 쾌락을 자네[글라우콘]는 말할 수 있는가? [...] 그러니까 바른 사랑에는 그 어떤 광적인 것도, 무절제와 동류인 어떤 것도 접근시켜서는 아니 되겠지? [...] 그러니 이 쾌락이 바른 사랑에 접근해서는 아니 될 것이며, '사랑을 하는 사람'과 '사랑을 받는 소년'이, 바르게 사랑하며 사랑받는 사람들이려면, 결코 이 쾌락에 관여해서도 아니 되네. [...] 지금 수립되고 있는 이 나라에서 자네는 바로 이렇게 입법할 것 같으이. 즉 소년을 사랑하는 사람이, 설득을 할 경우에는, 마치 자식을 대하듯, 선의로 입맞춤을 해 주고 같이 있어도 주며 어루만져도 줄 것이나, 다른 일로는 자기가 애지중지하는 사람에 대한 사귐이 그 이상으로 진행되는 것으로 보이는 일이 결코 없도록 하는 걸 말일세. 만일 그렇지 못할 경우에는, 그는 무교양(詩歌를 모름)과 '아름다운(훌륭한) 것에 대한 무지(무경험)'의 비난을 받게 될 걸세"(403a-c(박종현 역, 224-225쪽))

이고 남성적으로 생각하여 그와 같은 우연적인 요소에 따라 인간의 본성을 판단하지 않는다. 종교조차도 우리에게 외모로 사람을 취하지 않는[129) 신을 가르친다. 비록 유대인들이 율법을 오해하여 이교도들과 더불어 이점에서 동일한 선입견에 얽매어 있지만 말이다. 유대인과 고대 그리스인은 우리 기독교인과 회교도와 마찬가지로 건전한 이성을 결하고 있지 않다. 그런데 건전한 이성[130)이 불쾌하게 느끼는 것은, 인간 중에 가장 아름다운 자[131)를 그들의 구세주로 약속받았는데, 고통 받는 상처투성이와 피멍투성이의 남자[132)가 그들이 고대하는 영웅이어야 한다는 점이다. 이교도들은 자기 시인들이 쓴 교묘히 만든 이야기[133)로 인해 그와 같은 모순[134)에 익숙했다. 그들의 소피스테스들[135)이 우리의 소피스테스들[136)과 마찬가지로 그러한 모순을 인간인식의 첫 번째 원칙에 범하는 친부살해라고 유죄 판결을 내리기 전까지는 그러했다.

---

129) 로마서 2장 11절.
130) 하만에 따르면, 이성은 개별적이고 제약을 받을 뿐만 아니라, 정열의 영향을 받으며 죄에 의해 어두워졌다. 보편적인 건전한 이성이란 없다. "건전한 이성이란 가장 독단적이면서도 가장 뻔뻔스러운 진부한 자기자랑이다. 이로 인해 증명해야할 모든 것은 이미 전제되고, 이로 인해 진리의 온갖 자유로운 연구는 로마 가톨릭 교회의 무오류성에 의한 것보다 더 폭력적으로 배제된다."(N III, 189)
131) 예수. 시편 45편 3절 참조.
132) 예수. 이사야 53장 3절, 요한복음 19장 1절 참조.
133) 베드로후서 1장 16절.
134) Cf. N I, 264. "그런데 바로 여기에 하나님의 지혜의 비밀이 담겨 있다. 하나님의 지혜는 서로 지양하며 서로 모순되는 것들을 하나로 하신다."
135) 고대 그리스의 소피스테스들.
136) 하만 당시의 계몽주의자들.

그러한 모순의 한 예는 델피의 신탁이다. 이 신탁에서는 스스로에 대해 고백하기를 아무것도 모른다고 하는 자를, 그럼에도 불구하고 가장 현명한 자로 인정했다. 소크라테스가 신탁이 거짓말 했다고 책망했던가, 아니면 신탁이 그에게 그러했던가? 우리 시대의 가장 강력한 정신의 소유자들[137]은 이번에는 여사제를 점쟁이로 간주하고서 그녀와 소크라테스 부친과의 유사성을 보며 내심 기뻐했다. 소크라테스의 부친은 무지한 자(Idioten)[138]의 역할을 하거나 신들을 믿는 것을 똑같이 온당하다고 생각했다. 그밖에 아폴론이 자신을 인간에게 맞추는 것은, 인간이 너무 어리석어 자신을 그 아폴론에게 맞추지 못하기 때문일 거라는 의혹이 근거가 있다면, 그 [아폴론]는 신으로서 행동하는 것이다. 신에게는 필립 편을 들고(philippisiren)[139] 소크라테스 화(化)하는(sokratisiren)[140] 것이 우리가 아폴론이 되는 것보다 더 쉽다.

그러나 오늘날의 취향을 지닌 철학자[141]에게 신탁의 전승이란 혜

---

137) 아델룽에 따르면, "강한 정신의 소유자"란 아무런 선입견 없이 생각한다고 거짓말하는 자로 자유사상가를 일컫는다.
138) 나들러는 "무지한 자"에 대해 다음과 같이 말한다. "정치가와는 반대로 사인(私人). 그 때문에 일반인, 문외한, 배우지 못한 사람, 바보를 가리킨다. 하만은 이 말을 소크라테스와 사도 바울의 의미로, 즉 '현명한 바보'라는 의미로 사용한다."(N VI, 188)
139) 아티카의 웅변가이자 정치가인 데모스테네스는 델피의 신탁을 정죄하기를, 이 신탁이 그리스를 위협하는 마케도니아 왕 필립 편을 든다고 했다.
140) 델피의 아폴론이 소크라테스처럼 자신을 인간에게 낮추는 것은 인간이 자신을 그 신에까지 높일 수 없기 때문이다.
141) 베일(Pierre Bayle, 1647-1706)의 사상은 데카르트 철학에 토대를 두고 있으며, 결국에는 전투적인 반교회주의로 흐르고 있어 하만이 몹시 싫어했다. 베일은 『철학과 신학이 제시한 여러 근거에 의해 혜성이 결코

성과 마찬가지로 의미가 거의 없다. 그 철학자의 견해에 따르면, 우리는 가장 어리석은 민족[142]이 우리에게 가져다 준 책 속에서, 그리고 고대 그리스인과 로마인이 남긴 유물 중에서 신탁과 환상과 꿈과 그와 같은 혜성[143]이 나오면, 즉시 이런 동화를 우리 자녀와 유모에게서 떼어놓아야 한다(경험하고 사유하는 기술(技術)에 있어 아이와 유모는 모두 현 세기에 비하면 흘러간 세기이기 때문이다)[144].

어떤 불행의 전조가 아님을 입증하는 내용을 담은, 소르본 대학의 박사에게 보낸 편지 Lettre à M. L. A. D. C. docteur de Sorbonne. Qu'il est prouvé par plusieurs raisons tirées de la Philosophie et de la Théologie, que les Comètes ne sont point le présage d'aucun malheur』(1682)를 저술했다.

142) 유대 민족. 신명기 32장 6절 참조. 하만이 이 표현으로 겨냥하는 것은 부분적으로 베일에서 출발하는 계몽주의의 성서비판이다. 하만은 『한 기독교인의 성서고찰 Biblische Betrachtungen eines Christen』(1758년 집필, 사후 출판) 초두에서 계몽주의의 성서비판과 논쟁한다. 이 성서비판에 따르면, 성서에 등장하는 기적에 대한 이야기, 신인동형설, 평이한 문체는 원시적이고 정신적·도덕적으로 저급한 상태에 있는 이 유목민족의 이해력에 맞추기 위한 것이다. 그러나 하만의 생각은 이와 달랐다. "하나님은 이 민족(유대 민족)의 완고함 속에서는 타락한 우리 본성의 가장 서글픈 모습을, 그리고 이 민족을 인도하고 다스리는 것 속에서는 그분의 인내와 정의와 긍휼의 가장 큰 시험을 [...] 인식시켜 주셨다. 하나님은 왜 이 민족을 선택하셨을까? 그들의 장점 때문이 아니다. 자유사상가들은 타민족을 고려하여 이 민족의 어리석음과 악의를 원하는 만큼 강하게 돋보이고 싶어 한다. 하나님은 세상의 눈으로 볼 때 무지하고 보잘 것없는 도구를 통해 복음을 전파하고자 하지 않으셨던가?"(N I, 11)
143) (원주) 플리니우스는 다음과 같이 결론을 맺었다. "징후의 힘은 우리 지배를 받으며, 그것은 우리가 그것에게 부여하는 만큼 작용한다. 어쨌든 점쟁이들의 설(說)에서 확고한 원칙은, 흉조나 길조의 징표는, 일을 시작할 때 그것을 주목하지 않는 사람들에게는 영향을 끼치지 못한다는 점이다. 이것이 신의 관대함이 주는 가장 큰 선물임은 확실하다."(『박물지』 32, 2)
144) (원주) 이 말은 시론(試論)을 작성하고 한가할 때 사유한 것을 기록한다

[N II, 69]

아니면 그와 같은 것을 알프스 산을 노래한 우리 시인들[145]의 수사적 표현으로 간주하여 감탄해야 한다. 뻔뻔하게 이 모든 것을 요구할 수 있을 것처럼 그렇게 충분히 그것을 용인할 경우, 선지자 중의 하나[146]인 베일은 이 크레타인들[147]에게 대답할 것이다. 이 의심하는 자들은 그들의 가말리엘[148]이 하품하기 때문에 그 선지자[베일]의 발치에서 많은 예의를 갖추고 하품하는[149] 것에 익숙하다. 베일이 이들에게 대답할 내용은, 천체의 영향을 받는 이 모든 사건이 거짓과 동급에 있음에도 불구하고, 모든 것이 똑같이 날조되고 꾸며낸 것임에도 불구하고, 이에 대한 망상과 환상과 믿음은 당시 그곳에서는 실제로 기적을 일으켰으며 기적을 일으킬 수 있다는 것이다.

는 뜻이다. [원주의 의미를 제대로 이해하려면 각주번호가 괄호 다음이 아니라 "경험[시도 혹은 시련]하고 사유하는" 구절 뒤에 와야 한다.]

145) 어쩌면 할러(Albert von Haller, 1708-1777)와 그의 모방자들을 가리킨다.

146) 마가복음 6장 15절.

147) (원주) "그리스에서 지혜 사랑은 크레타와 라케다이몬에서 가장 오래되었고 가장 풍부합니다. 소피스트들[소피스테스들]도 세상에서 그 지역에 제일 많고요. 하지만 프로타고라스님이 말씀하신 소피스트들[소피스테스들]처럼, 그들은 그것을 부인하고, 지혜로 인해 그들이 그리스인들 중에서 우월하다는 게 명백하게 드러나지 않도록 무지한 척을 합니다."(플라톤, 『프로타고라스』 [342a-b(강성훈 역, 이제이북스 2011, 119-120쪽)]) [크레타인들의 특성에 대해서는 디도서 1장 12절 참조.]

148) (원주) 베일은 이 바리새인[가말리엘]처럼 종교상의 관용을 위해 열심이었다. 사도행전 5장 [34-38절].

149) (원주) "이제 크리티아스가 이 말을 듣고 어찌할 바 몰라 나를 보았을 때 다음과 같은 생각이 들었네. 맞은편에서 다른 사람이 하품하는 것을 보는 사람들에게 바로 동일한 일이 벌어지곤 하는 것처럼, 그크리티아스 또한 당황하는 나에게 제압당해 스스로 당황함에 사로잡혔다네."(플라톤, 『카르미데스』 [169c])

[N II, 69]

그런데 그 기적의 정도는 기적이 혜성과 신탁과 꿈 자체에서 기인한다고 생각했던 옛날이나, 그렇게 생각할 미래보다도 훨씬 강할 것이다. 그러나 이런 의미에서 의심하는 자들은 우리 경험론자들보다 더 많은 권리를 지녀야 한다. 왜냐하면 우리의 우둔한 눈에 보이는 천상[150]과 영계[151]처럼 그렇게 동떨어지고 귀중한 장치를 통한 것보다는 우리 자신의 변덕과 환영을 통해서 하나님의 의도에 맞게 우리를 다스리는 것이 더 인간적이고 그분께 더 어울려 보이기 때문이다.

---

150) (원주) 마태복음 2장 2절.
151) (원주) 누가복음 2장, 9절과 13절.

제2절

역사에 따르면, 이름이 크리톤[152]이라는 남자가 있었는데, 그는 잃어버릴 돈이 있었고 어쩌면 돈을 잃어버릴 줄도 알았다. 그가 우리 조각가[153]를 소피스테스로 변화시키는 비용을 감당했다고 한다. 그의 이름이 지닌 어원학적 의미[154]를 믿는 사람이라면, 그가 이런 일을 감행한 것은 선견지명이 있는 판단 때문이라고 할 것인데 반해, 일상적인 경험을 하는 쉽게 믿는 학생은 소크라테스에 대한 맹목적인 취향 때문이라고 할 것이다.[155]

틀림없이 크리톤에게서 급료를 받고 소크라테스를 맡았던 일련의 교사들은 충분히 매력적이었지만, 소크라테스는 여전히 무지했다.[156] 무지하다는 무례한 고백은 어느 정도는 모욕이었지만, 솔직한 피후견인이자 [소피스테스의 길을 걷는] 후보자(Kandidat)[157]는 자신이 준 그 모욕을 용서받았던 것 같다. 왜냐하면 그 모욕은 가장 심하게 그 자신에게로 되돌아왔기 때문이다. 운명적인 무지와 적나라한 무지는 탁월한 공적과 이 공적의 과시와 마찬가지로 화해할

---

152) (옮긴이 주) 소크라테스의 죽마고우. 크리톤은 죽음을 앞둔 소크라테스를 위해 탈옥 계획을 세우는 등 친구의 구명을 위해 물심양면으로 힘썼다.
153) 소크라테스.
154) 크리톤의 어원은 그리스어로 'χρινειν'인데, 이는 '판단하다'라는 뜻이다.
155) 여기에서 크리톤은, 하만을 계몽주의 사상으로 전향시키고자 노력하는 친구 베렌스를 가리킨다.
156) (원주) "메논, 내소크라테스나 자네나 우리는 형편없는 사람들인 것 같네. 그리고 또한 자네를 고르기아스가, 나를 프로디코스가 충분하게 교육시키지 못했던 것 같네."(플라톤의 『메논』에서 소크라테스가 한 말) [플라톤, 『메논』 96d(이상인 역, 이제이북스 2009, 101쪽)]
157) 소크라테스.

[N II, 70]

수 없는 적들을 만든다. 실제로 소크라테스는 무지했는데, 합리적인 사람들이 무지하게 보이려고 생각해내는 치욕에 대해서도 무지했음에 틀림없다.

아무것도 모르는 사람과 아무것도 가진 것이 없는 사람은 운명이 낳은 쌍둥이다. 경박하게 호기심이 강한 사람과 의심하는 사람은 전자158)를 거짓말쟁이로 묘사하고 고문하며, 신자(信者)와 강도(强盜)는 후자159)를 그렇게 대한다면, 부유하고 박식하나 거만한 사람은 전자와 후자 양자를 경멸한다. 바로 그 때문에 철학적인 행운의 여신은 우둔한 자의 진실한 친구이다. 그리고 여신의 배려로 인해 가난한 자의 착상은 빛나는 옷과 바스락거리는 실내용 덧옷보다, 달력과 체계와 프로젝트를 기획하는 천문학자와 궁정 점성술사의 가정(假定)과 공식보다 더 오랫동안 좀의 피해를 보지 않는다.160)

우울증환자가 자신이 상상하는 병에 대해 그러하듯이, 소크라테스는 자신의 무지161)에 대해 말을 많이 했던 것 같다. 우울증 환자를 이해하고 제대로 알기 위해서는 이런 병 자체를 잘 알아야만 하듯이, 소크라테스의 무지를 좀 이해하려면 어쩌면 무지에의 교감(交

---

158) (옮긴이 주) 아무것도 모르는 사람.
159) (옮긴이 주) 아무것도 가진 것이 없는 사람.
160) 여기에서 하만이 말하고자 하는 점은, 부자의 풍족한 물질과 학자의 정교한 체계는 세월이 흐름에 따라 없어지거나 변화하지만, 소크라테스의 겸손한 지혜는 세월이라는 "좀"을 견디어 낸다는 것이다.
161) (원주) 플라톤의 『향연』에 나오는 알키비아데스의 말. ["소크라테스 선생님은 아름다운 자들에 대한 사랑에 끌리는 성향이 있고 늘 이런 자들 주변에 있으면서 매혹된다는 것을 자네들은 보네. 또한 그분은 모든 것들에 무지하여 아무것도 모른다네. 그분의 이런 모양으로 말할 것 같으면 […]."(플라톤, 『향연』 216d (강철웅 역, 이제이북스 2010, 158쪽))]

[N II, 71]

感)이 필요할지 모른다.

[71] '네 자신을 알라!'162)라는 문구는 저 유명한 신전163)의 문에 쓰여 있었다. 그 문구는 지혜의 신에게 제물을 바치고 자신들의 사소한 용건에 대한 신탁(神託)을 구하기 위해 신전에 들어선 모든 사람들의 눈에 띄었다. 모든 사람들은 이 격언을 읽고 경탄하며 외울 수 있었다. 그 격언을 사람들은 의미는 모른 채 그것이 새겨진 돌처럼 이마 위에 달고 다녔다. 황금빛 수염을 한 그 신164)은 소크라테스 시대 때 "당시 살고 있는 모든 사람 가운데에서 누가 가장 현명한 자입니까?"라는 간단한 과제165)가 주어졌을 때 틀림없이 웃었을 것이다. 소포클레스와 에우리피데스는 인간의 마음을 분석하는 기술이 없었더라면 연극에서 그처럼 위대한 모범은 되지 못했을 것이다. 그러나 소크라테스가 지혜에 있어 이 두 사람을 능가한 것은, 그가 자기인식에서 이들보다 더 앞섰고, 자신이 아무것도 모른다는 것을 알았기 때문이다. 아폴론은 이미 신전 문지방 앞에서 "누가 지혜롭

---

162) (원주) 플라톤의 『카르미데스』에 등장하는 크리티아스의 말. [플라톤, 『카르미테스』 164d-165b, 『변론 Apologie』 20e-21b.]
163) (옮긴이 주) 델피에 있는 아폴론 신전.
164) 아폴론은 고대 문학에서 '금발의 신'이라 불렸다.
165) "가끔 이 신탁에 대해 다음과 같은 이야기가 전해진다. 소크라테스의 친구인 카이레폰이 [...] 델피에 가서 신전에서 아폴론에게 묻기를 '세상에 소크라테스보다 더 현명한 사람이 있습니까'라고 했을 때, 신탁을 말해주곤 하던 여사제로부터 '소크라테스보다 더 현명한 사람은 없다'라는 대답을 받았다. [그런데] 아리스토파네스의 희극에 대한 글을 썼던 저술가들은 바로 이 대답을 온전히 적고 있는데, 그 내용은 다음과 같다. '소포클레스가 매우 현명한 것은 사실이지만, 그보다는 에우리피데스가 더 현명하다. 하지만 모든 사람들 가운데에서 가장 현명한 자는 소크라테스니라.'"(CT, 22장) (옮긴이 주) 카이레폰이 들은 델피의 신탁에 대해서는 『소크라테스의 변론』 21a(박종현 역, 서광사 2003, 116쪽)도 참조.

습니까?"와 "어떻게 하면 지혜로울 수 있습니까?"라는 질문에 대해 모든 사람들에게 대답했다. 이제 남은 질문은 "누가 자기 자신을 압니까?"와 "이 시험에서 의지해야만 할 것은 무엇입니까?"였다. "카이레폰, 가서 네 친구에게 배울지어다."[166] 아폴론은 숭배자들을 끈으로 이끌어 자기 비밀을 이해시켰을 때, 교사로서의 신중함과 낮아짐(Entäußerung)을 보여주었다. 하지만 죽기 마련인 인간들 중 그 누구도 이 행위를 아폴론보다 더 점잖게 할 수는 없다. 가장 오랜 역사와 전통의 이처럼 사소한 편린들은 사도 바울과 바나바가 루스드라 사람들에게 들려준 관찰내용을 확증해준다. 그 내용인즉, 하나님이 그들[루스드라 사람들] 가운데에서도 당신 자신을 증언하지 아니하신 것이 아니며, 그들에게도 하늘로부터 비와 결실기를 주셨다는 것이다.[167] 이로 보건데 우리 교회의 찬송은 참으로 진실 되지 않는가.

선하신 주님 안에 있는 우리에게 축복 있을 지어다!

신중한 해석자는 자연연구가를 모방해야 한다. 자연연구가가 한 물체를 다른 물체들과 온갖 자의적으로 결합하여 인위적인 경험을 만들어내 그 물체의 속성에 대해 상세하게 이야기하듯이, 해석자는

---

166) (원주) 카이레폰은 박쥐라 불렸다.(아리스토파네스의 『새』) - - "멜로스의 소크라테스[델로스 섬 출신의 디튀람보스 시인 디아고라스]와 벼룩의 발자국을 알고 있는 카이레폰"(같은 책). [그러나 디아고라스와 카이레폰은 아리스토파네스의 『구름』 830-831행(천병희 역, 단국대출판부 2000, 63쪽)에서 언급된다.]
167) (원주) 사도행전 14장 [17절].

[N II, 72]

텍스트를 가지고 그렇게 한다. 나는 소크라테스의 격언을 델피 신전 문에 새겨진 문구와 견줬는데, 이제는 몇 가지 다른 시도를 하여 그 격언의 에네르기를 좀 더 구체화시키려고 한다.

[72] 단어는 숫자와 마찬가지로 서 있는 위치에 따라 가치를 지니며, 단어의 개념은 정의(定義)와 관계에 있어서는 동전과 똑같이 때와 장소에 따라 변한다. 뱀이 이브에게 "너희[아담과 이브]는 하나님과 같이 될 것이다"[168]라는 점을 입증하고 여호와께서 "보라! 아담이 우리 중 하나 같이 되었다."[169]라고 예언하신다면, 솔로몬이 "모든 것이 헛되도다!"[170]라고 외치고 허영심이 있는 늙은 멋쟁이[171]가 그의 말을 따라 한다면, 동일한 진리가 매우 상반된 정신으로 표명될 수 있음을 보게 된다.

게다가 각각의 문장은 비록 같은 입과 마음에서 나오지만 수용자가 부여하는 무한히 많은 부수적인 개념을 허용한다. 이는 표면에서 우리 눈에 되비치는 광선이 그 표면에 따라 이러 저러한 색이 되는 것과 똑같다. 만약 소크라테스가 "내가 아는 것은 아무 것도 없다!"라는 말로 크리톤에게 해명을 했다면, 바로 이 말로 유식하고

---

168) (옮긴이 주) 창세기 3장 5절 참조.
169) (옮긴이 주) 창세기 3장 22절.
170) (옮긴이 주) 전도서 1장 2절.
171) 체스터필드 경(Philip Dormer Chesterfield, 1694-1773). 하만은 나중에 "모든 것이 헛되도다!"라는 구절에 다음 인용문을 추가했다. "'이 진리는 단순한 사변에 의해서는 결코 충분히 발견되거나 느껴지지 않는다. 비록 약간의 도덕성의 희생을 치를지 모르지만, 이런 경우에 경험은 확신을 위해서 필요하다.'"(*Lord Chesterfield's Miscellaneous Works*. Vol. II. Lond. 1778. Letters to his friends Book II. Letter XLI. to the Bishop of Waterford, p. 507)

[N II, 72]

호기심 있는 아테네 사람들[172]을 물리쳤다면, 그리고 자신의 훌륭한 젊은이들에게는 허영심을 부인하는 일을 덜어주고 자신이 그들과 동일하다는 점을 보여줌으로써 그들의 신뢰를 얻고자 노력했다면, 사람들은 틀림없이 삼중(三重)의 관점에 따라 그[소크라테스]의 좌우명을 고쳐 쓸 것이며, 그 고쳐 쓴 내용은 가끔 친아버지의 아들들인 세 형제의 외모가 그러하듯이 서로 똑같아 보이지는 않을 것이다.

우리가 모르는 사람에게 카드놀이를 제안한다고 가정해보자. 만약 이 사람이 "나는 카드놀이를 하지 않습니다."라고 우리에게 대답했다면, 우리는 이 대답을 그가 카드놀이를 이해하지 못하거나, 아니면 경제적, 윤리적, 혹은 다른 이유 때문인지는 몰라도 그것에 대한 혐오감을 갖고 있다고 해석해야만 할 것이다. 그런데 카드놀이에 있어 가능한 모든 재주를 갖추고 있으며, 카드놀이의 규칙이나 그것의 비법에도 정통하지만 순전히 소일거리로만 카드놀이를 좋아하고 카드놀이를 할 수 있다고 알려져 있는 한 정직한 남자가 있다고 하자. 그리고 그가 두 가지 측면[카드놀이의 재주와 비법]에서 자신의 상대가 되고, 타짜들이라고 하는 능수능란한 사기꾼들의 패거리로부터 그들과 한 판 하자는 요청을 받았다고 가정해보자. 만약 그가 "나는 카드놀이를 하지 않습니다."라고 말한다면, 우리는 그와 함께 그의 말상대자들의 얼굴을 틀림없이 쳐다보고서 다음과 같이 그의 말을 보충할 수 있을 것이다. "다시 말하자면, 나는 카드놀이의 규칙을 어기고 그 놀이의 행운을 훔치는 당신네와 같은 사

---

172) 사도행전 17장 21절 참조.

[N II, 73]

람들과는 카드놀이를 하지 않습니다. 당신네들이 한 판 하자고 하면, 고집스런 우연을 우리의 스승으로 인정하기로 서로 합의해야 합니다. 그리고 당신네들은 재빠른 손놀림을 알게 된 것을 우연이라고 합니다. 그러면 나는 원한다면 우연을 그런 식으로 생각해야 합니다. 아니면 당신네들을 모욕하는 위험을 감행하거나, 당신네들을 따라하는 수치를 택해야 합니다. 우리들 중에 누가 카드놀이에서 최고의 고수인지 서로 시험해보자고 당신네들이 나에게 제안을 했더라면, 나는 달리 대답하고자 했을 것이고 어쩌면 함께 카드놀이를 하고자 했을지도 모릅니다. 그런데 이는, 당신네들이 받은 카드를 기술적으로 던짐에 있어서도, 카드에 부정한 표식을 해두는 일에 있어서도 어설프게 배웠음을 보여주기 위해서입니다." 소크라테스가 당대의 소피스테스들과 학자들에게 "나는 아무것도 모른다."라고 말했을 경우, 그의 견해는 이처럼 거친 어조로 표명될 수 있다. 그 때문에 이 말은 그들의 눈에 가시[173]였으며, 그들의 등에 가해지는 채찍이었던 것이다. 소크라테스의 모든 착상은 그의 무지에서 분출되고 분비된 것들에 불과한데, 그들의 눈에는 아이기스[174] 한 가운데 있는 메두사의 머리에 나있는 머리카락처럼 무시무시하게 보였다.

소크라테스의 무지는 직감이다. 그런데 직감과 명제 간의 차이는 살아 있는 동물과 그 동물의 신체 해부 뼈대 간의 차이보다 더 크다. 고금의 회의론자들[175]이 소크라테스적 무지라는 사자가죽으로

---

173) 민수기 33장 55절 참조.
174) (옮긴이 주) 아테네의 방패(아이기스) 한 가운데에는 메두사의 머리가 있는데, 그녀의 머리카락은 뱀이었다.

자기 몸을 아주 잘 감싼다 할지라도 그들의 정체는 목소리와 귀로 인해 탄로 난다.176) 그들이 아무것도 모른다면, 세상은 왜 이에 대한 학적인 증명을 필요로 하겠는가? 그들의 위선적인 기만은 가소롭고 뻔뻔하다. 그러나 스스로 자신의 무지를 입증하는데 그처럼 많은 통찰력과 달변을 필요로 하는 사람은 심중에 무지의 진리에 대한 강한 반감을 품고 있음에 틀림없다.

우리 자신의 현존과 우리 외의 모든 사물의 실존은 믿어야 하고177) 다른 방법으로는 증명할 수 없다.178) 인간의 죽음보다 더 확실한 것이 무엇인가? 진리에 대한 인식에 있어 이보다 더 보편적이고 더 확증된 것이 있는가? 그럼에도 불구하고 모세가 이해시켜주듯이, 죽을 수밖에 없음을 유념하도록 하나님 당신께 배운 자179)말고는 그 누구도 그런 진리를 믿을 만큼 현명하지 못하다. 따라서 믿는 것을 증명할 필요는 없다. 그리고 어떤 명제는 너무나 명백하게 증명되어 있기에 믿지 않을 수 있다.

---

175) 흄과 베일, 그리고 이들의 신봉자들.
176) 당나귀는 사자 가죽을 뒤집어쓰고 돌아다니며 다른 동물들을 놀라게 했지만 울음소리로 인해 곧 정체가 탄로 났다.(이솝, 『우화』 276 참조)
177) (원주) "왜냐하면 배우는 자는 믿어야 하기 때문이다."[(아리스토텔레스, 『소피스테스적 논박』 I, 2)]
178) 하만이 『소크라테스 회상록』을 집필하는 동안 열심히 연구했던 흄 철학의 원칙. 흄은 하만의 사상을 이해하는 데 있어 핵심적인 역할을 한다. "흄은 항상 내 사람이다. 왜냐하면 그는 적어도 믿음의 원칙을 고상하게 하여 자기 체계 안에 받아들였기 때문이다."(ZH IV, 294) 흄에 따르면, 우리 지각과 독립해 있는 외부 현실도, 자기 자신과 동일한 자아의 존속도 증명할 수 없다. 그러나 우리는 본능적으로 그것들을 믿고 있으며, 이 믿음이 우리의 일상적 인간적 실존의 전제이다.
179) (옮긴이 주) 모세. 시편 90편 12절 참조.

[N II; 74]

[74]
진리 증명180)이라는 것이 있는데, 이는 진리 자체의 적용가능성181)과 마찬가지로 쓸모가 없다. 물론 명제 자체에 동의하지 않은 채 명제의 증명을 믿을 수 있다. 흄과 같은 사람이 제시한 근거들은 여전히 설득력이 강해, 그 근거들에 대한 반박은 차용명제(Lehnsatz)182)와 회의뿐일지도 모른다. 이렇게 해서 믿음이 가장 능수능란한 법률 곡해자와 가장 정직한 대리인에게서 얻기도 하고 잃기도 하는 것은 똑같다. 믿음은 이성의 업적이 아니며, 이성의 공격을 받을 수도 없다. 왜냐하면 믿음은 맛보기와 보기(Sehen)처럼 근거에 의해서 생기지 않기 때문이다.

---

180) (원주) "우리는 두 가지 종류의 설득을 설정해야 한다. 한 가지는 앎 없이 믿음을 낳는 설득(믿음을 목표로 하는 설득)이고, 그러나 다른 하나는 인식을 낳는 설득(인식을 목표로 하는 설득)이다."(플라톤의 『고르기아스』에 등장하는 소크라테스의 말) [플라톤, 『고르기아스』 454e(김인곤 역, 이제이북스, 2011, 80쪽 참조)]

181) (원주) 락탄츠(Lactanz)가 우리에게 이야기 한 바에 따르면, 한 철학자가 영혼불멸에 대해 너무 설득력 있게 강연한 나머지 청중들이 기꺼이 자살했다고 한다. 아우구스티누스, 『신국론』 I, 22. 키케로, 『투스쿨룸에서의 논쟁 Tusculanae Disputationes』 I, 39. [4세기에 활동한 교부 락탄티우스(Lactantius, 『신의 교훈 Divinae Institutiones』 III, 18)의 이야기에 따르면, 테옴브로투스(Theombrotus)라는 한 남자는 영혼불멸에 관한 플라톤의 저서를 읽고 나서 자살했다고 한다. 아우구스티누스(『신국론』 I, 22)도 이 이야기를 반복한다. 키케로(『투스쿨룸에서의 논쟁』 I, 34)에 따르면, 영혼불멸에 대한 철학자 헤게시아스의 강의로 인해 너무 많은 자살자가 생기자, 프톨레메우스 왕은 그 철학자가 이 주제에 대해 연설하는 것을 금지했다고 한다. (옮긴이 주) 플라톤의 『파이돈』(69e-107b(박종현 역, 서광사 2003, 쪽))을 보면, 죽음을 앞둔 소크라테스는 감옥으로 자신을 찾아온 친구 크리톤과 제자들에게 영혼불멸을 논변하며 자신이 죽음을 두려워하지 않는 이유를 설명한다.]

182) (옮긴이 주) 논리학의 개념으로 현재의 의도를 위해 타 학문에서 빌려온 명제를 말한다.

[N II, 74]

증명에서 개념 간의 관계와 일치는 작곡과 회화에서 숫자와 선의 비례와 균형, 휘몰아치는 소리와 색채의 비례와 균형, 바로 그것과 똑같다. 철학자는 시인과 마찬가지로 모방 법칙의 지배를 받는다. 시인에게 무사와 이 여신이 펼치는 해독하기 어려운 그림자극(Schattenspiel)이 진실인 것은, 철학자에게 이성과 이것이 세운 학문체계가 진실인 것과 마찬가지다. 운명에 의해 가장 위대한 철학자와 가장 위대한 시인이 자기 자신을 느끼는 상황에 있다고 하자. 그러면 전자[183]는 자신의 이성을 부인하고, 최고의 세계를 아무리 잘 증명할 수 있다 하더라도 그 세계를 믿지 않음을 우리에게 털어놓는다. 그리고 후자[184]는 메타[185]가 죽었을 때 자신의 무사 여신과 수호신이 강탈당함을 본다. 따라서 상상력은 태양을 끄는 말(馬)[186]로서 새벽의 날개[187]를 지니고 있다 하더라도 믿음을 창조할 수 없다.[188]

---

183) 볼테르. 그는 당대가 최고라는 낙관론을 주장하지만, 리사본 대지진이 발발한 후 이 참사에 대해 쓴 「리사본 재앙에 관한 시 *Poème sur le désastre de Lisbonne*」(1759)에서는 이 낙관론을 철회하며, 자신의 소설 『캉디드 혹은 낙천주의 *Candide ou l'optimisme*』(1759)에서는 그것을 희화화하기까지 한다.
184) 클롭슈토크.
185) 클롭슈토크의 아내 메타(Meta).
186) 태양신 아폴론은 태양을 끄는 말이 모는 마차를 타고 대기를 다녔다.
187) (원주) "믿음은 새벽과 공통점이 있다. 그것은 이 둘에 불가피하게 어둠이 섞여 있다는 점이다. 빛이 많아짐에 따라 믿음은 앎으로, 여명은 낮으로 이행한다. 여기에는 어떤 비밀이 있다. 그것은 오성이 믿음을 낳기 위한 길을 닦기보다는, 오히려 믿음이 오성 앞에 햇불을 들고 가야만 한다는 점이다."(Rob. Boyle[,] *Cogitationes de S. S. Stylo.*) [로버트 보일(Robert Boyle, 1627-1691), 『성서의 문체에 대한 사유』(1665).]
188) (원주) 『파이드로스』에 나오는 소크라테스의 말. [플라톤, 『파이드로스』

[N II, 75]

나는 무지에 대한 소크라테스의 증거에 대해 이방인의 위대한 스승[189]의 신탁보다 더 존경할 만한 인장(印章)을, 그리고 동시에 이보다 더 나은 열쇠를 알지 못한다.

> 만약 누구든지 무엇을 아는 줄로 생각하면 아직도 마땅히 알 것을 알지 못하는 것이요 또 누구든지 하나님을 사랑하면 그 사람은 하나님도 알아주시느니라.[190]

[75] - - - 이는 소크라테스가 아폴론에게 현자로 인정받은 것과 마찬가지이다. 우리의 모든 자연스런 지혜의 씨앗[191]은 부패하여 무지 속에서 사라져야 한다. 그리고 이 죽음에서, 이 무(無)에서 고차적인 인식을 지닌 생명과 존재[192]가 새롭게 창조되어 싹튼다.[193] 하지만 소피스테스의 코는 이런 것들을 감지하지 못한다. 그것은 두더지가 파헤쳐 놓은 흙더미가 아니라, 다메섹을 바라보는 레바논 망대여야 한다.[194]

246a-248e, 253d-254c.]
189) 사도 바울. 디모데전서 2장 7절, 디모데후서 1장 11절 참조.
190) (원주) 고린도전서 8장 [2-3절].
191) 요한복음 12장 24절 참조.
192) 디모데후서 1장 10절 참조.
193) (원주) "그는 자기 자신의 무(無)로부터 지혜를 긷는다."([볼테르의]『다양한 시 작품 *Poesies diverses*』. 볼테르가 다르장([Jean-Baptiste de Boyer, Marquis] d'Argens[, 1704-1771])에게 보낸 편지)
194) (원주) 아가서 7장 [4절]과 사도행전 9장 3절. "세상에 그 어느 곳도 다메섹만큼 대리석과 오물의 놀랄만한 결합을, 위대함과 비천함의 놀랄만한 결합을 제시할 수 없다."라고 몬드럴([Henry] Maundrell[, 1665-1701)은『1697년 부활절에 행한 알레포에서 예루살렘으로의 여행 *Journey from Aleppo to Jerusalem* [at Easter, A.D. 1697]』[(1703)]에서 말하고

[N II, 75]

아리스토텔레스와 같은 사람은 호메로스를 보고서 예술규칙을 생각해 냈는데, 호메로스에게서 그런 예술규칙에 대한 무지를 대신해 주는 것은 무엇인가? 그리고 셰익스피어[195)]와 같은 작가에게서 저 비판적인 법칙에 대한 무지 혹은 위반을 대신해주는 것은 무엇인가? 이에 대한 일치된 대답은 독창성(Genie)이다. 따라서 소크라테스가 무지할 수 있었음은 물론이다. 그에게는 수호신이 있었다. 그는 수호신에 대한 앎에 의지할 수 있었다. 그는 수호신을 사랑하기도 했고, 두려워하기도 했다.[196)] 그에게는 수호신의 평강[197)]이 이집트인과 그리스인의 모든 이성[198)]보다 더 중요했고, 그는 수호신의

있다. [이 구절은 다음과 같이 해석할 수 있다. 소피스테스들, 즉 베렌스를 위시한 계몽주의자들의 시각이란 "두더지가 파놓은 흙더미"처럼 제한되고 편협하다. 이들이 이 상황을 극복하고 보다 고차적인 인식을 원한다면 "레바논 망대"에 올라 "다메섹을 바라"봐야 한다. 사도 바울이 다메섹에서 예수를 만나 새 사람이 되었듯이, 계몽주의자들 또한 다메섹을 바라보며 기독교 신앙을 체험해야 한다.]

195) 1759년 봄에 영(E. Young)의 저서 『독창적 작품에 대한 사유 Conjectures on original Composition』가 출판되었다. 이 책에서 영은 셰익스피어를 칭송하고 그를 호메로스와 비교했다. 그리고 레싱 역시 1759년 2월 16일자 『최근 문학편지』 제17편에서 셰익스피어를 타고난 천재로 칭송했다. 그러나 셰익스피어에 대한 고트셰트의 평가는 다분히 부정적이었다. "그[셰익스피어]의 착상은 아무리 시적이라 할지라도 연극 규칙에 대한 무지와 위반을 보상할 수 없다."(고트셰트, 『독일 언어와 시, 그리고 웅변에 대한 비판적인 역사 기고 Beyträge zur critischen Historie der deutschen Sprache, Poesie und Beredsamkeit』(1742), 8권 29편, 172쪽)
196) "우리는 모든 것보다 하나님을 두려워해야 하고 사랑해야 하며 신뢰해야 합니다."(루터, 『소(小) 교리문답서 Kleiner Katechismus』, 제1계명 해석)
197) 빌립보서 4장 7절.
198) 사도행전 7장 22절, 고린도전서 1장 22절 참조.

소크라테스 회상록 145

음성을 믿었다. 그리고 수호신의 바람(風)[199])에 의해 (구충제를 파는 노련한 돌팔이 의사 힐[200])이 우리에게 입증했듯이) 소크라테스의 비어 있는 오성은 순결한 처녀[201])의 태(胎)와 마찬가지로 수태할 수 있었다.[202])

이 소크라테스의 신령(Dämon)[203])이 지배적인 정열에 불과했는지, 우리 윤리학자들이 그것을 어떤 이름으로 부르는지, 혹은 그것

---

199) 그리스어로 '바람 πνευμα'은 성령을 가리킨다.
200) (원주) 『동침 없는 상태에서의 출산 Lucina sine concubitu』. [영국 약사 힐(John H. Hill, 1716-1775)이 1750년 런던에서 출판한 저서. 이 저서에서 그는 처녀가 일반적인 방법보다는 바람에 의해 아이를 잉태할 수 있다고 주장한다.]
201) (옮긴이 주) 마리아. 마태복음 1장 18절 참조.
202) (옮긴이 주) 하만은 소크라테스의 수호신이 그의 "빈 오성"을 "수태"시킨다는 점을, 다시 말하면 그의 수호신의 적극적이고 건설적인 활동을 강조한다. 이에 반해 플라톤의 『소크라테스의 변론』에서 묘사된 소크라테스의 수호신은 그의 행동을 제지하는, 소극적인 작용 방식을 보인다. "제게는 이젯영적인 것이 소싯적부터 시작된 것이며, 일종의 소리로서 나타나는 것인데, 이것이 나타날 때는 언제나 제가 하려고 하는 일을 하지 말도록 말리지, 결코 적극적인 권유를 하는 일은 없습니다."(31c-d (박종현 역, 152쪽)) 하지만 소크라테스가 법정에 섰을 때나 진술을 하는 중에는 그를 막지 않는다. 이에 대해서는 『소크라테스의 변론』 40a-c(박종현 역, 181-182쪽)과 41d(박종현 역, 188쪽) 참조.
203) (옮긴이 주) 'Dämon'을 '수호신'으로 옮겨도 무방하지만, 그럴 경우 'Genius'와 'Dämon'이 구분되지 않기에, 이를 '신령'으로 옮겼다. 『소크라테스의 변론』에서는 신령을 "신" 혹은 "신들의 자손"(27c-d(박종현 역, 140쪽))이라고 칭하는데 반해, 『향연』에서는 신과 인간을 매개해주는 중간적 존재로 간주한다. "인간들의 것을 신들에게, 그리고 신들의 것을 인간들에게 해석해 주고 전달해 줍니다. 인간들로부터는 탄원과 제사를, 그리고 신들로부터는 명령과, 제사의 대가를 해석해 주고 전달해 주지요. 그들 양자의 가운데 있어서 그들 사이를 메워 주고, 그래서 그 전체가 그 자체로 서로 결속되게 해 줍니다."(202d(강철웅 역, 127쪽))

[N II, 75]

이 그의 국가의 간계에 의해 발굴된 것인지, 그것이 천사인지 [죽은 이의] 영혼(Kobold)[204]인지, 그의 상상력이 빚은 탁월한 이념인지, 아니면 슬쩍 자의적으로 가정한 수학적 무지라는 개념인지, 이 신령은 어쩌면 수은관을 이용한 기구[205]가 아니었는지, 아니면 브래들리[206]와 레벤후크[207]와 같은 사람들이 여러 사실들을 발견하도록 도움을 주었던 기계들과 더 유사하지 않았는지, 신령을 각성한 맹인의 예언하는 느낌과 비교하는 것이 가장 수월할 수 있을지, 아니면 티눈과 제대로 치유되지 않은 상처 자국을 보고 구름 낀 하늘의 공전을 미리 알 수 있는 재능과 비교하는 것이 가장 수월할 수 있을지. 이런 물음들에 대해서는 아주 많은 소피스테스들이 매우 설득력 있게 글을 썼다. 따라서 소크라테스가 자기 인식으로 인해 칭송 받을 때, 이런 물음들에 대해서도 무지하여 시미아스에게 이것들에 대해 답변하지 못한 것[208]을 보면 놀라움을 금할 수밖에 없다. 오늘날 취향 있는 독자라면, 소크라테스의 수호신에 대해 좀 더 해박해야 하는 수고를 나에게서 면하게 해줄 재능 있는 친구가 없는 사람은 없다.

이런 소크라테스의 무지에서 그의 교수법과 사유방식의 특이함이 기인하는 것은 자연스런 결과다. 그는 좀 더 현명해지기 위해서는

---

204) Cf. ZH I, 398.
205) 기압계와 온도계.
206) (옮긴이 주) 영국 천문학자 브래들리(James Bradley, 1692-1762)는 항성 빛의 광행차(光行差)를 발견했다.
207) (옮긴이 주) 네덜란드 미생물학자 레벤후크(Antonie van Leeuwenhoek, 1632-1723)는 손수 만든 현미경을 이용하여 적충류(滴蟲類)와 백혈구 등을 발견했다.
208) Cf. CT, 85.

[N II, 76]

[76] 항상 질문할 수밖에 없음을 알았다. 그는 쉽게 믿는 척 했고, 모든 사람의 견해를 옳다고 가정했으며, 진지하게 연구하기보다는 조롱과 유머를 음미하는 것을 더 좋아했다. 그는 구체적으로, 유사성에 입각하여 모든 추론을 했다. 그는 소피스테스의 논리(Dialectick)를 이해하지 못했기에 착상을 말했다.[209] 진리를 뭐라고 하든 이에 개의치 않고, 어떠한 정열도 몰랐으며, 특히 아테네인들 가운데 가장 고귀한 사람들이 가장 많이 자랑했던 정열을 알지 못했다. 그는 무지한 모든 사람들과 마찬가지로, 조국의 모든 올빼미 가운데 유일하게 미네르바[210]의 투구 위에 앉아 있는 것처럼 종종 너무 확신에 차서 단호하게 말했다. 그가 이러한 모습들을 보인 것은 너무나도 당연했다. - - 우리 시대의 소크라테스 신봉자들, 공중의 규범이 되는 교사들, 그리고 부당하게 이름난 재주와 공적으로 인해 수호성인이 된 사람들은 온갖 달콤한 실수를 저지르는 가운데 자신들의 모범[211]에 도달하는 데 아직 성공하지 못했다. 그들은 원본인, 소크라테스의 무지에서 너무나 벗어났기 때문에, 우리 스승[212]의 가르침과 덕에 대한 그들의 반(反)소크라테스적 신령의 모든 의미심장한

---

209) (원주) 플라톤의 『국가』 [제1권, 336e-338b]에 나오는 트라시마코스의 말. - - "그 자신[소크라테스]은 설득하지 않고, 오히려 대화상대자가 자신에게 제공한 것에서 결론을 이끌어 내고자 했다. 그러면 대화상대자는 자신이 이미 시인했기 때문에 그 결론에 동의할 수밖에 없었다."(키케로, 『발견방법론 De Inventione』 I, [31]) - - "그는 자신이 매우 보잘 것 없다고 생각하여 계속해서 배워야 한다고 믿었다."(발레리우스 막시무스 VIII, 7)
210) (옮긴이 주) 지혜의 여신.
211) (옮긴이 주) 소크라테스.
212) (옮긴이 주) 소크라테스.

[N II, 77]

이본(異本)과 주해는 자유로운 번역의 아름다움으로 간주되어 틀림없이 경탄의 대상이 될 것이다. 하지만 그들을 신뢰하는 것은 그들을 추종하는 것과 마찬가지로 곤란하다.

현재 나에게는 재생의 비밀이 없다. 그런데 우리 역사가들은 이 비밀을 가지고 있어서 주어진 각각의 인간과 국가의 재(Asche)로부터 성격 혹은 역사화(畵)라고 불리는 정신적인 형태를 끄집어낸다.[213] 소크라테스가 살았던 세기와 공화국에 대한 그런 그림은 그의 무지가 자기 민족과 시대의 상태에 맞게 얼마나 정교하게 계산되었으며, 자기 생애의 업(業)이 되었는지를 우리에게 보여줄 것이다.[214] 나는 이정표의 팔이 하는 일 이상의 것을 할 수 없고, 너무 무뚝뚝하여 독자들이 고찰하는 중에는 그들과 어울릴 수 없다.

아테네인들은 호기심이 많았다.[215] 무지한 자는 이런 성병을 치유하는 최고의 의사였다. 그들은 호기심 많은 모든 사람들이 그러하듯이 함께 나눌 용의가 있었다. 따라서 질문 받는 것은 틀림없이 그들 맘에 들었다. 그러나 그들은 기억하고 판단하는 것보다는 만들어내고 강연하는 재능을 더 지녔다. 그때문에 소크라테스에게는

[77]

---

213) 여기에서 하만은 스스로 자신의 몸을 불살랐다가 재에서 다시 태어난 전설적인 새 피닉스를 염두에 두고 있다.
214) (원주) 파르하지오스는 아테네 대중을 묘사한 그림을 호가스 풍으로 그렸던 것 같다. 그런데 그중에서 우리에게 남아 있는 것은 플리니우스의 글에 있는 다음의 동판화 혹은 실루엣이다. "그파르하지오스는 아테네 민중을 의미심장하게 그렸다. 왜냐하면 그는 이들을 변덕스럽고 불끈대며 불공정하고 마음이 한결같지 않는 것으로, 하지만 동시에 유순하고 너그럽고 자비심 있으며 아량이 넓은 것으로, 명예욕은 강하나 소심한 것으로, 사나우나 겁이 많은 것으로 - 한 번에 이 모든 것으로 그렸기 때문이다."([플리니우스,]『박물지』 35, 10)
215) 사도행전 17장 20-21절 참조.

[N II, 77]

그들의 기억과 판단력을 대신하고, 그들의 경솔함과 자만심을 경고할 기회가 항상 있었다. 간단히 말하자면, 소크라테스는 시민들을 꾀어 학식 있는 소피스테스들의 미로로부터 은밀한 가운데 있는 진리로, 알려지지 않은 지혜[216]로 인도했고, 경건하고 정치적 수완이 있는 사제들의 우상을 위한 제단에서 알지 못하는 신[217]을 위한 헌신으로 인도했다. 플라톤이 아테네인들의 면전에다 대고 말한 내용은, 소크라테스가 신들에 의해 그들에게 보냄을 받은 것은 그들에게 자신들의 우둔함을 일깨우고 덕에 있어 그의 뒤를 따르도록 격려하기 위함이었다는 것이다.[218] 소크라테스를 선지자[219] 가운데 용납하고자 하지 않는 사람에게는 선지자들의 아버지가 누군지[220]를 물어야 하고, 우리 하나님께서 당신 자신을 이방인의 하나님[221]이라 부르고 입증하지 않으셨는지를 물어야 한다.

---

216) 시편 51편 6절 참조.
217) 사도행전 17장 23절.
218) (원주) 플라톤의 『에우튀데모스』, 『알키비아데스 II』, 『필레부스』, 『프로타고라스』, 『크리타스』, 그리고 『클리토폰』을 참조하시오.
219) (옮긴이 주) 『파이드로스』를 보면, 소크라테스는 자신을 "예언개재" (242c(조대호 역, 문예출판사 2008, 49쪽))로 생각한다.
220) 사무엘상 10장 11-12절 참조.
221) 로마서 3장 29절.

제3절

소크라테스는 세 차례 출정했다고 한다. 첫 번째 출정에서 알키비아데스는 목숨과 무기를 구해준 것에 대해 소크라테스에게 감사해야 했다. 소크라테스는 응당 자신이 받아야 할 용맹상을 알키비아데스에게 넘겨주었다. 두 번째 출정에서 그는 파르티아 사람[222]처럼 퇴각했고, 그 와중에서도 추격하는 적군을 기습하여 자신이 느꼈던 것보다 더 많은 두려움을 주었다.[223] 그리고 그는 낙마한 친구 크세노폰을 어깨로 부축하여 전쟁터의 위험에서 구해냈다. 그는 당시 두 차례 아테네를 엄습한 페스트를 모면한 것과 마찬가지로 세 번째 출정의 큰 패배를 다행히 모면했다.[224]

그는 항상 마음[225]의 소리에 귀 기울였다. 사람들은 그의 가슴에 담겨 있는 말을 경외하여 그에게 국가집회에 참석하는 것을 면해주었다. 그는 충분히 장수했다고 생각하자 평의회의 한 자리를 맡겠다고 자청했다. 그는 평의회 위원[226]으로서, 장로(長老)[227]로서, 의장[228]으로서 평의회에 참석했다. 그런데 투표를 모으는 일과 다른

---

222) (옮긴이 주) 카스피해 남동쪽 지역에 거주했던 전사(戰士).
223) (원주) 플라톤, 『라케스』 [181b와 『향연』 221b 참조.]
224) 플라톤, 『향연』 220d-221c와 라에르티오스, 『철학자들의 생애』 II, 22-23 참조.
225) 수호신.
226) (원주) 프뤼탄(Prytan). [당시 아테네는 10부족으로 편제되어 있었는데, 매년 각 부족에서 30세 이상의 남자들 가운데 추첨에 의해 50명을 선발하여 도합 500명의 평의회 위원이 선출되었다. 그런데 한 사람이 두 번 이상 평의회 위원이 될 수는 없었다.]
227) (원주) 프로에드루스(Proedrus).
228) (원주) 에피스타테스(Epistates)[는 국새와 국고 및 국가 문서의 보관 업

[N II, 78]

관례에 서툴러서 웃음거리229)가 되었고, 어떤 사안의 부당한 처리에 맞서 고집을 부리다가 선동자 혐의를 받기도 했다고 한다.230) 그러나 소크라테스는 저자(著者)가 되지 않았다. 그리고 이 점에서 그는 자신의 견해와 일치되게 행동했다.231) 레우크트라 전투232)의 영웅233)이 어떠한 자녀도 필요하지 않았듯이, 소크라테스는 자신을 기억해 줄 저서가 필요하지 않았다. 그의 철학은 어느 곳이나 어느 경우에나 어울렸다. 장터, 들판, 향연, 감옥이 그의 학교였다. 임의적으로 제기한 첫째가는 최고의 문제인 인생과 교제는 그에게 진리의 씨앗을 뿌리는데 이바지했다. 그는 생활방식이 옹졸하다는

무도 담당했다. 프뤼탄의 임무는 회의를 소집하는 것이고, 프로에드루스의 임무는 연설하는 것이며, 에피스타테스는 투표를 모아 과반수를 득표한 안건을 선언해야 한다. 레알(Gaspard de Réal de Curban, 1682-1752), 『통치술 일반 개요 Das allgemeine Grundriss der Staatskunst』[레알의 저서 『통치술 La science du gouvernement』 (1762-1764)의 독일어 번역본 『통치술 Die Staatskunst』], 262쪽.
229) (원주) 플라톤의 『고르기아스』에 나오는 소크라테스의 말. [(옮긴이 주) "폴로스, 내소크라테스는 정치가들 축에 들지 않네. 게다가 내가 작년에 추첨으로 평의회 회원으로 뽑혔을 때 내가 속한 부족이 회의를 주관하고 있었는데, 내가 의제를 표결에 붙여야 했지만 웃음거리만 제공했고 표결을 진행할 줄 몰랐다네."(474a(김인곤 역, 115쪽))]
230) (옮긴이 주) 이에 대해서는 『소크라테스의 변론』 32b-c(박종현 역, 155-157쪽) 참조.
231) (원주) 플라톤, 『파이드로스』[274c-276a]와 『고르기아스』 참조.
232) (원주) 『구름』 참조. [초판에는 "마라톤 전투 Schlacht bey Marathon"라고 잘못 썼다가, 나중에 『구름』에서 자신의 실수를 인정하고 이를 정정한다. 이에 대해서는 N II, 95 참조.]
233) 테베의 총사령관인 에파미논다스. 펠로피다스가 에파미논다스의 독신생활과 자식이 없음을 비난하자, 에파미논다스는 다음과 같이 말했다고 한다. "나의 유족으로는 레우크트라 전투라는 딸이 있네. 나는 이 전투에서 살아남았을 뿐만 아니라, 이 전투로 인해 불후할 것이네."

[N II, 79]

비난을 전혀 받지 않았으며, 거친 젊은이들의 최고의 모임에서조차도 흥을 돋우는 기술을 잘 터득했다. 그럼에도 불구하고 사람들의 말에 따르면, 그는 움직이지 않은 채 서 있었으며, 자기 자신보다는 자신의 입상(立像)들 중의 하나와 더 유사했다고 한다.[234] 따라서 그의 책은 어쩌면 이 입상같이, 독백과 자신과의 대화처럼 보였을 것이다. 그는 산보를 일종의 저녁식사용 스프로 간주하고 이를 찬양했다. 그러나 그는 소요학파[235]와는 달리 이리저리 돌아다니며 진리를 구하지는 않았다.

[79]

소크라테스가 감옥에서 어떤 꿈[236]을 거론하며 지어보았던 서정시를 보더라도, 그에게는 작가의 재능이 없었지 않았나 하고 추측해 볼 수 있다. 이 기회에 그는 자신 안에 창작의 재간이 없음을 발

---

[234] (원주) 플라톤의 『향연』에 나오는 알키비아데스의 말. [(옮긴이 주) "어느 날 새벽에 그분[소크라테스]은 뭔가에 대해 사색에 빠지게 되었고 그걸 숙고하면서 그 자리에 서 있었는데, 그게 잘 풀려 가지 않자 그분은 포기하지 않고 해결책을 찾으며 서 있었네. 그러다가 벌써 정오가 되었고 [...] 결국 저녁이 되자 이오니아 사람들 몇몇은 [...] 그분이 밤 동안에도 그러고 서 있으려나 하고 지켜보기도 했네. 그런데 그분은 새벽이 될 때까지 그러고 서 있었고 해가 떠올랐네. 그러자 그분은 해에 기도를 올리고 떠나가 버렸네."(220c-d(강철웅 역, 166-167쪽))]

[235] 소요학파란 아리스토텔레스의 제자들을 가리킨다. 여기에서 하만이 암시하는 것은 칸트와 베렌스가 산보하면서 자신의 마음을 재차 계몽주의로 돌이키고자 했다는 점이다. 이에 대해서는 ZH I, 362 참조.

[236] (옮긴이 주) "어떤 절세미인이 흰 옷을 입고 내게[소크라테스에게] 다가와 나를 부르고서는 말을 했네. '소크라테스, 당신은 셋째 날에 비옥한 프티아에 도착할 겁니다.'"(플라톤, 『크리톤』 44a-b(이기백 역, 이제이북스 2009, 33쪽)) 그 절세미인이 소크라테스에게 말한 내용은 그가 3일 후에 죽게 되리라는 것이다. "소크라테스는 자신이 죽는 것을 아킬레우스가 그의 고향프티애에 도착하는 것에 빗대어 말함으로써, 죽음이 혼의 귀향과도 같음을 암시한다."(이기백, 56쪽(미주))

소크라테스 회상록   153

견했다. 그럼에도 불구하고 그는 아폴론과 디아나[237] 신에 대한 찬미가를 짓는 데는 성공했다. [후에] 그는 이솝 우화의 도움으로 자신의 부족함을 극복할 수 있었다.[238]

철학자는 글을 써서 자신과 다른 사람들을 가르치고 기쁨을 주고자 하는데, 글을 쓰려면 안정감과 고요함과 쾌활함이 필요하다. 어쩌면 소크라테스에게는 집에서도 그런 환경이 조성되지 않았는지도 모른다. 우리 학교의 최초의 고전 작가[239]에 의해 전염되어 깊이 뿌리박힌 크산티페에 대한 선입견은 진리와 윤리성을 위해서는 근절되었으면 하는 바람인데, 『철학자 행전』[240]에 의해서도 근절될 수 없었다. 그동안에 우리는 소크라테스와 같은 현자를 육성하기 위해서는 거의 그런 유형의 악처를 가정해야만 했다. 크산티페에게는 소크라테스에게 있는 착상의 예민함이 없었고, 그녀는 그것을 역겨워했다. 그러한 나머지 그녀는 상스러운 말과 모욕적인 언사와 은밀한 행동을 통해 그 예민함을 가장 신속하게 무디게 할 수 있었다. 한 철학자의 가계를 꾸려나가야 하는 여자와 무능한 총리들의 정무를 관리해야 하는 남자에게는 농담을 궁리하고 미사여구를 말

---

237) (옮긴이 주) 수렵의 여신인 아르테미스.
238) 플라톤, 『파이돈』 60d-61b(박종현 역, 276-278쪽) 참조.
239) (원주) 크산티페는 못된 - -
  그리고 10 곱하기 10은 100일 뿐이다.
  소크라테스는 중혼(重婚)했다고 한다. 크산티페는 람프로틀레스의 어머니고, 게스너(Gesner)는 부인하지만, 뮈르토는 소프로니스코스와 메넥세누스의 어머니였다고 한다. [여기서 말하는 "최초의 고전 작가"란 크세노폰을 가리킨다.]
240) 호위만(Christoph August Heumann, 1681-1764)이 편집하여 발행한 독일 최초의 철학전문잡지, 『철학자 행전 Acta Philosophorum』 I-III(1715-1723).

하기에는 시간이 너무 귀중함은 물론이다.241) 사람들은 소크라테스가 가끔 장터에서 자기 머리카락을 쥐어뜯고서 정신 나간 것처럼 있었다는, 그 자신의 성급함을 보여주는 유사한 이야기를 중상모략이라 하여 아무런 근거도 없이 이에 이의를 제기하기도 했다. 아테네에는 소크라테스가 그렇게 흐트러진 모습을 하고서 이야기를 나눠야만 했던 소피스테스들과 사제들이 없었던가? 마음이 온유하고 진심으로 겸손한, 인간들의 스승242)은 자기 민족의 학자들243)과 경건한 사람들244)을 향해 거듭 비탄의 소리를 내뱉을245) 수밖에 없지 않았던가?

소크라테스의 문체는 크세노폰과 플라톤의 문체와 비교해보면 어쩌면 조각가의 끌과 같다는 인상을 주며, 그의 글쓰기 방식은 회화적이기보다는 오히려 조형적일지 모른다. 비평가들은 그의 암시에 만족하지 못했으며, 그의 구두강연에서 사용된 비유들이 때로는 너

[80]

---

241) 하만은 은연중 소크라테스와 크산티페의 관계를 자신과 친구인 베렌스의 관계에 대입한다. 베렌스는 리가 시절부터 칸트의 지원을 받아 하만을 계몽주의에 복무하는 언론인으로 만들고자 무척 애를 썼다. 그러나 그는 하만의 "납득하기 어렵고 이해할 수 없는 착상"을 참지 못하고, 크산티페가 소크라테스에게 했듯이 친구에게 거의 주먹다짐하는 지경에까지 이르기도 했다.(이에 대해서는 ZH I, 372 참조) 하만은 자신을 "총리"라 일컫고 "정무"에 대해 말하며 베렌스의 조롱어린 말을 받아들이면서 자신이 사도 혹은 선지자임을 암시한다. 칸트에게 보낸 하만의 편지를 보면 이를 알 수 있다. "그래서 저는 제가 모든 증인들과 공유하는 운명으로 인해 사도로서 비방당하고 박해받고 멸시받아야 함을 알고 있습니다."(ZH I, 379)
242) 예수. 마태복음 11장 29절 참조.
243) 율법학자들.
244) 바리새인들.
245) 마태복음 23장 23-29절 참조.

[N II, 80]

무 지나치게 억지스럽다고, 때로는 천박하다고 비난했다. 그러나 알키비아데스246)는 소크라테스의 비유담(Parabeln)을 신들의 몇몇 신성한 상(像)들과 비교했다. 사람들은 이 상들을 당시의 유행에 따라 작은 갑 안에 넣고 다녔는데, 그 상 위에서는 염소 발을 한 사튀로스의 모습만을 볼 수 있었다.247)

여기에 이에 대한 예가 하나 있다. 소크라테스는 자신을248) 의사에 비유했는데, 이 의사는 아동 관련 공공 단체에서 일하면서 과자와 단것을 금하고자 했다. 소크라테스가 말하기를, 궁정에 소속된 이 빵 굽는 사람들이 그 의사를 순전히 아동들로 구성된 법정에 고발하고자 한다면, 그의 운명은 이미 결정됐을 것이라고 했다. 오늘날에는 생계에 도움이 되고 명예를 가져다주는 자리를 얻으려고 애쓰듯이, 아테네에서는 신들의 안식에 참여하여 신들과 마찬가지로 현명하고 행복해지려고 갖은 노력을 했다. 각각의 우상숭배는 사제들의 보고(寶庫)였고, 이것으로 그들은 공공복지를 증대해야 했다.249) 각각의 새로운 소피스테스 유파는 건전한 이성과 경험의 백

---

246) (원주) 『히피아스』와 플라톤의 『고르기아스』에 나오는 칼리클레스의 말과 『향연』 참조. [플라톤의 『대(大) 히피아스』 288d, 『고르기아스』 494d, 『향연』 215b] 히에로클레스의 말에 따르면, "소크라테스의 말은 주사위와 같은데, 그 이유는 어디에 떨어지던 간에 누워있기 때문이"(수이다스(Suidas[, 신플라톤주의자))며, "알키비아데스는 정곡을 찔렀다." (아리스토파네스, 『벌』 [46행(천병희 역, 숲 2010, 187쪽)])

247) 작은 갑을 겉에서 볼 때 사튀로스의 모습만 보이지만, 그 안을 열어보면 신상이 있듯이, 소크라테스의 비유담도 겉에서 볼 때는 볼품없게 생각되지만, 그 안에는 탁월한 지혜와 덕을 생생하게 모사한 것으로 가득하다는 뜻이다. 이에 대해서는 『향연』 216d-217a(강철웅 역, 158-159쪽)를 참조.

248) (원주) 『고르기아스』 참조. [플라톤, 『고르기아스』 464d, 521e-522a.]

과사전을 약속했다. 이 프로젝트들은 단것들로서, 소크라테스는 동료 시민들이 이것들에 역겨움을 느끼도록 하고자 노력했다.

호메로스를 미친 사람이라 하여 벌금형에 처했던 아테네 사람들은 소크라테스를 범죄자로 간주하여 그에게 사형선고를 내렸다.[250] 소크라테스의 첫 번째 죄목은 신들을 경배하지 않고 새로운 신들[251]을 도입하고자 했다는 것이다. 그럼에도 불구하고 플라톤은 대화편에서 소크라테스가 신들을 걸고 맹세하도록 한다. 이는 옷맵시에만 신경 쓰는 사랑에 빠진 사람이 자기 영혼을 걸고 거짓말하거나, 방랑하는 기사가 조상들의 복수의 여신들을 걸고 거짓말하는 것보다 빈도가 더 잦다. 생애 마지막 순간에 마셨던 독배의 효과를 사지(四肢)에서 느끼자 소크라테스는 크리톤에게 간청하기를, 수탉 한 마리를 사서 애스쿨라프[252]에게 봉헌해달라고 했다.[253] 그의 두 번째 죄목은 자유분방하고 미풍양속을 해치는 가르침을 통해 젊은 이들을 꾀어냈다는 것이다.[254]

---

249) 신에 대한 아테네 사람들의 지대한 관심으로 인해 많은 제식이 생겼다. 이에 사제들은 제식을 거행하기 위해서는 봉헌물이 필요하며, 이것으로 공공복지를 늘리겠다고 말했지만, 실은 봉헌물로 자신들의 주머니만 채웠다고 한다.
250) 라에르티오스, 『철학자들의 생애』 II, 43.
251) (원주) [아리스토파네스에 따르면, 소크라테스는 재래 신들을 버리고 "카오스와 구름의 여신들과 혀라는 세 가지"[에 대한 믿음을 촉구했다.] (아리스토파네스, 『구름』 [422행(천병희 역, 41쪽)]). 플라톤, 『국가』 III, [386a-389b, 414b-415d.]
252) 애스쿨라프는 의술의 신인 그리스의 아스클레피오스를 가리킨다.
253) (옮긴이 주) "크리톤! 우리는 아스클레피오스께 닭 한 마리를 빚지고 있네. 갚게나. 소홀히 말고."(플라톤, 『파이돈』 118a(박종현 역, 460쪽))
254) (옮긴이 주) 멜레토스가 소크라테스를 고발하면서 거론한 두 가지 죄목에 대해서는 『소크라테스의 변론』 24b-c(박종현 역, 127쪽)) 참조. 소크

[81]   소크라테스는 이 고발에 진지하고 용기 있게 당당하고 냉정하게 대답하기를, 사람들은 자신의 얼굴을 보고 자신을 피고로서보다는, 오히려 자신의 재판관들의 지휘관으로 간주하는 것이 마땅했을 것이라고 했다.

일설에 따르면, 소크라테스는 독성이 있는 착상[255]을 상실했고, 아레오파고스 법정의 양심적인 재판관들은 인내심을 잃었다고 한다. 따라서 이로 인해 그가 받아 마땅할 형벌에 대해 곧바로 합의가 이루어졌다. 비록 이전에 형벌에 대한 타협점을 찾을 수 없었지만 말이다.

아테네 축제 때는 사형선고를 실행하는 것이 허용되지 않았다.[256] 이 축제로 인해 소크라테스에게는 30일간 감옥에 갇혀 있으

라테스는 젊은이들을 타락시켰다는 죄목에 대해서는 두 가지 측면에서 반론을 편다. 첫째는 젊은이들은 소크라테스가 지혜롭다고 자처하는 사람들에게 캐묻는 것을 듣기 좋아하고, 때로는 자신들 스스로 그를 흉내 내어 그런 사람들에게 캐묻는다고 한다.(『소크라테스의 변론』, 23c-d(박종현 역, 124쪽) 참조) 둘째는 만약 소크라테스가 젊은이들을 타락시켰다면, 본인이나 친척들이 법정에서 그에게 이의를 제기해야 하는데, 전혀 그렇지 않다는 것이다.(『소크라테스의 변론』, 34a-b(박종현 역, 164쪽) 참조)

255) (원주) 그[소크라테스]는 농담으로 국가가 대주는 음식을 먹고 죽는 형벌을 자신에게 명했다.

256) (옮긴이 주) "소크라테스가 사형선고를 받은 후 독배를 들이키기까지는 30일이 걸렸다고 한다. 왜냐하면 아테네는 해마다 델로스로 사절단을 보내는 종교행사(델리아)를 했는데, 사절단을 태운 배가 델로스에 갔다가 되돌아올 때까지는 공적으로 사형집행을 금했기 때문이다. 역풍이라도 불어 배의 귀환이 지체되면 사형집행은 그만큼 더 늦춰지는데, 소크라테스의 처형이 오랜 기간 늦춰진 데에는 이 영향도 있었던 것으로 보인다. 사절단 파견 행사는 배의 고물에 꽃 장식을 하는 일로부터 시작되는데, 이 일이 소크라테스에 대한 재판 전날에 있었다고 한다."(이기

[N II, 81]

면서 죽음257)을 준비하라는 힘겨운 짐이 부과되었다.258)

소크라테스는 죽은 후에 키오스 섬 사람 퀴르사르가 자신의 묘 근처에 앉아 잠들었을 때, 그에게 나타났다고 한다. 그가 아테네로 가고자 한 것은 소크라테스를 보기 위함이었는데, 그때는 소크라테스가 더 이상 살아 있지 않았다. 따라서 그는 소크라테스의 영혼과 이야기를 나눈 후에 고국으로 돌아갔다. 그의 고국은 고대인들 사이에서 훌륭한 포도주로 인해 이름이 알려진 곳이다.

플라톤은 소크라테스의 자발적인 빈곤259)을, 신이 그를 보냈다는

백, 54-55쪽(미주))
257) (원주) 소크라테스는 에페소스 신전이 처음으로 소실되었던 바로 그 날에 독배를 마셨다고 한다.
258) 플라톤, 『파이돈』 58a-c(박종현 역, 266-268쪽) 참조.
259) (옮긴이 주) 소크라테스는 "해진 옷"(『향연』 219b(강철웅 역, 164쪽))을 입고 항상 "맨발"(『파이드로스』 229a(조대호 역, 15쪽))로 다녔다. 그런데 소크라테스의 가난함은 탁월한 교사라고 공언하는 소피스테스들의 부유함과는 대조된다. 한 예로 소크라테스는 『메논』에서 프로타고라스를 언급한다. "내소크라테스식는 프로타고라스라는 한 분을 아는데, 그분은 이런 지혜로 인해 그토록 더없이 아름다운 작품들을 만든 페이디아스뿐 아니라 다른 열 명의 조각가들보다도 더 많은 돈을 벌었으니까 말일세. 낡은 신발을 고치고 옷을 수선하는 사람들이 옷과 신발을 받았을 때보다 더 나쁜 상태로 되돌려 주고도 30일 동안이나 들키지 않을 수는 없을 것이네. 아니 그와 같은 일들을 했다면, 그들은 당장 굶어 죽었을 거야. 그러나 교제했던 사람들을 타락시키고 그들을 받아들일 때보다 더 나쁜 상태로 떠나보내고도 프로타고라스는 40년 넘게 그리스 전역에서 들키지 않고 - 왜냐하면 난 그가 그 기술에 40년 동안 종사하다가 거의 70세가 되었을 때 죽었다고 생각하니 말일세 - 오늘 이날에 이르기까지 이 모든 시간 동안 그에 대한 좋은 평판은 결코 그친 적이 없다면, [...] 사실 프로타고라스뿐 아니라 그보다 먼저 태어났거나 지금도 아직 살아 있는 수많은 다른 사람들도 그러하다네."(91d-92a(이상인 역, 91-92쪽))

[N II, 81]

징표로 삼았다.260) 이보다 더 위대한 것은, 그가 선지자들과 의인들261)이 당한 최후의 운명을 공유했다는 점이다. 뤼시푸스가 조각한 소크라테스의 흉상은, 아테네인들이 그의 무죄와 자신들의 피의 재판의 파렴치함을 기억하기 위해 세우게 했던 기념비였다.262)

---

260) (옮긴이 주)『소크라테스의 변론』23b-c(박종현 역, 123쪽)와 31c(박종현 역, 152쪽) 참조.
261) (원주) 마태복음 23장 29절.
262) 라에르티오스,『철학자들의 생애』II, 43. 뤼시포스는 알렉산더 대왕 시절의 유명한 조각가였다.

맺는말

부스러기[263)]와 적선(積善)[264)]과 움킨 것[265)]으로 살 수 없고, 칼[266)]을 위해 모든 것을 포기할 수 없는 사람은 진리에 헌신하기에 적합하지 않다. 그런 사람은 일찍! 세상에서 합리적이고 쓸모 있고 공손한 사람이 될지어다. 아니면 굽실거리며 접시를 핥는 것을 배울지니라. 그러면 그는 일평생 배고픔과 갈증에서, 교수대와 환형(轘刑)으로부터 안전할 것이다.

하나님 당신께서 빌라도 앞에서 하신 선한 증언[267)]에 나와 있듯이, 제가 말씀 드리지만, 하나님 당신께서 진리에 대하여 증언하시기 위해 인간이 되셨고, 이를 위하여 세상에 오셨다는 것은 사실입니다. 그렇다면 당신께서 소크라테스와 같은 사람처럼 죽지 않으시고, 오히려 가장 기독교적인 왕[268)]인, 루이 대제의 증손자인 친애왕 루이[269)]의 부친살해범[270)]보다 더 치욕적이고 더 잔인한 죽음을 당

---

263) (원주)『대(大) 히피아스』의 결말[304a-b와 마가복음 7장 28절] 참조.
264) 사도행전 3장 2절 참조.
265) 시편 17편 12절.
266) (원주) "칼이라고? 그 불운한 자가 대단한 보답을 받았군 그래. 램프 상가(商街) 출신의 휘페르볼로스만 해도 사악한 속임수로 수천금도 더 벌지 않았던가, 칼이 아니랴?"(아리스토파네스,『구름』[1064-1066행(천병희 역, 76쪽)])
 ["검 없는 자는 겉옷을 팔아 살지어다."(누가복음 22장 36절).]
267) 디모데전서 6장 13절.
268) "가장 기독교적인 왕 Rex christianissimus"은 프랑스 국왕의 경칭이었다.
269) 루이 15세는 루이 친애왕(le Bien-Amié)이라 불렸다.
270) 다미앙(Robert François Damiens, 1715-1757)은 1757년에 프랑스 국부(國父)인 루이 15세를 암살하려고 시도했다가 실패하여 능지처참을 당했다.

[N II, 82]

하리라는 것을 예견하는 데에는 그 어떠한 전지(全知)함도 필요하지 않습니다.271)

---

271) 진리의 산파인 소크라테스가 독배를 마시는 형벌을 받았다면, 진리에 대해 증언하시는 하나님(예수)께서는 이 보다 더 가혹한 형벌을 받아야 함을 암시한다.

미학의 진수

Aesthetica in nuce

일러두기

1. 번역 원본으로는 나들러 판(N II, 195-217)을 사용하였다.

2. 번역할 때 다음과 같은 영역본도 참고하였다.
   Aesthetica in Nuce: A Rhapsody in Cabalistic Prose. In: *Eighteenth century german criticism*, edited by Timothy J. Chamberlain, New York 1992, pp. 80-103.
   Aesthetica in Nuce. In: *Johann Georg Hamann, Writings on Philosophy and Language*, translated and edited by Kenneth Haynes, Cambridge University Press 2007, pp. 60-95.

3. 각주를 작성할 때 체임벌린과 헤인즈 영역본, 그리고 레클람 판(*Johann Georg Hamann, Aesthetica in nuce,* mit einem Kommentar herausgegeben von Sven-Aage Jørgensen, Stuttgart 1968, pp. 75-147)을 참고하였다.

미학[1]의 진수[2]

카발라[3] 산문으로
쓴
하나의
광시(狂詩)[4]

사사기 5장 30절
[시스라[5]는] 채색 옷을 노략하였으리니 그것은 수놓은 채색 옷이리로다 곧 양쪽에 수놓은 채색 옷이리니 노략한 자의 목에 꾸미리로다.[6]

1) 이 저서에서 "미학"이란, 바움가르텐이 정의한 "감각적 인식에 관한 학문"이라는 뜻과 더불어 예술이론이라는 일반적인 의미도 내포한다.
2) "미학의 진수"란 책제목은 쇠나이히(Christoph Otto von Schönaich, 1725-1807)의 저서 『호두 안에 들어 있는 미학 전체 혹은 신조어 사전 Die ganze Ästhetik in einer Nuβ oder Neologisches Wörterbuch』(1754)을 토대로 해서 만들어졌다.
3) 유대인의 전승. 신플라톤주의와 영지주의의 영향을 받은 유대교 신비주의.
4) Rhapsodie. 희랍어 'ϱαπτειν 꿰매다'에서 유래한 말로 고대 그리스 음유시인들이 낭독했던 서사시 단편들을 짜 맞추어 놓은 것을 말한다. 따라서 '광시적인 rhapsodisch'이라는 말은 '단편적인', '연관성이 없는' 내지 '열광하여 말을 더듬는'다는 의미를 지닌다. 하만은 『미학의 진수』에서 "광시"를 시의 한 장르로서가 아니라 어원상의 의미로 사용하고 있다.
5) (옮긴이 주) 가나안 왕 야빈의 군대장관으로 이스라엘에게 패해 도주하다 겐 사람 헤벨의 아내 야엘의 장막에 숨었다가 그녀에 의해 죽임을 당한다. 이에 대해서는 사사기 4장 11-22절 참조.
6) (옮긴이 주) 시스라의 어머니가 참전한 아들을 기다리며 한 말.

[N II, 196]

욥기 32장 19-22절에 나오는 엘리후[7]의 말

보라 내 배는 봉한 포도주통 같고
터지게 된 새 가죽 부대 같구나
내가 말을 하여야 시원할 것이라
내 입을 열어 대답하리라
나는 결코 사람의 낯을 보지 아니하며
사람에게 영광을 돌리지 아니하리니
이는 아첨할 줄을 알지 못함이라 만일 그리하면
나를 지으신 이가 속히 나를 데려가시리로다.

---

7) (옮긴이 주) 구약 욥기에서 고통당하는 욥의 위로자로 등장한다.

호라티우스

나는 천민을 증오하고 그들을 멀리한다.
너희들의 혀를 조심할지어다! 전에 들어보지 못한
노래를 무사 여신의 사제인 내가
소년 소녀에게 부르노라.
군주들은 떨고 있는 수많은 무리를 지배하나
그 자신들은 제우스의 지배를 받는다.
그는 기가스[8]들을 제압했으며
그가 눈을 깜박이면 세계가 뒤흔들린다.[9]

키타라[10]가 없다! - 붓이 없다! - 나의 무사 여신에게는 성스러운 문학의 타작마당을 치우는 키[11] 하나가 있다. - - 잔존하는 가나안 언어를 연구한 대천사[12] 만세! - 그는 멋진 암나귀[13]를 타고 경주

---

8) (옮긴이 주) 크로노스가 아버지 우라노스의 남근을 잘라 바다에 던질 때 흘러내린 피를 그의 어머니 가이아가 받아 잉태한 거인 신족.
9) 호라티우스, 『송가』 III 1, 1-8.
10) (옮긴이 주) 7현으로 된 발현악기(撥鉉樂器)로 뤼라(Lyra)를 좀 더 개량한 것이다.
11) 마태복음 3장 12절 참조.
12) 미하엘리스(Johann David Michaelis, 1717-1791). 그는 신학자, 근동학자, 문헌학자로서 히브리어를 이해하는 수단으로 아랍어 연구를 장려했고 역사에 토대를 둔 성서해석을 주장했다. 자유스런 기풍의 영국 성서학을 독일에 매개하는데 중요한 역할을 담당했으나, 이성주의적 태도로 인해 하만으로부터 신랄한 비판을 받는다. 여기서 말하는 "잔존하는 가나안 언어[를] 연구"란 미하엘리스의 저서 『사멸한 히브리어를 배우기 위해 사용하는 수단에 대한 판단 Beurtheilung der Mittel, welche man anwendet, die ausgestorbene Hebräische Sprache zu verstehen』(1757)을 가리킨다.
13) (원주) 사사기 5장 10절. [(옮긴이 주) 개역개정판에는 "흰 나귀"로 번역되어 있다.]

[N II, 197]

에서 승리한다. - 그러나 그리스의 현명한 바보14)는 문헌학적인 논쟁을 위해 에우튀프론의15) 위풍당당한 말(馬)을 빌린다.

시는 인류의 모국어이다. 이와 마찬가지로 원예는 경작보다, 회화(繪畫)는 문자보다, 노래는 낭독보다, 비유(Gleichnisse)는 추론보다,16) 교환은 무역보다 더 오래되었다.17) 우리 선조들의 영면은 깊

---

14) 소크라테스. 한편으론 하만 자신을 가리키기도 한다.
15) (원주) 플라톤, 『크라튈로스』. "(헤르모게네스) : 소크라테스 선생님, 정말이지 제가 보기에 선생님께서는 영락없이 갑작스레 영감을 받은 예언가들처럼 말씀하시는군요. (소크라테스) : 그렇다네, 헤르모게네스. 그것이 갑작스럽게 내게 주어진 것은 무엇보다도 프로스팔타 사람인 에우튀프론 탓이라고 생각하네. 새벽에 나는 그와 한동안 같이하며 그의 말에 귀를 기울이고 있었거든. 그는 영감을 받고는 내 귀를 신성한 지혜로 채웠을 뿐 아니라 나의 혼을 사로잡기까지 했던 것 같네. 그래서 내 생각에는 우리가 이렇게 해야 할 것 같네. 오늘은 우리가 이 지혜를 이용해서 이름들에 관한 나머지 것들을 살펴보겠지만, 내일은 자네들이 동의한다면 이 지혜를 내쫓아 버리고 우리 자신을 정화할 참이네. 사제든 소피스테스든 누구라도 그런 것을 솜씨 있게 정화할 수 있는 사람을 우리가 만나기만 한다면 말일세. [...] 자네가 원하는 것은 뭐든지 내게 내놓게. 에우튀프론의 '말(馬)'들이 '어떤 말인지 알기 위해서라면' 말일세."[396d-397, 407d(김인곤 · 이기백 역, 이제이북스 2007, 68쪽과 90쪽)]
16) (원주) " - - 상형어가 알파벳 문자 이전에 있었듯이, 비유는 이성적 논증보다 먼저 존재하였다."라고 나의 에우튀프론인 베이컨『학문의 진보 De augmentis scientiarum』(1623) II 13, 『학문의 진보 The Advancement of Learning』(1605) II 4(진석용 역, 190쪽))]이 말한다.
17) (옮긴이 주) 웅어(cf. Rudolf Unger, Hamann und die Aufklärung, Bd. 2. Jena 1911, pp. 653-655)에 따르면, 이 구절("원예는 경작보다 [...] 교환은 무역보다 더 오래되었다")에서는 고게(Antoine Yves Goguet, 1716-1758)의 저서 『고대 민족의 법, 예술, 과학의 기원 및 발전 De l'origine des Loix, des Arts et des Sciences et leur Progrès chez les anciens Peuples』(1758, 1권 109-110쪽, 164쪽, 264쪽, 328쪽, 331쪽)의 영향이 드러난다.

은 잠이었고, 그들의 움직임은 도취된 춤이었다. 그들은 침묵 속에서 숙고하거나 경탄하며 칠일 동안 앉아 있었다. - - 그리고 입을 열어 - 회자되는 격언을 말했다.[18]

감각과 정열은 형상(Bilder)만을 말하고 그것만을 이해한다.[19] 형상 속에 인간의 인식과 지복(至福)이라는 온갖 보화가 있다. 최초로 돌발된 창조, 그리고 창조 사가(史家)가 받은 최초의 인상 - - 최초의 자연현상과 최초의 자연향유는 "빛이 있으라!"[20]는 말씀 속에서 하나가 된다. 이 말씀과 더불어 사물의 현존에 대한 느낌이 시작된다.[21]

결국 하나님께서는 인간이라는 걸작을 통해 당신의 영광의 감각적인 계시의 대미를 장식하셨다. 그분께서는 하나님의 모습으로 인간을 창조하셨다. - - 하나님의 형상으로 그분께서는 인간을 창조하셨다.[22] 이러한 원작자의 뜻으로 인해 인간의 본성과 그것의 규정이라는 가장 복잡한 매듭들은 풀린다. 눈이 먼 이방인들[조차도] 인간이 하나님과 공유하는 불가시성(不可視性)을 인식했다. 육체의 감춰진 모습, 머리의 얼굴, 그리고 팔의 극단은 눈에 보이는 모양[23]이다. 이 모양을 하고서 우리는 걸어 다닌다. 그러나 그것들은 원래

[198]

---

18) 욥기 2장 13절-3장 1절 참조.
19) "하나님의 모든 작품은 그분의 특성을 보여주는 기호이자 표현이다. 따라서 육체적인 본성 전부는 영의 세계의 표현이며 비유이다. 모든 유한한 피조물은 사물의 진리와 본질을 비유 속에서 볼 수 있을 따름이다."(N I, 112)
20) 창세기 1장 3절.
21) (원주) "드러나는 것마다 빛이니라."(에베소서 5장 13절)
22) 창세기 1장 27절.
23) 빌립보서 2장 8절 참조.

[N II, 198]

우리 안에 있는 감춰진 인간의 집게손가락에 불과하다.

각각의 인간은 축소된 형태의 하나님의 모상(模像)이다.[24]

최초의 먹을거리[25]는 식물계에서 왔다. 고대인의 우유였던 포도주가 그렇다. 학식 있는 고전 주해자[26]는 (요담과 요아스의 우화에 의거해[27]) 가장 오래된 시를 식물학적이라 부른다.[28] 인간의 최초

---

24) (원주) 마닐리우스([Marcus] Manilius), 『천문학 Astronomica』 IV [895].
25) 창세기 1장 29절 참조.
26) 미하엘리스.
27) (원주) 사사기 9장, 역대하 25장 18절. [(옮긴이 주) 사사기 9장에서 요담은 왕을 찾는 나무들의 비유를 말한다. 역대하 25장 18절은 다음과 같다. "이스라엘 왕 요아스가 유다 왕 아마샤에게 사람을 보내어 이르되 레바논 가시나무가 레바논 백향목에게 전갈을 보내어 이르기를 네 딸을 내 아들에게 주어 아내로 삼게 하라 하였더니 레바논 들짐승이 지나가다가 그 가시나무를 짓밟았느니라".]
28) (원주) "- - 시는, 정상적인 씨앗이 없이도 대지의 활력에 힘입어 싹트는 식물처럼 [자라내 다른 어떤 종류의 학문보다도 널리 [퍼졌다.]"(베이컨, 『학문의 진보』(1623) II. 13[(진석용 역, 193쪽)]) 로버트 로우드(Robert[i] Lowth)의 저서 『히브리인의 성시(聖詩)에 대해 옥스퍼드에서 행한 강연 De sacra poesi Hebraeorum praelectiones academicae Oxonii habitae』 (1753) 100쪽에 대한 궁정고문관 미하엘리스의 각주 18번을 참조하라. [미하엘리스는 로우드의 저서에 주석과 부록을 첨가하여 1758-1761년 사이에 로우드 판(版)을 출판했다. 그는 1758년에 출판한 로우드 판(版)(로우드 저서의 절반에 해당함. 나머지 반은 1762년에 출판함) 각주 18번에서 히브리 문학은 자연에서 많은 은유를 취하고 있음을 밝혀낸다. 그는 특히 히브리인의 시에서는 풀과 나무를 이용한 비유가 자주 사용되기 때문에, 그것을 가리켜 식물학적이라 부른다. 로우드는 성서의 은유법을 팔레스타인 지역의 자연과 유대 민족의 삶의 조건에서 설명했으며, 성서를 예술작품으로 간주하고 이를 고대 문학과 비교했다. 이렇게 하여 그는

의 의복 또한 무화과나무 잎을 엮어29) 만든 광시였다. - -

그러나 주 하나님은 가죽옷을 지어 그들을, - 선악을 인식하여 수치를 알았던30) 우리 시조(始祖)를 입히셨다.31) - 필요가 안락함과 기술을 낳는 어머니라고 한다면, 고게32)가 그러했듯이, 근동지역에서 옷을 입는 유행이, 그것도 동물가죽으로 된 옷을 입는 유행이 어떻게 해서 발생할 수 있었을까를 궁금해 하는 것은 당연하다. 내가 적어도 합당하다고 생각하는 추측을 과감하게 시도해도 된다면? - - 내 생각에 이런 의복은 아담이 (가나안어로는 아바돈이요 헬라어로는 아볼루온이라 불리는33)) 고대 시인과의 교제를 통해 알게 된, 동물의 변하지 않는 일반적인 특성에서 유래한다.34) - 이 특성에 자극

구약의 문체형식을 명확하게 인식할 수 있었고, 무엇보다도 신화 개념을 성서학에 도입하는 일에 길을 열었다.]
29) 창세기 3장 7절.
30) (옮긴이 주) 창세기 3장 7절 참조.
31) 창세기 3장 21절.
32) 고게는 별 다른 설명 없이, 옷을 입는 풍습은 거친 날씨로부터 몸을 보호할 필요에 의해서는 생길 수 없었다고 확언했다. 왜냐하면 그럴 필요가 없는 지역에서도 이 풍습은 예로부터 존재했기 때문이라고 한다. 이에 대해서는 고게, 『고대 민족의 법, 예술, 과학의 기원 및 발전』 I, 114-115쪽 참조.
33) (옮긴이 주) 아바돈이나 아볼루온(아폴뤼온)은 무저갱의 천사, 즉 사탄을 일컫는다. 이에 대해서는 요한계시록 9장 11절 참조.
34) "오히려 나는 참된 원인 - 내가 적어도 참되다고 생각하는 원인 - 즉, 왜 우화작가는 인간보다는 동물이 자기 의도에 더 적합하다고 자주 생각하는가의 참된 원인에 즉각 도달했다. - 나는 그 원인이 일반적으로 알려진 변하지 않는 특성에 있다고 생각한다. - 비록 역사에서 이러 저러한 도덕적 진리를 직관적으로 인식할 수 있는 예를 찾는 것이 아주 쉬울지라도 말이다."(레싱, 『우화에서 동물을 이용하는 것에 대해 *Von dem Gebrauch der Tiere in der Fabel*』(1759))

[N II, 199]

받아 최초의 인간35)은 빌린 가죽옷을 입고서 지난 일36)과 앞으로의 일37)에 대한 직관적 인식을 후대에 전할 마음이 생기게 된 것이다.
- - -

"제[피로물]가 당신[하나님]을 볼 수 있도록 말씀하십시오!"38) - - 이 바람(願)은 피조물을 매개로 피조물에게 말하기(Rede)인 창조를 통해 이루어졌다. 왜냐하면 낮은 낮에게 말하고, 밤은 밤에게 지식을 전하기39) 때문이다. 창조에 관한 성서문구는 각각의 기후를 넘어 세계 끝까지 이르며, 사람들은 각각의 방언으로 창조의 목소리를 듣는다. - - 그런데 죄과는 어디에나 (우리 밖 혹은 우리 안에) 있을지 모른다. 우리가 사용할 것으로 자연에서 남은 거라고는 뒤죽박죽이 된 시구와 "절단된 시인의 사지(四肢)"40)뿐이다. 이것들을 수집하는 것은 학자에게 주어진 몫이고, 이것들을 해석하는 것은 철학자에게 주어진 몫이며, 이것들을 모방하는 것41)은 - 아니면 좀 더 대담하게 말하자면! - - 이것들을 정돈하는 것은 시인에게 주어

---

35) (옮긴이 주) 아담.
36) 인류의 타락.
37) 하나님의 어린 양(예수)에 의해 죄 사함 받고 공의를 입는 것.(요한계시록 6장 11절, 7장 9-14절 참조)
38) 뵐리히(Walter Boehlich)에 따르면, 이 문구의 출처는 에라스무스의 『경구집 Apophthegmata』 III, 70이다. 그런데 소크라테스는 한 젊은이에게, "따라서 젊은이여, 내가 너를 볼 수 있도록 말할지어라."(Opera omnia. Tom. 4. Leiden 1703, p. 162. Neudruck Hildesheim 1962)라고 말하기도 했다.
39) 시편 19편 2절.
40) 호라티우스, 『풍자시』 I 4, 62.
41) (원주) "네가 명사를 세분하여 시행 짓는 것을 배운다면, 너는 가수 루킬리우스의 모방자가 될 것이다."(아우소니우스, 『서한집』 V [XV, 37-38])

진 뜻이다.

말하는 것(Reden)은 번역하는 것이다. - 천사의 언어를 인간의 언어로, 즉 생각을 말로[42] - 사물을 이름으로 - 형상을 기호로 번역하는 것이다. 이때 기호는 시적이거나 본래적일 수 있고,[43] 역사적

---

[42] Cf. ZH I, 393-394. "우리 영혼의 보이지 않는 본질은 - 창조가 말하기 이듯이 - 말을 통해 드러난다. 말의 끈은 하늘의 한 끝에서 다른 끝까지에 이른다. 하나님의 영[성령]만이 6일간의 기적을 그처럼 오묘하고 명확하게 우리에게 이야기해 주실 수 있었다. 우리 영혼의 생각과, 입을 통해 생긴 소리 사이에는 바로 정신과 육체, 하늘과 땅 사이만큼의 거리가 있다. 그럼에도 불구하고 어떤 불가사의한 영역이 이처럼 서로 동떨어진 것들을 연결해주는가? 우리의 생각이 자의적인 기호의 대략적인 표현 속에서만 흡사 보일 수 있게 됨은 그것[우리의 생각에게는 낮아짐이 아닌가? 하나님께서 당신의 심오한 비밀을, 당신의 지혜의 보물을 횡설수설하고 혼란스럽고 종(Knecht)의 형상을 지닌, 인간적 개념의 혀 속에 불어 넣을 수 있으셨고, 그렇게 하고자 하셨음은 그분의 전능함의 - 그리고 겸손함의 - 증명이 아니겠는가."

[43] (원주) 설명을 위해서는 바흐터([Johann Georg] Wachter[, 1673-1757])의 저서 『자연과 성서의 일치. 최초의 문자와 숫자, 그리고 쓰기의 기원과 연관된 주목할 만한 다른 항목에 대한 주해. *Naturae & Scripturae Concordia. Commentatio de literis ac numeris primaeuis aliisque rebus memorabilibus cum ortu literarum coniunctis*』(라이프치히/코펜하겐 1752)의 첫 번째 단락을 참조하라. [언어학자이자 고전학자인 바흐터는 "본래적 kyriologisch", "상징적 symbolisch"과 "특징적 charakteristisch"라는 표현으로 문자의 세 가지 발전단계를 구분한다. "본래적" 문자는 사물의 형상으로 구성되어 있고, "상징적" 문자 혹은 "상형" 문자는 형상을 통해 비유적인 것을 표현하여 통찰력이 있거나 입문한 사람만이 숨겨진 의미를 해독할 수 있다. 반면에 "특징적" 문자는 자의적인 기호를 이용하여 표현하기에, 하만에 따르면 자연에서 가장 동떨어져 있다. 하만은 이런 기호들에 상응하는 인간 정신의 발전단계를 제시하기 위해 "시적", "역사적", 그리고 "철학적"이라는 표현을 덧붙인다. 이에 대해서는 『헬레니즘 편지의 클로버 잎 *Kleeblatt Hellenistischer Briefe*』

[N II, 199]

혹은 상징적이거나 상형문자적일 수 있으며 - - 그리고 철학적이거나 특징적44)일 수 있다. 이런 유형의 ('말하는 것'이라는 의미의) 번역은 그 어떤 다른 유형의 번역보다 더 많이 양탄자의 이면(裏面)과 일치한다.

그런데 재료는 보여주라. 하지만 장인의 기술은 보여주지 말지어다.45)

2(N II, 174-176) 참조.]
44) (원주) 이 마지막 유형의 기호 측면에서 페트론[페트로니우스]의 저서에 나오는 다음과 같은 구절을 이해할 수 있다. 나는 이 구절을 맥락 속에서 인용할 필요가 있다고 생각한다. 비록 그 구절이 문헌학자 그 자신[미하엘리스]과 그의 동시대인들에 대한 풍자로 간주해야 할지라도 말이다. [하만이 페트로니우스 구절을 인용한 것은 자신의 적수인 이성주의자들의 장황함을 비판하기 위함이었다.] "최근에 이 무질서하고 부풀어 오른 수다가 아시아에서 아테네로 건너와서 페스트마냥 젊은이들의 야망어린 마음에 입김을 불어 넣었다. 이와 동시에 참다운 웅변은 더럽혀졌고 더 큰 소리에 묻혀 들리지 않았다. 이 후에 누가 투퀴디데스(Thucydides)의 수준에까지 이르렀던가? 누가 휘페리데스(Hyperides)의 명성에 다다랐던가? 건전한 색채를 지닌 시는 결코 나타나지 않았으며, 오히려 모든 것은 말하자면 한 가지 음식에서 영양을 공급받아서는 원숙할 수 없었다. 이집트인들이 무모하게도 회화를 구체화했을 때, 이 위대한 예술은 바로 이와 같은 길을 걸어갈 수밖에 없었다."(페트로니우스, 『사튀리콘 Satyricon』 2) 이 구절을 소크라테스가 토트의 발명품에 대해 이집트 왕 타무스의 입에 넣어주는 심오한 예언과 비교하라. 그의 말을 듣고 파이드로스는 외친다. "소크라테스, 당신은 손쉽게 이집트인의 이야기나 당신이 원하는 곳 사람들의 이야기를 지어내는군요."[플라톤, 파이드로스, 275b(조대호 역, 142쪽)]
45) 로스커먼(Roscommon) 백작의 『시 Poems』(1717), 9쪽.

아니면 이런 유형의 번역은 물이 가득 찬 용기 안에서 관찰되는 일식과 일치한다.[46]

모세의 횃불은 지성 세계조차도 비춘다. 지성 세계에도 나름의 하늘과 땅이 있다. 그 때문에 베이컨[47]은 학문을 우리 대기(Dunstkugel)의 궁창 위의 물, 그리고 궁창 아래의 물[48]과 비교한다. 전자는 불이 섞인 수정과 같은 유리 바다[49]인 반면에, 후자는 바다에서 일어난 사람의 손만한 작은 구름[50]이다.

그런데 무대의 창조와 인간의 창조와의 관계는 서사시와 극시(劇詩)와의 관계와 같다. 전자[51]는 말에 의해 발생했고, 후자[52]는 행동

---

46) (원주) 한 비유["양탄자의 이면"]는 로스커먼 백작의 『번역된 시에 대한 시론 *Essay on translated verse*』[1684]과 호웰(James Howell, 1594-1666)의 『[친]서 [*Familiar*] *Letters*』[1678, 246쪽과 422쪽에서 빌려온 것이다. 그리고 이 두 사람은 내가 틀리지 않다면, 이 비유를 사베드래세르반테스(Miguel de Cervantes Saavedra)]에게서 차용했다. 다른 비유["일식"]는 가장 탁월한 주보(週報)들 중의 하나인 『모험가 *The Adventurer*』[1753년 4월 24일자 49회에서 빌렸다. 에우튀프론의 무사 여신이 구별하는 것을 가르쳐주듯이, 저기[로스커먼과 호웰의 저술에서는 비유가 치마를 장식하기 위해(ad illustrationem), 여기[주보]에서는 발가벗은 몸을 가리기 위해(ad inuolucrum) 사용된다.
47) 베이컨은 인간의 지식을 원천에 따라 구분한다. 위로부터는 신의 계시가 오고, 아래로부터는 감각을 매개로 한 경험적 지식이 온다. 경험적 지식은 파생적이고 불완전하며 항상 증가할 수 있고 시냇물처럼 원천과 강물에서 물을 공급받는다.(베이컨, 『학문의 진보』(1605) II 4, 『학문의 진보』(1623) III 1 참조)
48) (옮긴이 주) 창세기 1장 7절.
49) 요한계시록 4장 6절.
50) 열왕기상 18장 44절.
51) (옮긴이 주) 무대의 창조.
52) (옮긴이 주) 인간의 창조.

[N II, 200]

을 통해 이루어졌다. 가슴이여! 잔잔한 바다처럼 있을 지어다! - -
'우리의 형상을 따라 인간을 만들어 그곳을 다스리게 하자!'[53]라는
충고를 들을 지어다 - - 행위를 봐라. 그래서 주 하나님은 땅의 흙
으로 인간을 지으셨다.[54] - - 충고와 행위를 비교하라. 시편기자와
함께, 힘 있게 말씀하시는 분[55]을 경배하라! 제자들에게 [예수가 부
활했다는 소식을 전한 여인[56]과 함께, 동산지기로 추정되신 분[57]
을 경배하라! 고대 그리스 철학자들과 유대 율법학자들의 사도[58]와
함께, 자유로운 토기장이[59]를 경배하라!

상형문자적인 아담은 상징적인 수레바퀴 안에 있는 전 인류의 역
사다.[60] - - 이브라는 문자(Charakter)는 아름다운 자연과 체계적인
경영의 원형이다. 체계적인 경영은 조직적인 신성(神聖)에 따라 이
마에 두르는 패(牌)[61] 위에 쓰인 것이 아니라, 오히려 땅 아래에서
형성되고 내장 속에 - 사물들 자체의 신장(腎臟) 속에 - 숨겨져 있

---

53) (옮긴이 주) 창세기 1장 26절 참조.
54) 창세기 2장 7절.
55) (원주) [하나님.] 시편 33편 9절.
56) (옮긴이 주) 막달라 마리아.
57) (원주) 요한복음 20장 15-17절. [처음에 마리아는 부활한 예수를 "동산지기"로 착각했다가, 잠시 후에 예수의 말을 듣고서야 그를 알아본다.]
58) (옮긴이 주) 사도 바울.
59) (원주) [하나님.] 로마서 9장 21절.
60) 하만이 카발라의 영감을 받아 사용한 이 비유의 의미는 다음과 같다. 최초의 인간인 아담은 바흐터의 의미에서 볼 때 하나의 상형문자, 즉 인류를 가리킨다. 그는 창조 - 타락 - 구원이라는 자신의 '유형학적인' 실존속에서 "전 인류의 역사"를 주파한다. 이런 진행은 "수레바퀴" 혹은 순환이라고도 부를 수 있다. 왜냐하면 은혜를 필요로 하는 옛 아담의 최초의 상태는 새로운 아담인 예수에 의해 회복되기 때문이다.
61) 출애굽기 28장 36절, 39장 30절 참조.

다.[62]

주 하나님께서 깊이 잠들게 하셨던[63] 현시대의 거장[64]들이여! 몇 사람 안 되는 당신들 고귀한 자들이여! 이 잠을 이용하여 이 엔뒤미온[65]의 갈빗대[66]에서 최신판 인간 영혼을 만들지어다. 야상곡[67]을 읊는 음유시인은 새벽꿈 속에서 이 영혼을 보았다.[68] - - 하지만 가

---

62) 시편 139편 13-15절 참조.
63) (옮긴이 주) 창세기 2장 21절.
64) 셰프츠베리에 따르면, 거장(Virtuose)이란 예술적, 학문적, 도덕적으로 보편적인 교육을 받은 사람을 가리킨다. 그리고 이런 의미로 빌란트는 이 단어를 받아들였다. 하지만 당시에 이 단어는 벌써 '능력 있는 사람'이라는 부차적인 의미를 지녔다. 하만은 이 단어를 종종 반어적으로, 예를 들면 '재주꾼 Tausendkünstler'이라는 의미로 사용했다.
65) 달의 여신 셀레네는 엔뒤미온이라는 미소년 목동을 사랑하여 그에게 불사(不死)를 허용해달라고 제우스에게 부탁하자, 제우스는 그를 영원히 잠들게 한다.
66) 창세기 2장 21절.
67) 영(E. Young)의 『밤의 상념』.
68) (원주) 영(E. Young) 박사가 『독창적인 작품에 대한 사유』에 대해 「저자 찰스 그랜디슨 경 사무엘 리차드슨에게 보내는 서한」을 참조하라. [「저자 찰스 그랜디슨 경에게 보내는 서한」은 『독창적인 작품에 대한 사유』의 서문이다. "이 세계는 오성과 마음이 개선될 수 있는 학교라고 생각해보십시오, 그리고 이 학교에 인간의 본성이 오래 있으면 있을수록, 그것이 더욱 완전한 학생이 될 것임을 생각해보십시오. 도덕적인 세계가 영광으로 가득 찬 천년을 고대하듯이, 유비(類比)의 규칙에 따라 오성의 세계도 자신의 궁극적인 장면을 기려줄 고도의 완전성을 희망할 수 있음을 생각해보십시오. [...] 왜냐하면 툴리우스(Tullius), 퀸틸리안(Quintilian), 그리고 모든 진정한 비평가의 고백에 따르면, 덕은 천재를 일으켜 세우고, 인간이 좋을수록 작가는 더욱 능숙해질 것이기 때문입니다. - 제가 말씀드리지만, 당신께서 이 특별한 상황을 생각해보신다면, 하늘에서 만들어진 최신판 인간 영혼이 가장 정확하고 가장 아름다울 수 없는 일이 왜 전혀 불가능하게 보일 수 있는지, 근대인이 [...] 고대의 자녀들을 뒤

까이에서는 보지 못했다. 다음 시대는 거인마냥 도취된 상태에서 깨어나 당신들의 무사를 껴안고 그 여신에게 환성을 올리며 "이는 내 뼈 중의 뼈요 살 중의 살이로다!"[69]라고 증언할 것이다.

최근 문학을 연구하는 어떤 레위인[70]이 피하여 지나가다[71] 이 광시를 관찰한다면, 내가 미리 아는 것이지만, 그는 네 귀가 묶인 큰 보자기를 앞에 둔 성 베드로[72]처럼 자신을 축복할 것이다. 보자기 안에서 베드로는 한 눈에 뭔가를 알아챘고, 땅에 있는 네 발 가진 짐승과 야생 짐승과 벌레와 공중에 나는 새를 보았다.[73] - - - '오, 아냐, [너[74]]는 귀신들린 사마리아 사람이다!'[75] - - (이렇게 그는 마음속으로 그 문헌학자를 비난할 것이다.) - '정통적인 취향을 지닌 독자에게는 속된 표현도 더러운 주발[76]도 합당치 않다.' - - 속된 사물의 이름을 부르는 것은 매우 힘든 일이다.[77] - 보라! 그 때문에

돌아보고 호메로스와 데모스테네스를 단지 여명기의 신적인 천재로만 간주할 수 있고, 아테네를 갓 피어난 명성의 요람으로 간주할 수 있는 시기가 왜 장차 도래할 수 없을 것인지, 저는 그 이유를 모르겠습니다."]
69) (옮긴이 주) 창세기 2장 23절.
70) 모제스 멘델스존.
71) 누가복음 10장 32절 참조.
72) (원주) 사도행전 10장 11절.
73) 사도행전 10장 12절 참조. [(옮긴이 주) 유대인들은 "각종 네 발 가진 짐승과 기는 것과 공중에 나는 것들"은 부정하다 하여 먹지 않았다.]
74) (옮긴이 주) 예수.
75) 요한복음 8장 48절 참조.
76) 마가복음 7장 4절 참조.
77) 원래 호라티우스의 『시학 Ars poetica』 127행(천병희 역, 개역판, 문예출판사 1993, 173쪽)에 "보편적인 것에 개성을 부여한다는 것은 결코 쉬운 일이 아닙니다. Difficile est proprie communia dicere."라는 문구가 있다. 그런데 하만은 위 원문을 약간 변형하여 인용한다. "보편적인 것에

자신의 취향이 난 지 팔일 만에 할례를 받은[78] 작가가, 덮인 하얀 용담(龍膽)[79]만을 - 인간의 용변을 위해! - 기저귀 안에 넣는 일이 일어난다. - - 실은 오랫동안 고대 프뤼기아인[80]의 우화적인 추함은 젊은 프뤼기아인[81]의 미학적 아름다움처럼 눈부시지 않았다. 올해 아리스[티우스]에게 쓴 호라티우스의 전형적인 송가[82]는 실현되었다. 달콤하게 미소 짓는 랄라게를 노래한 가수는 사비니족, 아풀리엔[83], 그리고 모리타니[84]의 괴물을 멋쟁이로 만들었다. - 인간이면서 작가가 될 필요가 없는 가능성이 있음은 물론이다. 그러나 좋은

개성을 부여한다는 것은 매우 힘든 일이다. Impossibilissimum est, communia proprie dicere". 하지만 본문에서는 사도행전 10장 14절을 참고하여 맥락에 맞게 번역했다.
78) 창세기 17장 12절 참조.
79) 아델룽에 따르면, 당시에는 종종 하얀 개똥을 "하얀 용담 weiβ en Entian"이라 부르기도 했다.
80) 이솝. 고대 전승에 따르면, 이솝의 외모는 아주 추했다고 한다.
81) 레싱. "나는 고대 프뤼기아인의 단순한 양식에 따라 수많은 습작을 했다."(레싱, 『우화 Fabeln』(1759), 서문)
82) (원주) [호라티우스,] 『송가』 I, 22. ["벌 받지 않고 살며 악덕에서 깨끗한 사람은 / 무어인들의 쏘는 무기와 활을 필요로 한다오. / 독화살로 가득 찬 전통(箭筒)을 거부하지 않는다오, / 나의 푸스쿠스[호라티우스의 친귀여. / [...] (3) 왜냐하면 사비니족[테베레 강 동부 산악지역에 살던 고대 이탈리아 부족]의 조용한 작은 숲속에 있는 늑대가, / 내가 랄라게 [Lalage, 호라티우스의 애인]를 노래하며 근심 없이 / 경계를 넘어 돌아다녔을 때, 무방비상태의 / 나를 보았으나 - 나를 피했기 때문이오. / (4) 다우니엔[현재 이탈리아의 포기아 지방] 참나무 숲은 / 어떤 괴물도 키우지 않았소. / 유배수단의 남부 도시라는 넓은 지역도, 물이 부족한 / 사자의 고향도. / [...] (6) [...] 나는 그처럼 매력적으로 미소 짓고 / 그처럼 달콤하게 말하는 / 나의 랄라게를 사랑한다오."]
83) (옮긴이 주) 이탈리아 남동쪽에 위치한 지역.
84) (옮긴이 주) 아프리카 서북부에 위치한 나라.

[N II, 201]

친구들에게 인간적인 면모를 배제하고 작가를 생각해야 한다고 요구하는 사람[85]은 철학적인 추상(抽象)보다는 문학적인 추상에 마음이 더 기운다. 따라서 무절제한 주연(酒宴)[86]과 엘레우시스의 비밀에 입문하지 않고서는 감히 미술의 형이상학 안으로 들어가지 말라. 감각은 케레스[87]이고, 박쿠스는 정열이다. - 이 둘은 옛부터 아름다운 본성의 양(養)부모이다.

　　박쿠스여! 이리 오셔서 당신의 풍요의 뿔[88]이 포도로 넘쳐나게 하소서.
　　그리고 세레스여, 이삭으로 화관을 엮어 당신의 머리를 장식하소서![89]

---

85) 레싱. "두 가지 역할을 빌란트 씨보다 더 많이 감당했던 학자는 거의 없을 것이다. K* B* 안에서 그를 개인적으로 알았던 사람들이 그에 대해서 이야기할 수 있는 것을 나는 다시 이야기하고 싶지 않다. 한 저술가의 사생활이 우리와 무슨 상관이 있는가? 나는 그의 작품에 대한 상세한 설명을 그의 사생활에서 가져오려는 것을 전혀 중시하지 않는다."(레싱, 『최근 독일문학에 관한 편지』, 1759년 1월 18일자 7번째 편지)
86) (원주) "펜테우스와 오르페우스는 무절제한 주연을 참지 못한다."(베이컨, 『학문의 진보』[(1623)] II 13. [그 때문에 그들은 박쿠스(술의 신인 디오뉘소스)를 추종하는 여인들에 의해 사지가 찢긴다. 베이컨의 신화 해석에 따르면, 펜테우스는 호기심 있는 조사(調査)를 대변하고, 오르페우스는 신중한 충고를 대변한다. 박쿠스의 주연은 남성의 생식력을, 엘레우시스의 신비는 여성의 생산력을 기렸다.]
87) (옮긴이 주) 농업과 곡물의 여신.
88) (옮긴이 주) 풍요의 뿔은 이것을 소지한 사람이 원하는 음식은 무엇이나 가득 채워준다.
89) (원주) 티불루스, 『애가』 2. 1, [3-4].

[N II, 201]

이 광시가 이스라엘의 선생[90]의 판단을 받는 영광을 갖게 된다면, 이승과 마찬가지로 저승[91]에서도 환영받는 (- - "내가 호두로서 저들 가운데 속한다면"[92]) 성스런 의인화[93] 속에서 그 선생에게 나아가도록 하자.

고명하신
랍비[94]여!

"신성로마제국의 역마차 마부[95]는 문장(紋章)이 그려진 방패 위

---

90) 요한복음 3장 10절. 여기서는 미하엘리스를 가리킨다.
91) 고대 풍자문학의 한 장르인 '죽은 자들의 대화'는 계몽주의 시대에 매우 유행하였다. 브왈로, 퐁트넬, 프리드리히 대제와 빌린트도 그러한 대화를 썼다. 파스만(David Faβmann, 1683-1744)은 1718년부터 1740년까지 월간지 『저승에서의 대화 Gespräche im Reiche der Toten』을 출판하였다.
92) 오비디우스, 『호두 Nux』 19. 여기에서 "호두"는 하만의 저서 『미학의 진수』를 암시한다.
93) (원주) "의인화 기법은 고대 신화보다 훨씬 덜 제약받고 더 풍성한 장(場)을 열어준다."(퐁트넬, 『시 일반론 Sur la poésie en général』 8권)[Oeuvres de Monsieur de Fontenelle. Nouvelle Edition.(이하, 퐁트넬 전집) Tome VIII. Paris 1758, p. 300. 고대 수사학에서는 추상적인 개념 혹은 구체적인 사물뿐만 아니라 죽은 자나 부재자도 화자로서 등장한다. 하만은 이미 요담의 우화(사사기 9장)를 통해 "성스런 의인화"를 언급했다.]
94) 미하엘리스. 그는 고대 히브리어와 관련한 랍비들의 권위에 대해 부정적인 견해를 표명했으나, 그들의 성서주석은 부분적으로는 몇몇 기독교적인 성서주석보다 낫다고 생각했다.
95) 제국도시 프랑크푸르트에서 발간되었던 주간지 『주간 정규 제국 우편신문 Ordentliche Wöchentliche Kayserliche Reichs-Postzeitung』을 가리킨다. 이 주간지의 모토는 "나는 들은 말을 보고한다"이다.

에 '나는 들은 말을 보고한다'⁹⁶⁾라는 모토를 지니고 있는데, 그가 저를 설교집 『성시』의 나머지 반⁹⁷⁾을 열망하게 했습니다. 저는 그 책을 갈망합니다. - 그리고 오늘날까지 기다렸지만 헛수고였습니다. 이는 하솔의 군대장관⁹⁸⁾의 어머니가 자기 아들의 병거를 찾아 창밖을 내다보며 창살을 통하여 부르짖었던 것⁹⁹⁾과 같습니다. - - 그러므로 제가 진실 된 말¹⁰⁰⁾을 통해 제 생각을 밝힐 적절한 때를 갖게

---

96) 헤로도토스, 『역사』 VII 152.
97) 미하엘리스는 로우드의 저서 『히브리인의 성시에 대해 옥스퍼드에서 행한 강연』의 나머지 반을 하만의 『미학의 진수』가 출간된 후에야 출판했다.
98) (옮긴이 주) 시스라.
99) 사사기 5장 28절.
100) (원주) 요한복음 3장 11절. - 우리는 다음과 같은 구절을 인용함으로써, 우선 카발라적 글쓰기 방식을 모방하는 현재의 현실을 좋으냐 나쁘다고 떠벌릴 생각을 할지 모르는 가장 중대한 무지를 예방하고자 한다. "성서를 해석할 때 두 가지 극단이 생긴다. 하나의 극단은 성서에서 완전성을 전제하는데, 그 완전성이란 모든 철학 또한 근원인 성서에서 유래해야 하며, 이와는 다른 데서 유래한 모든 철학은 신을 부인하는, 이방인의 짓거리임에 틀림이 없다고 주장할 정도의 것이다. 이처럼 정도를 넘어서는 주장은 특히 파라켈수스 학파에서, 그러나 다른 학파들에서도 상당히 늘어났다. 하지만 그 주장의 근원은 랍비들과 카발라 학자들에게 있다. 그렇지만 이 사람들은 목표에 도달하지 못한다. 왜냐하면 그들은 자신들이 생각하는 것처럼 성서를 명예롭게 하기보다는 오히려 성서를 깎아내리고 더럽힌다. - 왜냐하면 철학 속에서 신학을 찾는 것은 죽은 자 가운데서 산자를 찾는 것과 다름이 없는 것처럼, 신학 속에서 철학을 찾는 것은 산자 가운데에서 죽은 자를 찾는 것과 다름이 없는 것이기도 하기 때문이다. 우리가 극단이라고 규정했던 또 다른 해석방법은 첫 눈에는 냉정하고 깨끗하게 보이지만, 실제로는 성서에 치욕을 가져다주고 교회에 해를 끼친다. 한 마디로 말해서 이 해석방법의 본질은 하나님의 영감을 받아 쓴 성서를 인간이 쓴 것처럼 해석하는 데 있다. 하지만 [여기에서] 염두에 두어야 할 것은 인간의 정신이 파악하지 못하는 저 두 가지, 즉 마음의 비밀과 미래를 성서의 본래 저자이신 하나님께서는 알고 계신다는 점이다. 성서의 말씀은 마음을 겨냥하고, 모

[N II, 202]

될 때까지 『햄릿』에 나오는 유령처럼 눈짓으로[101] 당신과 함께 이야기 한다고 해서 나쁘게 생각하지 마십시오. 어쩌면 당신은 증거가 없더라도, 저 유명한 광신자이자 교사이며 문헌학자인 아모스 코메니우스[102]의 저서 『그림 속에서 [볼 수 있는] 말씀』과 무체리우

[202]

> 든 시대의 격변을 포괄하며, 일반인 가운데에서든 선택받은 개인에서든 모든 이단과 모든 모순과 변화하고 변화할 수 있는 교회의 상태를 영원히 확실하게 예견하게끔 되어 있기 때문에, 성서의 말씀은 충분한 파급효과와 구절의 명백한 의미를 생각하여, 혹은 이 말씀을 하게 된 계기를 고려하여, 혹은 말씀의 전후 맥락에서, 혹은 말씀의 다음 목표를 참작하여 해석해야 한다. 그 뿐만 아니라 우리가 성서의 말씀을 고찰해 보면 그곳에서는 교리의 수많은 샘물과 시내가 지각된다. 이 샘물과 시내는 총체적으로, 즉 성서 전체에서 뿐만 아니라, 각각의 구절과 개별적인 문장이나 단어에서도 흘러내려 교회 지체들의 원기와 신자들의 영혼의 원기를 회복시켜준다. 탁월하게 관찰되었던 점은, 우리 구세주에게 제기되었던 적지 않은 질문들에 대한 그분의 대답은 질문의 핵심과는 맞지 않는 것처럼 보이고, 오히려 말하자면 질문과는 무관하다는 것이다. 이에는 두 가지 원인이 있다. 하나의 원인은, 그분께서는 우리 인간이 하듯이 질문자들의 말을 듣고서가 아니라, 직접적으로 그들 자신의 마음을 읽고서 그들의 생각을 아시기 때문에, 그들의 말에 대해서가 아니라 그들의 생각에 대해 대답하신다는 점에 있다. 또 다른 원인은, 그분께서는 당시에 있었던 사람들뿐만 아니라, 현재 살고 있는 우리에게도, 그리고 복음이 전파되어야 할 모든 시대와 모든 장소에 거하는 사람들에게도 말씀하신다는 점에 있다. 그리고 이것은 성서의 다른 구절들에도 유효하다."(베이컨, 『학문의 진보』[(1623)] IX)

101) 셰익스피어, 『햄릿』 1막 4장.
102) (원주) 코르톨트([Christian] Kortholt)가 모은 『라이프니츠 씨의 서한집』[『여러 사람들에게 보낸 라이프니츠의 서한집 Leibnitii epistolae ad diversos』(1743-42)] 3권, 29번째 편지를 참조하라. [라이프니츠는 이 편지에서 다음과 같이 쓰고 있다. "그 때문에 제[라이프니츠는 『언어들의 열린 문 Janua linguarum reserta』(1631)과 작은 백과사전은 동일해야 한다는 코메니우스의 견해에 전적으로 동감합니다." 코메니우스(John Amos Comenius, 1592-1670)는 체코의 저명한 교육 개혁가이자 독실한 저술가로서 『그림 속에서 볼 수 있는 말씀 Orbis pictus sensualium』

[N II, 203]

스103)의 『연습』은, 아직 철자 쓰는 연습을 하고 있을 뿐인 아이에게는 지나치게 학문적인 저서임을 믿으실 겁니다. - - 그리고 우리가 진리의 영을 영접해야 한다면 진실로, 진실로 말하건대 우리는 어린애가 되어야 합니다.104) 세상은 진리의 영을 받을 수 없습니다. 왜냐하면 세상은 그 영을 보지 못하며, 설령 본다 하더라도 그것을 알지 못하기 때문입니다.105) - - 우둔한 저의 글쓰기 방식을 용서하십시오. 만약 제가 의심할 여지없이 성서보다 더 오래되었을 독본(讀本)에서 한 가지 예를 빌린다면, 저의 글쓰기 방식은 당신의 가장 오래된 저서의 수학적 원죄와도, 당신의 가장 최근 저서의 재치 있는 부활과도 어울리지 않습니다. A B C가 자의적인 기호의 무한한 조합 속에서 하늘에도 뇌에도 없는 생각을 우리에게 상기시킨다면, A B C 라는 요소들은 본래의 의미를 잃어버릴까요? - - 그러나 만약 한 유대 율법학자의 칭찬받을 만한 온전한 정의(正義)를 율법 조문의 시체 위에 올려놓는다면, 영(靈)은 이에 대해 뭐라고 말할까요? 영은 죽은 율법 조문의 종자(從者)에 불과해야 합니까, 아니면 어쩌면 죽이는 율법 조문106)의 무기(武器)를 든 자에 불과해야 할까요? 이는 당치도 않는 생각입니다! - - 물리적 사물에 대한 당신의

[203]

    (1658)과 『언어들의 열린 문』을 집필했는데, 이 두 교육용 저서는 17세기에 상당한 영향을 끼쳤다.]
103) 무체리우스(Friedrich Muzelius, 1684-1753)의 저서로는 『독일어 연습을 위한 표준 라틴어 개요 - 켈라리우스를 추억하며 *Compendium universae Latinitatis, ad ductum Cellarii libri memorialis, in exercitia Germanica redactae*』(1738)가 있다.
104) 마태복음 18장 3절 참조.
105) 요한복음 14장 17절 참조.
106) 고린도후서 3장 6절.

[N II, 203]

상세한 통찰¹⁰⁷⁾에 따르면, 당신은 제가 당신에게 상기시킬 수 있는 것보다, 바람은 임으로 분다¹⁰⁸⁾는 사실을 더 잘 알고 계십니다. - 사람들은 바람소리를 들음에도 불구하고 변덕스런 풍향계를 보고서야 바람이 어디서 오는지, 혹은 오히려 바람이 어디로 가는지를 압니다."

　　　오, 천인공노할 범죄로다! 귀중한 저서가 파괴되어야 하나?
　　　차라리 존경스러운 힘을 지닌 법률을 범할지어다.
　　　박쿠스여, 고귀한 케레스여, 도와주러 빨리 오소서! - -¹⁰⁹⁾

---

107) 미하엘리스는 성서를 해석할 때 지리적인, 기후적인 요인을 강조한다.
108) 요한복음 3장 8절.
109) (원주) [『라틴어 선집 *Anthologia Latina*』 672, 4, 20, 8에서 인용.] 황제 옥타비우스 아우구스투스의 시적인 칙령을 참조하라. 그 칙령에 의해 『아이네이스』를 없애라는 베르길리우스의 유언이 무효화 되었다고 한다. - - 우리는 조지 벤슨(George Benson[, 1699-1752]) 박사가 [성서구절의] 의미는 하나라는 것에 대해 자신의 생각을 발전시켜 마무리 지었다기보다는, 심사숙고하지 않은 채 선택적이고 기만적으로 자신의 생각을 긁어모았다는 것을 분명히 시인할 수 있다. 만약 그가 이본(異本)은 하나라는 것에 대한 몇몇 지상의 명제를 우리에게 전하고자 했었더라면, 그의 철저함은 좀 더 두드러졌을 것이다. - - 상당히 애매한 미소를 짓지 않고는 네 권으로 된 이 『의역(意譯)적 설명』[원제는 아래 각주 참조]을 독파할 수 없다. 그리고 벤슨 박사가 자기 눈 속에 있는 교황제도의 들보를 갖고서 로마 교회의 테[마태복음 7장 3절 참조]에 대해 흥분하며, 우리의 신학적 궁정고문관들을 모방하는 구절들이 빈번히 나타나는데, 우리는 이것들을 놓칠 수 없다. 그런데 우리의 신학적 궁정고문관들은 조물주보다 피조물을 더 경배하는[로마서 1장 25절], 모든 성급한 맹목적인 착상에 큰 박수갈채를 보낸다. - - 무엇보다도 먼저 조지 벤슨 박사에게 [성서의] 일의성이 다의성과 함께 할 수 없는가를 물어야 할 것이다. - 호메로스 애호가는 라 모테([Antoine Houdar de] la Motte[, 1672-1731])와 같은 프랑스 의역자로 인해, 그리고 새무얼 클라크(Samuel Clarke[, 1675-1729])와 같은 심원한 교리학자로 인해 일의성

을 상실할 동일한 위험에 처해 있다. - - 축자적(逐字的) 혹은 문법적 의미, 육체적 혹은 변증적 의미, 물질적(kapernaitisch) [성찬의 빵과 포도주가 그리스도의 몸과 피로 변한다는 교리(요한복음 6장 32-59절 참조)에 대한 물질적 이해] 혹은 역사적 의미는 최고도로 신비적이며, 다음과 같이 순간적이고 영적이며 자의적인 부차적 규정과 상황에 달려 있다. 하늘로 올라가지 않고서는 그것들[부차적 규정과 상황]에 대한 지식의 열쇠[누가복음 11장 52절]를 가지고 올 수 없고, 바다를 건너는 여행[신명기 30장 13절 참조]도, 어제 혹은 그제 이후로, 백년 혹은 천년 이후로 - 이것은 비밀이다! - 믿고 말하고 고통을 겪었던 혼백들이 거하는 지역[저승]으로의 여행도 마다해서는 안 된다. 그런데 일반적인 세계사는 이 혼백들에 대해서 폭이 가장 좁은 비석 위의 공간만큼의 소식을, 혹은 기억력이 나쁜 요정 에코가 한 번에 간직할 수 있는 만큼의 소식을 겨우 우리에게 전해준다. - - 사상이 풍부한 저술가들이 결정적인 곳에서, 믿지 않는 자신들의 형제들을 전향시키기 위해 세운 계획을 우리에게 털어놓고자 하는 자는 천국의 열쇠[마태복음 16장 19절]와 지옥의 열쇠[요한 계시록 1장 18절]를 가지고 있어야 함은 물론이다. - - 모세에 따르면[레위기 17장 11절] 육체의 생명은 피에 있기 때문에, 세례 받은 모든 랍비들은 예언자들의 영과 생명에 전율한다. 이로 인해 비유컨대 유일한 품안의 자식인 축자적 이해는 제물로 바쳐지고, 근동의 지혜의 시내는 피로 변한다. [출애굽기 7장 20절, 요한계시록 16장 4절 참조] - - 이런 숨 막히는 생각의 적용은 까다로운 위(胃)에는 적합하지 않다. - 벵엘([Johann Albrecht] Bengel[, 1687-1742])의 『해시계』[『신약성서 색인 *Gnomon Novi Testamenti*』(1742)]에 따르면, 숨겨진 시작에는 불특정한 추상적인 표현이 어울리나, 성숙에는 명확한 구체적인 표현이 어울린다.(집게손가락이 아니라 정말로 엄지손가락)."

[장로교회 자유주의 신학자인 벤슨은 상세한 주해를 곁들여 몇몇 신약성서의 의역을 출판했다. "신학적 궁정고문관"인 미하엘리스는 그의 야고보서 의역을 번역하기도 했다. 벤슨은, 1761년 밤베르거(J. P. Bamberger)에 의해 번역된 『몇몇 신약성서에 대한 조지 벤슨 박사의 의역적 설명과 이에 대한 주해 1 *Dr. George Bensons Paraphrastische Erklärung und Anmerkungen über einige Bücher des Neuen Testaments I*』에 실린 「성서의 일의성, 성서의 어느 구절도 하나의 유일한 의미 이상을 지니고 있지 않음을 입증하는 논문 *Abhandlung von der Einheit des Verstandes der heiligen Schrift, darin gezeigt wird,*

[N II, 203]

철학자의 견해는 자연에 대한 해석이고, 신학자의 교의(教義)는

> *daβ keine Stelle der heiligen Schrift mehr als einen einzigen Verstand habe*에서 성서의 다의성을 비난한다. 그는 호메로스 번역에서 출발하며 라 모테의 견해에 찬성한다. 그런데 라 모테는 희랍어를 모른 채 다시에(Anne Dacier, 1654-1720)의 산문 번역을 토대로 12개의 노래로 구성된 『일리아스』를 편찬했고, 다시에 부인이 주장한 호메로스의 작품 구절의 다의성에 대해서는, 벤슨에 따르면 "다음과 같은 정확한 주석"을 달았다. "이것이 사실이라면, 그것은 호메로스 작품에서 소름끼치는 실수이다." 유명한 신학자인 클라크도 호메로스를 라틴어로 번역했으며, 그 번역에서 "일의성"을 고집했다. 하지만 그는 벤슨에 따르면 『네 복음서 저자들에 대한 의역 *Paraphrase on the four Evangelists*』에서는 유감스럽게도 성서구절의 다의성을 고집했다.
> "축자적 혹은 문법적 의미 [...] 순간적이고 영적이며 자의적인 부차적 규정과 상황에 달려 있다."라는 원주에 대해서는 다음과 같은 벤슨의 주장을 참조하라. "단어의 일반적이고 문법적인 의미 혹은 단어의 수사학적이고 비유적인(figürlich) 의미, 시대와 장소, 연설가 혹은 필자의 성격과 그가 처해 있는 상황, 그의 주요목적과 각각의 구절과의 관계 혹은 맥락. 이 모든 것이 대부분의 경우에 어떻게 하면 해석자가 쉽게 이야기를 비유(Gleichnisse)와 우의(寓意)와 구분하고, 축자적 생각을 신비적이고 비유적인(figürlich) 생각과 구분할 수 있는 지를 가르쳐준다."
> "숨겨진 시작에는 [...] 구체적인 표현이 어울린다"라는 구절은 정확하지는 않지만 마태복음 1장 20절("그 마리애에게 잉태된 자는 성령으로 된 것이라")에 대한 벵엘의 주석에서 인용된 것 같다. 이 주석에서 슈바벤 경건주의의 주도적인 신학자인 벵엘은, 때가 차야만 비로소 잉태된 자가 하나님의 아들인 메시아임이 드러난다고 말했다. 하만이 벵엘의 견해를 인용한 이유는, 벤슨은 부인했지만 때가 되면 순전히 역사적인 말의 의미에 의해 숨겨진 유형학적 혹은 예언적 말의 의미가 드러날 것이라고 생각했기 때문이다.
> "집게손가락이 아니라 정말로 엄지손가락 plane pollex, non an index"은 키케로의 『아티쿠스에게 보내는 편지』 XIII 46에서 인용되었다. 이 편지에서 키케로는 말장난을 하고 있다. 그는 아티쿠스에게 쓰기를, 폴렉스(Pollex, 엄지손가락 뜻함)라는 사람을 알게 되어 원하는 정보를 달라고 했으나, 그는 주지 않았다고 했다. 여기 "index"에는 '집게손가락'과 '정보제공자'라는 의미가 있다.]

성서에 대한 해석이다. 작가[110]는 자신의 말에 대한 최고의 해석자이다. 그는 피조물을 통해 - 사건을 통해 - 혹은 피와 불과 연기[111]를 통해 말한다. 이 속에 성스러운 언어가 있다.

창조의 책에는 하나님께서 피조물을 통해 피조물에게 계시하고자 하셨던 일반적인 개념의 본보기가 들어 있으며, 계약서[112]에는 하나님께서 인간을 통해 인간에게 계시하고자 하셨던 은밀한 항목의 본보기가 들어 있다. 원작자가 하나임은 그의 작품의 방언에서도 나타난다. - 그의 모든 작품에서는 헤아릴 수 없는 고귀함과 심오함의 어조가 반영되어 있다! 가장 영광스러운 위엄의 증거와 자기를 비워 밖으로 들어냈다는 증거가 나타난다! 하나님을 무(無)와 같게 하는 그러한 무한한 정적(靜寂)의 기적이 나타난다. 이로 인해 우리는 틀림없이 의식적으로 그분의 존재를 부인하거나 혹은 짐승[113]이거나 한다. 그러나 동시에 만물 안에서 만물을 충만하게 하는[114] 그러한 무한한 힘의 기적이 나타난다. 이로 인해 우리는 우리의 내면을 파고드는 그분을 피할 수 없다! -

철학적인 영과 시적인 진리[115] 안에 있는 예배의 취향이 문제라면, 그리고 운문화(韻文化)의 정치적 수완[116]이 문제라면, 어쩌면

---

110) (옮긴이 주) 하나님.
111) (원주) 사도행전 2장 19절.
112) (옮긴이 주) 구약과 신약.
113) (원주) 시편 73편 21-22절.
114) 에베소서 1장 23절.
115) 요한복음 4장 23절 참조.
116) (원주) "시의 유일한 정책이란 좋은 시구들을 짓는 것이어야 한다."라고 볼테르 씨는 서사시에 대한 자신의 신앙고백에서 말하고 있다. [볼테르, 『라 앙리아드』에 대한 견해 *Idée de la Henriade*. In: *Oeuvres*

[N II, 205]

불멸하는 볼테르보다 더 믿을만한 증인을 거명할 수 있겠는가? 볼테르는 종교를 거의 서사 문학의 머릿돌117)로 선언하고, 자신의 종교118)가 신화와 정반대임을 가장 애석하게 생각한다.

베이컨은 신화를 아이올로스119)의 날개 달린 사내아이로 상상한다. 이 사내아이는 태양을 뒤로 하고 구름을 발판으로 삼으며 오랫동안 그리스 함대 위에서 피리를 분다.120)

그러나 취향의 신전121)의 대제사장인 볼테르는 가야바122)처럼 설득력 있게 추론하고,123) 헤롯보다 더 풍성하게 사유한다.124) 즉, 우

[205]

---

completes de Voltaire. De L'Imprimerie de la Sociéte Littéraire-Typographique 1785. Tome X, p. 44.]

117) 시편 118편 22절.
118) (원주) 볼테르 씨가 종교를 어떻게 이해하든, "이것[육절운율(Hexameter)과 오절운율(Pentameter)로 이루어진 2행시구(Distichon)]에 대해서는 학자들 간에 의견이 구구하며 아직 정론(定論)이 없습니다."[호라티우스, 『시학』 78행(천병희 역, 168-169쪽)] 이[종교]에 대해서는 독자와 마찬가지로 문헌학자도 신경 쓸 필요가 없다. 갈리아 교회[특별한 지위를 요구하는 프랑스 가톨릭 교회]의 자유 혹은 정화된 자연주의의 승화황(昇華黃)을 그것[종교]으로 간주하더라도, 이 두 설명은 의미가 하나라는 이론에는 아무런 해를 끼치지 않을 것이다. [칸트의 『학부 논쟁 Der Streit der Fakultäten』(1798)에 따르면, "어떠한 계시도 시인하지 않는 종교는 자연주의적이다."]
119) (옮긴이 주) 그리스 신화에 나오는 바람의 신(神).
120) (원주) "신화적인 우화는 부드러운 미풍과도 같다. 이 미풍은 태고적 민족의 전승(傳承)에서 불어와 고대 그리스인의 목적(牧笛) 속으로 들어간다."([베이컨,] 『학문의 진보』[(1623)] II 13)
121) 볼테르의 저서 『취향의 신전 Le Temple du goût』(1733)을 가리킨다.
122) (옮긴이 주) 예수가 살던 시대의 유대교 대제사장.
123) (원주) 예언하는 능력이 있는 저술가가 볼테르 씨 면전에다 대고 말하기를, "판단능력의 유무와 상관없이 사람들은 당신[볼테르]의 작품으로 동일한 득을 봅니다. 그들에게 필요한 것은 기억력뿐입니다."[1738년 3월 31일 프리드리히 대제가 볼테르에게 쓴 편지에서 인용라고 한다. -

리 신학이 신화만큼의 값어치가 없다면, 우리가 이방인의 시에 도달하는 것은 전혀 불가능하다. - 하물며 그것을 능가한다는 것은 어불성설이다. 비록 그러한 것이 우리의 의무와 허영심에 가장 잘 어울릴지 모르지만 말이다.125) 그런데 우리 문학이 쓸모가 없다면, 우리 역사는 파라오의 소126)보다 더 파리하게 보일 것이다. 그렇지만 요정동화127)와 궁정신문이 우리 역사가들의 부족한 점을 보완해준

- "이것을 망각한다는 것은 광시를 읊는 시인에게는 어울리지 않는다네."(플라톤의 『이온』 [539e]에 등장하는 소크라테스의 말)
124) (원주) 포티우스(Photius)는 (『암필로키우스가 제기한 문제들 Amphilochiae quaestiones』 120에서, 그런데 요한 크리스토프 볼프는 이 저서를 자신의 문헌학적 비판적 변덕의 풍요의 뿔에 덧붙였다.) 헤롯이 동방박사들에게 "나도 가서 그[예쉬]에게 경배하게 하라."[마태복음 2장 8절]라고 한 말 속에서 하나의 예언을 찾고, 이를 요한복음 11장 49-52절의 가야바의 발언과 비교하며 다음과 같은 주석을 붙인다. "사악한 마음에서, 그리고 피에 굶주린 듯 격화된 감정에서 한 그와 같은 다른 말도 결국은 예언이었음을 인지해야 한다." 포티우스는, 가문으로 봐서는 이방인이나 품위로 보면 유대인이었던 헤롯을 보고서 두 개의 얼굴을 지닌 야누스(Ianus bifrons[, 로마의 문(門)의 신])를 생각한다. - 우리가 (주인들과 하인들이 자랑하는) 해롭고 무익한 매우 많은 착상들을 곧이곧대로 받아들여야 할지, 아니면 예언으로 이해해야 하는지를 가끔 상기한다면, 그것들은 우리에게 전혀 다르게 조명될 것이다. [헤롯은 안토니우스에 의해 유대인의 왕으로 임명되었다. 볼프(Johann Christoph Wolf, 1683-1739)는 저서 『문헌학에 대한 비판적 방법론 Curae philologicae et criticae』(1735)에서 포티우스(9세기 콘스탄티노플 대주교)의 글을 인용한다. "주인들과 하인들"은 모저(Friedrich Karl von Moser, 1723-1798)의 저서 『주인과 하인 Der Herr und der Diener』(1757)를 암시한다.]
125) 고대인과 근대인 가운데 누가 더 문학적으로 탁월한가를 놓고 벌인 '신구(新舊)논쟁'을 암시한다.
126) 창세기 41장 참조.
127) 요정(가공(架空)의 지하 여신)과 관련된 꾸며낸 이야기를 가리켜 요정동화라 하는데, 가장 유명한 것으로는 페로(Charles Perrault, 1628-1703)

[N II, 205]

다. 철학에 대해 생각하는 것은 결코 수고할 만한 가치가 없다. 그럴수록 체계적인 달력128)에 대해 더욱 더 생각해볼 만하다! - 혼란에 빠진 성 안에 있는 거미줄을 생각하는 것 이상으로 말이다. 서투른 라틴어와 스위스 독일어를 겨우겨우 이해하고, 그의 이름에는 대학 동물의 수(數)인 완전수 M129) 혹은 그것의 반절130)로 직인이 찍혀있는 각각의 게으름뱅이는 거짓말을 한다. 그 결과 만약 걸상에 귀가 있기만 한다면, 그리고 불쾌한 조소에 의해 청강자로 불리는 멍청이들이 귀로 듣는 것에 단련 되어있다면, 걸상들과 그것들 위에 앉아 있는 멍청이들은 이를 두고 "폭력!"이라고 외칠 것이 틀림없다. - - -

비루먹은 형편없는 말이여, 에우튀프론의 채찍은 어디에 있는가? 내 손수레가 처박혀 있지 않도록 ...

신화이든! 신화가 아니든!131) 어쨌든 시는 아름다운 자연의 모방

의 『동화 Contes de ma mère l'oye』(1697)이다. 하만은 한 각주(N II, 228)에서 이를 언급하고 있다.
128) 하만 당시에는 점성술가 아니면 야바위꾼(Schwindler)이 달력을 만들었다. 그뤼피우스(Andreas Gryphius, 1616-1664)의 저서 『부조리 희극 혹은 페터 스크펜츠 씨 Absurda Comica Oder Herr Peter Squentz』(1658) 제1막을 보면 "너는 달력을 만드는 사람과 마찬가지로 거짓말을 한다"라는 대사가 나온다.
129) "M"은 석사(Magister)와 로마자 숫자 1000을 가리킨다.
130) 천의 반절인 500은 로마자 숫자 "D"로 표기되고, 이것은 다시 박사(Doktor)를 의미하기도 한다.
131) (원주) 퐁트넬의 『시 일반론』 [296쪽]. "신화적인 형상들을 새롭게 사용할 수 있다면, 그것들의 영향력은 틀림없이 클 것이다."

[N II, 206]

이다.132) - 그리고 노위벤튀트,133) 뉴튼, 그리고 뷔퐁의 계시들이 정말로 몰취미한 우화론을 대변할 수 있을 것인가? - - 물론 그것들은 대변해야 할 것이며, 할 수만 있다면 대변할 것이다. - [그런데] 왜 도대체 그런 일이 발생하지 않는가? - 우리 시인들의 말에 따르면, 그런 일은 불가능하기 때문이다.

[206] 자연은 감각과 정열을 통해 작용한다. 자연의 도구들이 불구가 된 사람이 어떻게 느낄 수 있을까? 마비된 건맥(腱脈) 또한 움직이려고 할까? - -

우리의 치명적인 거짓말쟁이의 철학은 자연을 제거했다. 그런데 너희들은 왜 우리가 그 철학을 모방해야 한다고 요구하는가? - 이는 너희들이 자연의 제자들을 죽이는 데에서도 새롭게 만족감을 느낄 수 있기 위함이다. -

참으로, 너희들 섬세한 예술비평가들이여! 진리가 무엇이냐134)를 항상 묻고, 문을 붙잡아라. 왜냐하면 너희들은 이 질문에 대한 그 어떠한 대답도 기대할 수 없기 때문이다. 너희들이 항상 손을 씻는 것은 떡을 먹고자 하거나,135) 아니면 피의 판결을 내리기 위함이었다.136) - 너희들은 자신들이 어떤 방법으로 자연을 제거했는지를 또

---

132) 바뙤는 『한 가지 원리로 귀결되는 순수예술들 Les Beaux-Arts réduits à un même principe』(1746)에서 위 문구를 모든 예술에 통용시키고자 했다. 그의 저서는 독일어로 번역되어 활발하게 논의되었다.
133) 그(Bernhard Nieuwentyt, 1654-1718)의 주저로는 『하나님의 권세와 선하심을 인식하기 위한 세계관의 올바른 사용 Rechter Gebrauch der Weltbetrachtung zur Erkenntniß der Macht und Güte Gottes』(1715, 독일어 번역은 1731년, 1747년)이 있다.
134) 요한복음 18장 38절.
135) 마태복음 15장 2절 참조.

한 묻고 있지 않는가? - - - 베이컨은 너희들이 추상으로 자연을 혹사시키고 있다고 고발한다.[137] 베이컨이 진리를 증거 한다면, 자 그럼, 그를 돌로 쳐라[138] - 그리고 흙덩이 혹은 눈덩이를 갖고서 그의 혼백을 향해 돌진하라 - - -

단 하나의 진리가 태양과 똑같이 주관한다면, 이는 낮이다.[139] 너희들이 이러한 유일한 진리 대신에 바다의 모래처럼 그렇게 많은 것[140]을 본다면 - 이것 다음으로 광채에 있어 저 태양의 무리 전체를 능가하는[141] 작은 광명체[142]를 본다면, 이는 시인과 도둑이 흠모하는 밤이다. - - 날이 시작할 때의 시인[143]은 날이 끝날 때의 도

---

136) 마태복음 27장 24절 참조.
137) (옮긴이 주) 프란시스 베이컨, 『신기관. 자연의 해석과 인간의 자연 지배에 대한 잠언』, 51번째 단장(斷후)(진석용 역, 한길사 2001, 56쪽). "인간의 지성은 무엇이든 추상화시키는 본성이 있어서, 끊임없이 변화하는 것을 고정불변의 것으로 여긴다. 그러나 자연을 그와 같이 [질료로부터] 추상화하기보다는 자연을 [그 구성요소로] 분해하는 편이 더 낫다."
138) 요한복음 8장 59절, 사도행전 7장 59절 참조.
139) 창세기 1장 16절 참조.
140) 예레미아 33절 22절 참조.
141) (원주) " - - 날이 하늘의 작은 별들 가운데에서
반짝이듯이, 율리우스의 별은
모든 별들 속에서 반짝인다."
(호라티우스, 『송가』 12. I[, 46-48])
142) (원주) " - - 그리고 낯선 - - -
- 빛으로 - "
(카툴루스(Catullus), 『디아나 찬가 Carmen saeculare ad Dianam』
[34, 15-16])
143) (원주) 고린도후서 4장 6절. [(옮긴이 주) 여기서 "시인 Poet[en]"이란 하나님을 가리킨다. "시인"은 문학적인 의미의 '창작자'라는 의미뿐만 아니라, 희랍어 'poiesis'와 연관시켜 보면 뭔가를 '만드는 자'라는 뜻도 내포한다. 후자에 대한 단적인 예로 하나님을 조물주(造物主)로 부르는 경

둑[144])과 똑같다. - -

너희들이 제일 먼저 창조된 저 빛[145])을 끄자마자 가장 아름다운 세계의 온갖 빛깔은 색이 바랜다. 배(腹)가 너희들의 신이라면[146]) 너희들의 머리카락조차도 그의 후견을 받는다.[147]) 각각의 피조물은 번갈아서 너희들의 산 제물이자 우상이 된다.[148]) 피조물은 - 본의 아니게 - 그러나 소망 중에 - 굴복하며, 종노릇 하는 가운데 혹은 허무함으로 인해 탄식한다.[149]) 피조물은 최선을 다해 너희들의 폭정을 피하려고 하며, 가장 격정적인 포옹 가운데에서도 자유를 학수고대 한다. 이 자유란, 아담이 동물들을 어떻게 부르나 보시려고 하나님이 그것들을 그에게 이끌어 가시고 아담이 그것들을 부르는 것이 곧 그 이름이 되었을 때,[150]) 동물들이 아담에게 경의를 표하며 지녔던 자유를 말한다.

[207] 이와 같은 인간과 조물주와의 유사성은 모든 피조물에게 나름의 내용과 각인을 나누어 준다. 이 내용과 각인에 자연 전체의 신의와 믿음이 달려 있다. 보이지 않는 하나님의 형상[151])이라는 이런 이념

우를 들 수 있다.]
144) (원주) 요한계시록 16장 15절. [(옮긴이 주) 이 구절에서 예수는 세상 끝날 때 "도둑 같이" 온다고 했다. 이에 대해서는 데살로니가전서 5장 2절도 참조.]
145) 요한복음 1장을 보면 '빛'은 예수를 가리킨다. 그리고 예수는 골로새서 1장 15절에 나와 있듯이 모든 피조물보다 먼저 났다.
146) 빌립보서 3장 19절.
147) 마태복음 10장 30절 참조.
148) 이사야 44장 9-20절, 로마서 1장 25절 참조.
149) 로마서 8장 19-23절 참조.
150) 창세기 2장 19절.
151) (원주) "- 보이지 않는 하나님의 형상"(골로새서 1장 15절).

이 우리 마음속에서 살아 움직이면 움직일수록, 피조물 가운데에서 나타나는 그분의 사람 사랑하심[152]을 보고 맛보며 주시하고 손으로 만져볼 수 있는 우리의 능력은 더욱더 배양된다. 인간 속에 각인된 각각의 자연의 흔적은 단지 하나의 기념물에 불과하지 않고, 오히려 '주님은 누구신가'라는 근본적인 진리의 증표이다. [반대로] 인간이 피조물에게 미치는 각각의 작용은, 우리가 신성한 성품에 참여한다[153]는 것과 우리가 그분의 소생[154]이라는 것을 알리는 편지이자 이것들을 각인하는 인장(印章)이다.

오, 금을 연단하는 자의 불과 표백하는 자의 잿물과 같은[155] 무사 여신이여! - - 그 여신은 추상의 부자연스런 사용[156]으로부터 감각의 자연스런 사용을 정화하려고 감행할 것이다. 추상을 부자연스럽게 사용함으로 인해 사물에 대한 우리의 개념은 조물주의 이름이

---

152) 디도서 3장 4절.
153) (원주) "- - 신성한 성품에 참여하는"(베드로후서 1장 4절). "그 아들의 형상을 본받게"(로마서 8장 29절).
154) (원주) 사도행전 17장 27절 등. [사도행전 17장 28-29절 참조.]
155) (원주) 말라기 3장 2절.
156) (원주) 베이컨, 『신기관.』 자연의 해석과 인간의 지배에 관한 잠언』 [1권] 124번째 단장(진석용 역, 132쪽)]. "사람들이 철학적 공상으로 날조해놓은 어리석은, 말하자면 원숭이 흉내를 낸 세계의 모상(模像)부터 철저히 파괴하지 않으면 안 된다. 따라서 인간 정신의 우상이 신의 정신의 이데아로부터 얼마나 멀리 떨어져 있는지를 사람들에게 알려주지 않으면 안 된다. 전재인간 정신의 우상는 완전히 추상의 산물에 불과한 반면, 후재신의 정신의 이데아는 진실의 정교한 선으로 질료에 확실하게 표시해놓은 조물주의 진정한 인장이다. 그러므로 이 경우에는 진리와 효용이 완전히 일치하고, 성과의 측면에서도 그로 인한 생활의 편익보다 진리의 보증으로서 한층 가치 있는 것이라고 할 수 있다." 다른 곳에서[도] 베이컨은 자연의 모든 작품을 육체의 혜택으로서 뿐만 아니라 진리의 보증으로서도 이용해야 한다는 훈계를 되풀이 한다.

[N II, 207]

억압과 모독을 당하는 것과 마찬가지로 상당히 훼손되고 있다. 나는 너희들, 그리스인들157)과 함께 이야기를 나누고 있다! 왜냐하면 너희들은 그노시스파의 열쇠를 지닌 시종장158)들보다 더 현명하다고 자부하기 때문이다. - 추상으로 두 모음 알파와 오메가159)를 가려낸 후에 한 번 『일리아스』를 읽어보려고 하라. 그리고 그 시인160)의 오성과 화음에 대한 너희들의 견해를 나에게 말해다오.

노래하소서, 여시여, 펠레우스의 아드 킬레우스으 부노를161)

봐라! 철학의 크고 작은 마소라162)는 노아의 홍수163)와 똑같이

---

157) 빙켈만과 미하엘리스를 가리킨다.
158) 그노시스파는 1세기 말경에 생긴 종파로서 영지(靈知)주의라고도 한다. 고차원적인 진실의 인식(gnosis)을 추구하고 육체에 적대적이었다. 하지만 동시에 방종하다는 악평을 듣기도 했다. 하만은 당시 합리주의 철학에서 이런 그노시스파적 성향을 발견했는데, 그 대표자는 볼테르였다. "시종장들"이란 볼테르를 비롯한, 프리드리히 대제 주변에 있던 철학자들을 가리킨다. 하만에게서 "시종장"은 '거세된 궁중 관리'라는 의미를 지니고 있다. 이에 대해서는 N II, 345, 347 참조.
159) 요한계시록 1장 8절. 예수를 가리킴.
160) (옮긴이 주) 호메로스
161) 호메로스, 『일리아스』 제1권 1행. 하만은 그리스 원문을 인용하면서 모든 알파(α)와 오메가(ω)를 생략했다. 그럴 경우 우리말 번역은 대략 위와 같다. 원래는 "노래하소서, 여신무새이여, 펠레우스의 아들 아킬레우스의 분노를"(천병희 역, 숲 2007, 25쪽)이다. 따라서 하만은 위의 예를 통해 두 모음을 생략한다면 『일리아스』의 첫 행조차도 제대로 읽을 수 없음을 보여준다.
162) 마소라는 6-9세기 경 유대인 학자들이 수집하고 편찬한 구약성서 관련 자료 및 주석이다. 큰 마소라(masora magna)는 난(欄) 위쪽과 아래쪽의 주석을 말하고, 작은 마소라(masora parva)는 난외주를 가리킨다.
163) 창세기 7장 참조.

[N II, 208]

자연이라는 텍스트에 범람했다. 자연의 아름다움과 부요함 모두가 틀림없이 물로 변하지 않았겠는가? - 그런데 너희들은 일찍이 신들이 떡갈나무[164]와 소금 기둥[165]으로, 화석이 된 신비스런 변신과 우화로 인류를 설득하는 것을 재미있어 했던 것[166]보다 훨씬 더 큰 기적을 행한다. - 너희들은 자연을 안내자로 삼기 위해 자연을 눈멀게 한다! 아니면 오히려 에피쿠로스주의[167]의 영향을 받아 다섯 손가락으로 영감과 해석을 지어내는 선지자로 간주되고자 자기 자신의 눈을 뽑아냈다. - 너희들은 자연을 지배하고자 하며, 스토아주의[168]로 자신의 수족을 묶는다. 이는 잡다한 시에서 더욱더 감동적으로 운명의 단단한 사슬에 대해 가성(假聲)으로 노래할 수 있기 위

[208]

---

164) (원주) 소크라테스가 파이드로스에게 하는 말. "여보게, 도도나에 있는 제우스 신전의 사제들은 참나무의 말들이 최초의 예언이라고 말하네. 그 당시 사람들은 지금의 우리들처럼 지혜롭지 않았기 때문에, 오직 참나무와 바위덩이만이 진실[진실]을 말한다면, 그것들에 귀를 기울이는 것으로 충분했네. 순진함 탓이지. 그에 반해 자네에게는 말하는 사람이 누구고 어디 출신인지가 중요한 것 같군. 자네는 그의 말이 사실인지 아닌지, 그 여부만을 따지지 않으니 말일세."[플라톤, 『파이드로스』 275b-c(조대호 역, 문예출판사 2008, 406-407쪽)]
165) (옮긴이 주) 하나님이 소돔과 고모라를 멸하실 때, 롯의 아내는 하나님의 명을 어기고 뒤를 돌아보다가 소금 기둥으로 변한다.(창세기 19장 26절 참조)
166) (원주) "신들조차도 장난을 좋아하니까."(『크라튈로스』에 등장하는 소크라테스의 말) [플라톤, 『크라튈로스』 406c(김인곤·이기백 역, 87쪽)]
167) 에피쿠로스의 학설에 따르면 자연은 맹목적이다. 왜냐하면 세계는 원자들 간의 우연한 결합에 의해 생성되고 사라지기 때문이다. 프랑스 회의주의자들과 자유사상가들은 에피쿠로스의 학설을 신봉했는데, 이에는 가상디(Gassendi), 베일, 생 에브르몽(Saint-Evremond)과 퐁트넬이 속한다.
168) 모든 사건의 절대적인 필연성에 대한 스토아학파의 학설 암시.

함이다.

정열이 불명예의 지체라면, 그 때문에 정열은 남성다움의 무기[169]이기를 그만두는가? 너희들은 천국을 위해 스스로 고자가 된[170] 알렉산더 교회의 저 우의(寓意)적인 시종[171]이 성경 구절을 이해하는 것보다 더 지혜롭게 이성의 문구를 이해하는가? 이 시대의 군주[172]는 자신에게 반항하는 가장 극악한 사람들을 자신의 총아로 삼는다. - - 그의 궁정 광대는 아름다운 자연의 가장 사악한 적이다. 물론 자연은 퀴벨레[173] 사제들과 갈리아 사람들을 성직자로 두고 있는데, 이 성직자는 자기 배만 챙긴다. 하지만 자연은 자유사상가들을 진정한 경배자로 두고 있다.[174]

사울[175]과 같은 철학자는 수도사를 위한 법을 제정한다. - - 정열만이 추상이나 가설에 손과 발과 날개를 달아주며 - 형상과 기호에

---

169) 로마서 6장 13절 참조.
170) 마태복음 19장 12절.
171) 교부 오리게네스(Origenes, 185-254)는 그노시스파와 신플라톤 철학의 영향을 받았으며 스스로 고자가 되었다. 그는 알렉산드리아에 있는 우의적인 성서 해석으로 유명한 신학교에서 가르쳤다.
172) 요한복음 12장 31절 참조. "이 시대의 군주"란 프리드리히 대제를 가리킬지 모른다.
173) (옮긴이 주) 소아시아 프뤼기아 지방의 지모(地母)신.
174) "궁정 광대"와 "갈리아 사람들", 그리고 "자유사상가들"은 프리드리히 대제가 초빙했던 라 메트리(La Mettrie), 볼테르, 다르장, 모페르튀이(Maupertuis) 등의 프랑스 계몽철학자들을 가리킨다.
175) (원주) 사무엘상 14장 24절. ["이 날에[이스라엘이 블레셋 사람들과 싸워 이길 때] 이스라엘 백성들이 피곤하였으니 이는 사울이 백성에게 맹세시켜 경계하여 이르기를 저녁 곧 내가 내 원수에게 보복하는 때까지 아무 음식물이든지 먹는 사람은 저주를 받을지어다 하였음이라 그러므로 모든 백성이 음식물을 맛보지 못하고"]

게는 정신과 생명과 혀를 부여한다. - - 이 보다 더 빠른 추론이 어디에 있는가? 웅변의 구르는 천둥과 그의 동료인 단음절의 번개[176)는 어디에서 만들어지나? - -

왜 나는 상황과 명예와 품위를 모르는 당신네 독자(讀者)들을 위해 단어 하나를 무수한 단어로 달리 표현해야 하는가? 당신네들은 인간 사회 도처에서 정열의 현상들을 스스로 관찰할 수 있는 데 말이다. 아주 동떨어져 있지만 모든 것이 격정을 지닌 마음을 특정한 방향에서 사로잡는데 말이다. 각각의 개별적인 느낌은 모든 외부 대상의 주변에 퍼지는데 말이다.[177) 우리는 가장 보편적인 경우를 개인적인 적용을 통해 우리 것으로 만들 수 있고, 각각의 토착적인 상황을 궁리해서 하늘과 땅의 공개적인 볼거리로 만드는데 말이다. - 각각의 개인적인 진리는 자라서 하나의 계획의 밑면이 된다. 이는 저 암소가죽이 한 국가의 영역이 되는 것[178)보다 더 놀랍다. 그리

[209]

---

176) (원주) "꽝하고 터지며 하늘과 땅 양쪽을 밝힌 뒤
　　　　누군가 "저것 봐라!" 말하기도 이전에
　　　　어둠의 아가리가 꿀꺽 삼켜버리는
　　　　칠흑 밤의 번개처럼 짧아지게 만들어."
(셰익스피어, 『한여름 밤의 꿈』 [1막 1장](최종철 역, 민음사 2008, 17쪽)
177) (원주) "모든 것이 우리와 유사하다고 상상하여 우리의 초상(肖像)을 자연 전체에 퍼뜨리는 것은 우리 무지의 일상적인 결과이다."라고 퐁트넬은 『프랑스 연극사 Histoire du théâtre français』[퐁트넬 전집 3권, 27-28쪽에서 말한다. "대단한 정열은 일종의 영혼으로서 나름대로 불멸하며 신체 기관과도 거의 독립해 있다."(퐁트넬, 『뒤 베르네이 찬사 Eloge du M. du Verney』[퐁트넬 전집 4권, 460쪽)
178) (옮긴이 주) 디도는 오라비 퓌그말리온을 피해 튀로스에서 아프리카로 도망했다. 그녀는 왕 야르바스에게 황소 가죽 한 장으로 덮을 수 있는 만큼의 땅을 사기로 계약한 후, 그 황소 가죽을 가느다랗게 잘라 가죽

[N II, 209]

고 하나의 계획은 반구(半球)보다 더 광활하며 한 시점의 집중 조명을 받는다. - - 간단히 말하자면, 완전한 초안, 이것의 강력한 실행 - 새로운 생각과 새로운 표현의 잉태와 탄생, 현자의 일과 쉼, 그의 위로와 이에 대한 그의 역겨움은 정열의 풍성한 품속에, 우리의 감관 앞에 파묻혀 있다.

"그 문헌학자의 독서대중, 그의 독자세계는 플라톤 같은 사람이 혼자서 가득 채웠던 저 강의실과 유사해 보인다.[179] - 안티마쿠스는 다음에 쓰여 있는 것처럼 자신 있게 계속 말했다.

'거머리는 피를 잔뜩 빨아 먹기 전에는 피부에서 떨어지지 않는 법이[다.'[180]"

우리가 배우는 것은 단순히 회상하는 것 바로 그것인양 고대인의 기념물은 항상 우리에게 제시된다. 이는 기억을 통해 정신을 단련하기 위함이다. 그런데 왜 그리스인들의 터진 샘 곁에 서 있으면서 생수의 근원[181]되는 고대를 버리는가? 우리 자신은 어쩌면 그리스인들과 로마인들 속에서 무엇을 보고 감탄하여 우상숭배까지 하는

끈으로 도시 카르타고를 세울 수 있을 만큼의 넓은 땅을 샀다고 한다. 이에 대해서는 베르길리우스, 『아이네이스』 제1권 340-368행(천병희 역, 숲 2007, 35-36쪽) 참조.
179) (원주) [안티마쿠스가 모인 사람들 앞에서 저 길고 잘 알려진 시를 읽었을 때, 플라톤만 제외하고는 모든 청중이 자리를 떠났다. 그때 그는 "그럼에도 불구하고 나는 계속 읽을 것이다."고 말했다.] "왜냐하면 플라톤은 나에게 모든 사람과 같기 때문이다."(키케로, 『부르투스』 [51, 191])
180) 호라티우스, 『시학』 475행(천병희 역, 196쪽).
181) 예레미아 2장 13절.

지 제대로 알지 못 한다.[182] 여기에서 우리의 상징적인 교과서에 있는 저주받은 모순[183]이 유래한다. 우리 교과서는 오늘날까지 양가죽으로 품격 있게 제본되어 있으나, 그 안에는 - 정말로 그 안에는 죽은 사람의 뼈로 가득하고,[184] 위선적인 악덕으로 가득하다.[185]

우리가 고대인을 대하는 태도는, 거울로 자신의 생긴 얼굴을 보는 한 남자가 제 자신을 바라보고 한참 걷다가 그 모습이 어떠했는지를 잊어버리는 것[186]과 똑같다. - 화가는 자화상을 그리기 위해서 전혀 다른 자세로 앉는다. - 나르시스(재사(才士))들의 구군식물[187])는 자기 생명보다는 자기 모습을 더 많이 사랑한다.[188]

---

182) 이 구절에는 빙켈만의 고대 편향적인 시각에 대한 하만의 비판이 담겨 있다.
183) (원주) 시편 59편 13절. [실은 시편 59편 12절임.]
184) 마태복음 23장 27절.
185) (원주) 『최근 독일문학에 관한 편지』 11편 전체를 여기서 조금, 저기서 조금, 그러나 주로 131쪽을 참조하라. [131쪽에서 니콜라이(Christoph Friedrich Nicolai, 1733-1811)는 당시에 나온 「시의 자연스러움과 인간의 본성에 대한 몇몇 주해가 들어 있는 비판적인 논문 Kritische Abhandlung einiger Anmerkungen über das Natürliche in der Dichtkunst und die Natur des Menschen」를 혹평한다. "이 논문은 완전히 회칠한 무덤과도 같아, 바깥에서 보면 멋지게 보이나 안에는 죽은 사람들의 뼈와 온갖 오물로 가득 차 있답니다. [...]." 그러나 하만이 볼 때는 니콜라이가 쓴 『최근 독일문학에 관한 편지』 또한 위선적이다.]
186) 야고보서 1장 23-24절.
187) 수선화.
188) (원주) 오비디우스, 『변신』 III[, 416-510행(천병희 역, 158-164쪽)]
"[그(나르시스)는] 물을 마시다가 물에 비친 아름다운 모습을 보고 그것에 끌려 실체 없는
희망을 사랑하게 되었고, 그림자에 불과한 것을 실체로 여겼던 것이다. 그는 자기 자신을 보며 찬탄했고, 파로스 산(產) 대리석으로
만든 조각상처럼 꼼짝 않고 같은 표정을 짓고 있었다.

[N II, 210]

[210]   구원은 유대인에게서 온다.[189] - 아직까지 나는 그들을 보지 못했

그는 땅바닥에 엎드려 쌍둥이별자리와도 같은 제 눈들과,
박쿠스나 아폴로에게나 어울릴 제 머리털과,
아직 수염이 나지 않은 턱과, 상아 같은 목과, 우아한 얼굴과,
눈처럼 흰 색조와 어울린 홍조를 바라보고 있었다.
그는 자신을 찬탄의 대상으로 만드는 그 모든 것을 찬탄했다. [...]
그는 그늘진 풀 속에 길게 엎드려 거짓 형상을
물릴 줄 모르는 눈으로 바라보고 있었고,
제 눈으로 인하여 죽어가고 있었다. 그는 몸을 조금 일으켜
주위에 서 있는 숲들을 향하여 팔을 뻗으며 말했다.
'오오! 숲들이여, 사랑의 고통을 일찍이 나보다 더 잔인하게
느껴본 자가 있는가? 너희들은 많은 애인들에게 편리한 은신처였으니
잘 알리라. [...]
나는 사랑하여 바라보지만, 내가 바라보고 사랑하는 것을 찾을 수가
없구나. 나는 사랑으로 인해 그만큼 큰 혼란에 빠져 있구나.
그리고 나를 더욱더 슬프게 하는 것은, 우리를 갈라놓는 것은
대해(大海)도, 길도, 산도, 성문 닫힌 성벽도 아니라는 것이다.
약간의 물이 우리를 떼어놓고 있는 것이다. [...]
그대는 내가 그에게 닿을 수 있을 것이라고 말하겠지. 사랑하는 자들을
갈라놓는 것은 하찮은 것이니까. 그대가 뉘시든 이리 나오시오. [...] 그
대는
상냥한 얼굴 표정으로 내게 뭔가 희망 같은 것을 약속하고 있소. [...]
내가 울 때면 그대의 볼에서도
가끔 눈물이 비쳤소. 신호를 보내면 그대도
고개를 끄덕여 대답하오. [...]
그는 바로 나야. 이제야 알겠어.
내 모습이 나를 속이지 못하지. [...]
내가 바라는 것이 내게 있는데. 풍요가 나를 가난하게 만든 거야.
아아, 내가 내 몸에서 떨어질 수 있다면 좋으련만!
[...] 내가 사랑하는 것이 내게 없었으면
좋겠어. [...]'
이렇게 말한 그는 다시 심란하게 같은 얼굴 쪽으로 돌아섰다.
그의 눈물로 수면에 잔물결이 일자 물의 움직임으로 인해
그 모습이 흐려졌다. 그 모습이 사라지는 것을 보자 그는 소리쳤다.
'[...] 만지는 것이 허용되지 안 된다면않는다면]

다. 그러나 나는 그들의 철학서에서 그리스도인이라는 - 너희들은 창피하겠지만 - 좀 더 건전한 개념을 기대했다! - 하지만 너희들은 자신들이 일컬어지는 바[190] 그 좋은 이름의 가시를 느끼지 못한다. 이는, 하나님께서 인자(人子)라는 역겨운 별칭을 당신의 영광으로 생각하셨는데, 너희들이 그 영광을 느끼지 못하는 것과 마찬가지이다. ----

따라서 자연과 성서는 창조하고 모방하는 아름다운 정신의 재료이다. -- 베이컨은 질료를 페넬로페[191]와 비교한다. - 그녀의 파렴치한 구혼자들은 철학자들과 율법학자들이다.[192] 너희들은 이타카 궁정에 나타난 거지[193] 이야기를 알고 있다. 그 이야기를 호메로스

> 내게 그대를 바라볼 수는 있게 해주고, 바라봄으로써
> 내 비참한 망상에 영양분을 대줄 수 있게 해주시오!' [...]
> 그는 지친 머리를 푸른 풀 위로 숙였다. 그러자 죽음이
> 주인의 아름다움을 감탄하던 그의 두 눈을 감겨주었다.
> 그는 저승의 거처에 받아들여진 뒤에도 스튁스의 물에 비친
> 자신의 모습을 보고 있었다. [...] 나무의 요정들도
> 애도했고, 에코 역시 애도하는 그들에게 대꾸하며 함께 애도했다.
> 그들은 벌써 화장용 장작더미와 휘둘리는 횃불들과 관대(棺臺)를
> 준비하고 있었다. 하나 그의 시신은 어디에도 없었다.
> 그들은 시신 대신 노란 중심부가 하얀 꽃잎들에
> 둘러싸여 있는 꽃 한 송이를 발견했다."

189) 요한복음 4장 22절.
190) (원주) 야고보서 2장 7절.
191) (옮긴이 주) 오뒷세우스의 아내.
192) 베이컨, 『학문의 진보』(1623) II 13 참조. 베이컨이 신화를 우의적으로 해석한 것에 따르면, 판(자연) 신은 페넬로페(무형의 질료)와 구혼자들(플라톤 또는 아리스토텔레스의 이데아 혹은 형상) 사이에서 태어난 아들이다. 그러나 베이컨은 판 신이 질료와 메르쿠어(신의 말씀, 로고스) 사이에서 태어났다고도 말한다.
193) 오뒷세우스. 하만은 요한복음 1장 11절("그개 자기 땅에 오매 자기 백

는 고대 그리스 시로, 포프194)는 영어 시로 번역하지 않았던가? - -

그러나 우리는 사멸한 자연의 언어를 죽은 자들 가운데에서 다시 부활시켜야 하는데, 어떤 방법을 사용해야 하나? - - 행복한 아라비아로 순례함195)으로써, 근동으로 십자군 원정을 떠남으로써, 근동의 마술을 회복함으로써 부활시켜야 한다. 그런데 근동의 마술은 최고이기 때문에, 우리는 그것을 여자 특유의 오래된 간계를 사용하여 우리의 노획물로 삼아야 한다. - 배만 위하는 게으름뱅이야!196) 눈을 내리깔고 베이컨197)이 마술에 대해 생각해낸 것을 읽어봐라. - 비단결같이 부드러운 너희 발이 무용화(靴)를 신고는 그처럼 힘겨운 여행을 감당할 수 없기 때문에, 더 고차원적인 방편(Hyperbel)을 통해 지름길을 보여 달라고 하라 -198)

성이 그를 영접하지 아니하였으나")을 염두에 두고, 거지로 행세하는 오뒷세우스를 종의 형상으로 세상에 온 예수의 예표(豫表)로 보고 있다.

194) 포프(Alexander Pope, 1688-1744)는 1726년에 『오뒷세이아』를 번역하여 출판했다.

195) 미하엘리스는 히브리어의 원뜻을 파악하기 위해서는 유사한 언어의 도움을 빌어야 한다고 주장하며 아랍어 연구를 장려했다. 이에 자극받아 덴마크 정부는 니부어(Karsten Niebuhr, 1733-1815)를 주축으로 1761년 1월에 'Arabia felix'(행복한 아라비아, 아라비아 남부지역을 일컬음)로 탐사단을 파견했다.

196) 디도서 1장 12절.

197) (원주) "마술이 주로 하는 일은 구성요소와 구조의 측면에서 자연의 세계와 인간의 세계 간의 조화를 지각하는 것이다. 그런데 이 조화란 편협한 관찰력을 지닌 자가 흔히 오해하듯이, 단순한 유사성에 불과한 것이 결코 아니다. 그것은 분명히 자연이 여러 주제나 물질 위에 남긴 동일한 발자국이다."라고 베이컨은 『학문의 진보』[(1623)] III [1]에서 말하고 있다. 여기에서 그는 "만물의 조화에 관한 학문"[『학문의 진보』(1623) III 5]에 의해 마술을 설명하고, 이러한 측면에서 베들레헴에 나타난 현자들(마술사들)을 설명하려고 한다.

[N II, 211]

주는 하늘을 가르고 강림하소서! - 주가 도착하시기 전에 산들이 녹는 것은 격렬한 불이 뜨거운 물을 끓임과 같습니다. 이는 주의 원수들이, 그럼에도 불구하고 주를 따라 이름을 짓는 그들이 주의 이름을 알게 하고, 기름 부음을 받은 이방인들이 주께서 행하시는 예상치 못하는 기적 앞에서 떠는 것을 배우도록 하기 위함입니다![199] - 새로운 별이 동방에서 떠오르게 하소서! - 새로운 별로 동방박사들의 주제넘은 호기심을 자극하여 그들이 몸소 보배 - 몰약! 유향! 그들의 황금! - 를 우리나라로 가져오도록 하소서.[200] 우리에게는 그들의 마술보다 이 보배가 훨씬 중요합니다! - 왕들[201]로 동방박사들에게 속게 하시고,[202] 그들의 철학적 무사 여신들[203]이 어린이들과 이들에 대한 가르침에 대해 살기등등하나, 이것이 헛되게 하소서. 그러나 라헬의 애곡[204]은 헛되지 않게 해주소서! - -

지금 우리는 선지자들의 제자들이 먹게끔 채소를 맛있게 해야 하는데, 솥 안에 있는 죽음을 왜 삼켜야 하나?[205] 성서에 나오는 근심

---

198) (원주) "내가 또한 더 좋은 길을 너희에게 보이리라."([헬라어 성경], 고린도전서 12장 31절) [(옮긴이 주) 원주인 성서구절과 연관지어 "Hyperbel"을 수사학적인 의미의 '과장법'이 아니라, 신앙을 가리키는 "더 고차원적인 방편"으로 번역했다. 이에 대해서는 Marie-Theres Küsters, *Inhaltsanalyse von J. Georg Hamanns "Aesthetica in Nuce, eine Rhapsodie in kabbalistischer Prose"*, Bottrop 1936, p. 51 참조. 그런데 개역개정판에는 "가장 좋은 길"로 번역되어 있다.]
199) 이사야 64장 1-2절 참조.
200) 마태복음 2장 1-11절 참조.
201) 프리드리히 대제를 암시함.
202) 마태복음 2장 16절 참조.
203) 프리드리히 대제 주변의 일단의 철학자들.
204) 마태복음 2장 18절.
205) 열왕기하 4장 38-42절 참조.

[212]

하는 성령206)을 진정시키려면 어떻게 해야 하나? "내[하나님]가 수소의 고기를 먹으며 염소의 피를 마시겠느냐?"207) 정통 바리새파의 철저한 교리도, 자유주의적인 사두개파의 문학적 풍성함도 보내신 성령을 새롭게 못할 것이다.208) 성령의 감동을 받아 하나님의 성인들은 (때를 얻든지 못 얻든지)209) 말하고 쓴다.210) - - 아버지 품 속에 있는 독생자211)의 품에 있는 저 제자212)가 우리에게 선언하기를, 예언의 영은 유일한 이름의 증언 속에 살아있다고 했다.213) 하늘에 있는 자들과 땅에 있는 자들과 땅 아래에 있는 자들은 모두 예수의 이름에 무릎을 꿇어야 한다고 했다. 모든 입으로도 예수 그리스도를 주라 시인하여 하나님께 영광을 돌려야 한다고 했다.214) - 영원히 찬송할 조물주께 영광을 돌려야 한다고 했다! 아멘!215) 우리는 그 유일한 이름에 의해서만 구원받을 수 있고,216) 금생과 내생의 약속217)을 상속받을 수 있다. - 그 이름은 그것을 받는 자만이 알

---

206) 이사야 63장 10절.
207) 시편 50편 13절.
208) 바리새파는 율법과 이에 추가된 전승을 고수하고 경건에 치중한 반면, 사두개파는 모세오경만을 인정하며 그 때문에 죽은 자의 부활을 배척한다. 여기서 말하는 바리새파와 사두개파란 하만 당시의 사람들을 가리킨다.
209) 디모데후서 4장 2절.
210) 사도행전 2장 4절, 베드로후서 1장 21절 참조.
211) 예수. 요한복음 1장 18절.
212) 사도 요한. 요한복음 13장 23-25절, 21장 20-24절 참조.
213) 요한계시록 19장 10절 참조.
214) 빌립보서 2장 10-11절.
215) 로마서 1장 25절 참조.
216) 사도행전 4장 12절 참조.
217) 디모데전서 4장 8절.

며,218) 모든 이름 위에 뛰어나다.

따라서 예수의 증언은 예언의 영이다.219) 그리고 그분이 종의 형체220)의 위엄을 드러내시는 첫 표적은 성스런 계약서를 오래된 좋은 포도주로 변화시킨다.221) 이 포도주는 연회장의 판단을 기만하고,222) 비평가들의 약한 위장223)을 강하게 해준다. 카르타고 출신의224) 교부225)가 말하기를, "그리스도를 이해하지 않고서 예언서를

---

218) 요한계시록 2장 17절.
219) (원주) 요한계시록 19장 10절.
220) 빌립보서 2장 7절.
221) 예수는 가나의 혼인 잔치에서 물을 포도주로 변하게 한다. 이에 대해서는 요한복음 2장 1-11절 참조.
222) 요한복음 2장 8-10절 참조.
223) 디모데전서 5장 23절.
224) (원주) 1759년에 [베를린] 왕립학술원이 수여한 상을 받은, 『생각이 언어에 끼치는 영향과 언어가 생각에 끼치는 영향에 대한 물음에 대한 답변』[미하엘리스의 저서 『생각이 언어에 끼치는 영향과 언어가 생각에 끼치는 영향 *De l'influence des opinions sur le langage et du langage sur les opinions*] 66쪽과 67쪽을 참조하라. 이와 관련하여 『대화술 향상과 기억력 촉진을 위한 79개의 규칙 안에 들어 있는 재담의 기술 혹은 언어의 꽃. 스스로를 웃음거리로 만드는 저술가의 수고와 근면에 의해 *Ars Pun-ica, siue Flos Linguarum: The Art of Punning, or the Flower of Languages in seventy-nine Rules for the farther Improvement of Conversation and Help of Memory. By the Labour and Industry of TUM PUN-SIBI*』[이하, 『재담의 기술』]을 적절히 참조할 수 있다.
"모호함에 근원을 두고 있는 재담은 가장 재치 있는 것으로 간주되고 있다. 하지만 재담은 익살스러운 것뿐만 아니라 진지한 것도 다룬다. - 말에 일반인들이 이해하는 것과는 전혀 다른 의미를 부여할 수 있는 것은 실은 재능이 많은 사람의 일인 것 같다."(키케로, 『웅변가에 관하여 *De oratore*』 II[, 250])
1719년에 간행된 [『재담의 기술』] 제2판 8절판을 참조하라. 이 학술서 (유감스럽게도! 나는 결함이 있는 책을 가지고 있는데)의 저자는 고명한

[N II, 212]

종교성을 지닌 스위프트이다. [1719년에 출판된 이 저서의 제3판 표지를 보면 "TUM PUN-SIBI 스스로를 웃음거리로 만드는 저술가" 다음에 "(즉) 신학박사 조나단 스위프트 (i. e.) Jonathan Swift, D. D."라고 적혀 있다. 따라서 하만은 동시대인들과 마찬가지로 스위프트를 이 저서의 저자로 생각했다. 하지만 오늘날의 연구에 의하면 원저자는 쉐리던(Thomas Sheridan, 1687-1753)임이 밝혀졌다.]

하게도른(Hagedorn).

(사제직의 명성과 수치!)

[에라스무스에 대한 포프의]

『비판 시론 Essay on Criticism』[(1711) 1, 694.]

이 학술서는 논리적이고 물리적이며 도덕적인 정의로 시작한다. 논리적인 의미에서 "재담은 본질상, 다른 것에 해당하거나 각각의 임의적인 방법으로 다른 것에 관계된다고 말해지는 무엇이다." (모험적이고 변덕스러운 카르다노(Girolamo Cardano, 1501-1575)]의) 물리학에 따르면, "재담에는 조화로운 말의 울림의 기술이 있다. 이 울림은 귀를 통해 들어가 횡경막에 이르러 간질거림을 유발하고, 이것이 생기(生氣)에 의해 얼굴 근육에 전달되면 심중에 활기를 준다." 그러나 결의론(決疑論)에 따르면, 재담은 "가장 효과적으로 훌륭한 우정의 목적을 증진하는 하나의 덕이다." - - 이런 인위적인 덕의 한 예는 동일한 유형의 것들 가운데에서도 무엇보다도 이미 언급한, 선지자 마호메트와 교부 아우구스티누스에 관한 카르타고적[punisch, 영어로는 punic. 'punisch'는 아우구스티누스의 출생지 카르타고를 가리키는데, 하만은 이 단어를 가지고 미하엘리스를 상대로 재담(pun, punning)을 하고 있다] 비교에 대한 답변[『생각이 언어에 끼치는 영향과 언어가 생각에 끼치는 영향』]에서 볼 수 있다. 이 비교는 반은 열광적이고 반은 교조적인 상상력을 지닌 모호한 문학애호가[미하엘리스]를 닮았다. 이 문학애호가는 비유적인 언어 사용을 적절하게 통찰하기에는, 하물며 종교적인 경험을 검토할 수 있기에는 아직 충분한 학식을 갖추지 않은 것 같다. 그 훌륭한 교부[아우구스티누스]가 히브리어를 모르고서 말했던 것은 서민귀족[몰리에르의 희극 작품 『서민귀족 Le Bourgeois gentilhomme』(1670)]이 산문을 모르고서 말했던 것과 같으며, 오늘날에도 유식한 질문[왕립학술원의 현상과제]과 이에 대한 답변[미하엘리스의 수상작]을 통해 모르는 사이에 심오한 진리를 해치면서 당대의 야만성과 마음에 품은 악의[사도행전 8장 22절]를 드러낼 수 있는 것과 같다. 그 심오한 진리란 아랍의 거짓 선지자[마호

[N II, 213]

읽으면, 무미건조함과 우둔함을 발견할 것이다. 예언서에서 그리스도를 이해한다면, 읽은 내용이 네 구미에 당길 뿐만 아니라 이에 도취할 것이다."226)라고 했다. - "그러나 여기서 교만하고 방자한 영들에게 한 마디 하겠노라 -- 아담은 이와 같은 것을 참고 강한 포도주를 마시기 전에 이미 죽어 있어야만 한다. 따라서 네가 아직 젖먹이라면 포도주를 마시지 않도록 주의하라. 각각의 교훈을 받아들이는 데에는 정도와 때와 나이가 있느니라."227)

[213]

하나님께서 자연과 성서를 통해, 피조물과 예언자를 통해, 근거와 수사적 어법(Figuren)을 통해, 시인과 선지자를 통해 남김없이 말씀

메틱도, 아프리카의 훌륭한 목재[아우구스티누스]도, 그리고 (내가 먼저 호명해야 했을) 재치 있는 두뇌의 소유자[미하엘리스]도, 모든 사람은 죄인이며, 그들에게 있다고 꾸며대고 있는 영광은 없다[로마서 3장 23절 참조]는 점이다. 그 재치 있는 두뇌의 소유자에게는 오늘날 우리 카발라 학자들의 카르타고적 이성론에 의거해 그처럼 우스꽝스런 유사한 구절을 통해, 섭리를 고백하는 저 두 사람[마호메트와 아우구스티누스]을 세세하게 비교할 생각이 떠올랐다. 우리 카발라 학자들에게 각각의 무화과나무는 충족이유율(zureichender Grund)을, 그리고 각각의 암시는 실현을 가져다준다.

225) (옮긴이 주) 아우구스티누스.
226) 아우구스티누스, 『요한복음 주석 In Iohannis Evangelium Tractatus』 129.
227) (원주) 잘 알려진 로마서 서문에서 인용한 우리 루터 선생의 말[독일어 성서 바이마르 판 7, 23, 25](그는 아우구스티누스를 읽어 취향을 망쳤다고 한다). 나는 그[루터]의 시편 서문을 읽었을 때와 마찬가지로 그의 로마서 서문을 읽으면서 조금도 싫증나지 않았다. 내가 여기에서 소위 동화(Accommodation)에 의해 이 구절을 인용하는 이유는, 루터가 인용한 곳에서 하나님의 섭리의 심연에 대해 말하고, 칭찬받을 만한 자신의 습관을 쫓아 다음과 같이 확언하기 때문이다. "고통과 십자가와 극한상항을 당하지 않고서는, 하나님을 거역하여 화(禍)와 은밀한 분노를 사지 않고서는 섭리를 거래할 수 없다."

[N II, 213]

하시고 숨이 차신 후에, [이 모든] 날 마지막에는 당신의 아들을 통해 우리에게 말씀하셨다.[228] - 어제나 오늘이나![229] - 약속하신 그분[예쉬]의 임재[230]가 - [그 때에는] 더 이상 종의 형체[231]를 입지 않으시고 - 또한 성취될 때까지 -

> 영광의 왕, 주 예수 그리스도여!
> 당신은 하나님 아버지의 영원한 아들이십니다.
> 동정녀의 육체를 거부하지 않으셨습니다. - -[232]

만약 우리가 유대인의 입법자[233]는 나귀 머리와 똑같고, 그들의 직장가인의 단창구(短唱句)는 비둘기 똥[234]과 똑같다고 생각하는 우리의 재치 있는 소피스테스들을 바보 자식(Teufel)이라고 꾸짖고자 한다면, 우리는 비방하는 판결[235]을 내리는 것이 될 것이다. 하지만 소피스테스들에게는 주님의 날인 - - - 주일(主日)이 무적함대[236]가

---

228) 히브리서 1장 1-2절 참조.
229) 히브리서 13장 8절.
230) 마태복음 24장 30절 참조.
231) 빌립보서 2장 7절.
232) (원주) 경건한 독자라면 이 단락의 찬송가[루터가 번역한 『찬송가 Te Deum』의 일부] 종지(終止, Fall)부를 스스로 보충할 것이다. 기억력이 제멋대로 나를 떠나가고 있다. "그분[호메로스]은 언제나 곧장 종말을 향하여 나아가며 [...] 광채를 낼 수 없는 것은 손대지 않는다."[호라티우스, 『시학』 148행(천병희 역, 175쪽)]
233) 모세.
234) 열왕기하 6장 25절.
235) 유다서 9절, 베드로후서 2장 11절.
236) 스페인 무적함대는 1588년에 일부는 영국과 네덜란드 함대에 의해 격파되고, 일부는 폭풍 속에서 파선을 당했다.

검불[237]이 된 한밤중보다 더 검어진다.[238] - - 그때 최후의 폭풍우의 전령인 가장 방탕한 서풍은 만군의 주님께서 다만 생각하고 표현하실 수 있는 것처럼 - 그렇게 시적으로 - 가장 건장한 전장(戰場)의 나팔수를 내팽겨 칠 것이다. 아브라함의 기쁨[239]은 최절정에 도달할 것이다. - 그의 잔은 넘칠 것이다.[240] - 최후의 눈물! 이는 이집트의 마지막 여왕이 가지고서 방자한 짓을 하게 될 모든 진주[241]보다 더 없이 귀중하다. - 불탄 소돔과 이끌려간 최후의 순교자[242]를 보고 흘린 이 최후의 눈물을 하나님께서는 순수 믿음의 조상[243]인 아브라함의 눈에서 닦아주실 것이다.[244] - -

주님의 그날[245]이 오면, 그리스도인들은 용기를 내어 주의 죽으심을 전할 것이며,[246] 모든 천사들 가운데에서 가장 어리석은 마을의 바보들은 드러나게 될 것인데, 이들을 위해서는 지옥 불이 예비되어 있다.[247] 귀신들은 믿고 떤다![248] - 그러나 이성의 간계[249]에

---

237) 욥기 21장 18절.
238) 요엘 3장 14-15절, 아모스 5장 18절, 요한계시록 6장 12절 참조.
239) 요한복음 8장 56절.
240) 시편 23편 5절.
241) 플리니우스(『박물지』 9, 58)에 따르면, 클레오파트라가 안토니우스를 위해 엄청난 향연을 베풀자, 그는 이를 보고 깜짝 놀란다. 그러자 그녀는 자기 귀에서 진주를 취해 식초에 녹인 다음 그를 위해 건배하며 말하기를, 그의 안녕을 축원하며 마시는 이 잔이 진주보다 훨씬 귀하다고 했다.
242) (원주) 베드로후서 2장 8절. [여기서 "순교자"란 아브라함의 조카인 롯을 가리킨다.]
243) 로마서 4장 11절, 16절 참조.
244) 이사야 25장 8절 참조.
245) (옮긴이 주) 최후의 심판의 날.
246) 고린도전서 1장 23절 참조.
247) 마태복음 25장 41절 참조.

의해 미쳐버린 너희들의 감관은 떨지 않는다. - 죄인 아담의 목구멍에 사과가 걸리고, 현자 아나크레온의 목구멍에 포도 씨가 걸리면,250) 너희들은 웃는다! - 거위가 카피톨리움 언덕을 구해주고251) - 까마귀가 애국자를 먹인다면,252) 너희들은 웃지 않는가? - 그 애국자의 영(靈)속에 이스라엘의 병거와 마병253)이 있었다. - 하나님께서 강도들과 함께 십자가에 못 박히시면254) - 그리고 가증한 것255)이 제네바 혹은 로마,256) 오페라하우스 혹은 이슬람 사원257)에서 신격화되고 콜로퀸트258)화 된다면, 너희들은 눈이 멀어 은밀히 너

---

248) 야고보서 2장 19절.
249) 고린도후서 11장 3절.
250) 플리니우스(『박물지』 7, 7)에 따르면, 아나크레온은 목구멍에 포도 씨가 걸려 숨이 막혀 죽었다.
251) (옮긴이 주) 기원전 387년에 갈리아 인들이 카피톨리움 언덕(고대 로마의 일곱 언덕 가운데 하나)을 야습했을 때, 이곳의 로마군 지휘관이었던 만리우스 카피톨리누스는 잠이 들었다가 거위 울음소리에 깨어나 수비대를 모아 갈리아 인들을 막아냈다고 한다.
252) (옮긴이 주) 선지자 엘리야("애국자")가 이스라엘의 왕 야합에게 수년 동안 비가 내리지 않을 것이라고 예언한 후에 몸을 피해 숨어 있을 때, 하나님은 까마귀를 시켜 엘리야에게 먹을 것을 가져다주게 한다. 이에 대해서는 열왕기상 17장 1-7절 참조.
253) 열왕기하 2장 12절.
254) 마가복음 15장 27절 참조.
255) 마태복음 24장 15절.
256) 제네바와 로마는 각각 칼뱅교와 가톨릭의 성지이다.
257) "오페라하우스"는 가톨릭 미사를, "이슬람 사원"은 칼뱅 교회의 예배를 비유한 것이다.
258) 설사약으로 쓰이는 식물. 이 식물은 소량으로는 설사약이 되지만, 과용하면 독이 된다. 이 식물은 "솥 안에 있는 죽음"(N II, 211)을 의미한다. 이 구절에서 하만은, 엘리사의 제자들이 독이 든 채소를 따서 솥에 끓여 국을 만들어 먹으려 했듯이(열왕기하 4장 38-41절 참조), 반기독교적인 이성론이 성지에서 신격화되고 깨닫지 못하는 사이에 영의 양식으로

[N II, 214]

희들의 행복을 기원한다. - -

두 마리 뱀을 그려라! 애들아, 이곳은 신성하니
다른 데 가서 오줌을 누거라. 나는 떠난다 - - -

페르시[우스][259)]

천재의 생일은 일상적으로 죄 없는 아이들의 순교자 축일[260)]을 수반한다. - 감히 운(韻)과 리듬을 죄 없는 아이들과 비교하겠다. 이 아이들은 최근 우리 문학으로 인해 생명이 위급한 상황에 내맡겨져 있는 것 같다.

운이 일종의 유음중첩법(Paronomasie)[261)]에 속한다면, 그것의 유래는 틀림없이 거의 언어의 본성과 우리의 감각적인 표상과 마찬가지로 역사가 오래되었을 것이다. - - 따라서 운의 명예가 지나치게

둔갑하고 있는 현실을 경고한다.
259) 페르시우스, 『풍자시』 1. 113-114. 뱀은 신성한 동물로 생각되었고, 부정에 대한 경고의 의미로 그려졌다. 풍자가 페르시우스는 신랄한 비판으로 당대 영향력 있는 인물들의 심기를 불편하게 했다. 이들은 그의 공격을 참을 수 없어 그에 대한 호의를 거두겠다고 위협했으며, 이에 그는 위 시 구절로 응수했다.
260) 마태복음 2장 16절 참조.
261) (원주) 로우드의 저서 『히브리인의 성시에 대해 옥스퍼드에서 행한 강연』 XV에 대한 발행인[미하엘리스]의 각주 76번과 알가로티([Francesco] Algarotti[, 1712-1764]) 3권[『알가로티 백작 저작집 *Oeuvres du Comte Algarotti*』 3권. 『운에 관한 시론 *Essay sur la Rime*』 76쪽]을 참조하라. [미하엘리스는 로우드 판(版)에서 유음중첩법에 대해 상세히 다루는데, 그의 아버지(Christian Benedikt Michaelis, 1680-1764)는 이미 1737년에 이에 대해 한 편의 글(『성스런 유음중첩법 *De sacrar paranomasia*』)을 쓴 적이 있다. 미하엘리스는 고전어와 현대어에 근거를 두고서 유음중첩법이 미학적으로 거의 가치가 없다고 주장한다.]

[215] 무거운 사람은 운의 재능262)을 추구할 만한 자격이 아직은 없다. 그렇지 않다면 플라톤이 『향연』에서 아리스토파네스의 딸꾹질을 불멸하게 해야 했을 것처럼,263) 혹은 스카롱이 한 소네트에 의해 자신의 딸꾹질을 영원하게 만들어야 했을 것처럼,264) 늙은 홀아비265)는 이 경박한 펜에게 풍자하는 글을 쓰는 그 만큼의 계기를 주었을 것이다.

이 위대한 서정시의 복구자인 클롭슈토크가 마련한 자유로운 건물은 아마도 히브리인의 성시(聖詩)의 신비스런 메커니즘을 운 좋게 모방하고 있는 의고주의 작품일 것이다. 우리 시대의 가장 철저한 비평가들266)의 예리한 관찰에 따르면, 성시에서 지각되는 것은 "인

---

262) (원주) "운이 자연스러우면 살며시 마음속으로
  들어온다.
  운은 조화를 뒷받침해주고 장식하며 말을 접합하여
  기억하게 해준다."
    [니콜라이(Ludwig Heinrich von Nicolay, 1737-1820)]
    『비가와 편지 Elegien und Briefe』(스트라스부르, 1760)
263) 플라톤, 『향연』 185c-e.
264) 스카롱(Paul Scarron, 1610-1660)은 죽기 직전에 딸꾹질에 대한 풍자시 한 수를 짓고 싶었다고 한다.
265) (옮긴이 주) 운이 없는 행, 즉 무운행(Waise)을 말한다.
266) (원주) 로우드의 세 번째 강연에 대해서는 발행자[미하엘리스]의 네 번째 각주(149쪽)와 『최근 독일문학에 관한 편지』 제3부 [51번째 편지]를 참조하라.
  [여기에서 말하는 "비평가들"이란 레싱과 미하엘리스를 가리킨다. 레싱은 『최근 독일문학에 관한 편지』 제3부 51번째 편지에서 클롭슈토크에 관련하여 다음과 같이 말한다. "그것들은 신의 편재(遍在)에 대한 고찰, 아니면 오히려 이 위대한 대상에 대해 시인이 표현한 느낌입니다. 이 느낌이 저절로 균형 잡힌 시행들로 정돈되었던 것 같습니다. 이 시행들은 비록 특별한 운율을 갖지 않았지만 화음으로 가득합니다. [...] 그런데 제가 그것을 달리 하나의 시 유형이라 불러도 된다면, 당신은 그 시

[N II, 215]

공적인 산문 이상이 아니다. 이 산문은 완전문들의 작은 부분들로 해체되며, 이 부분들 각각은 특별한 운율을 지닌 개별 시행으로 간주할 수 있다. 그리고 가장 오래되고 가장 성스러운 시인들의 고찰 혹은 느낌은 저절로" (어쩌면 에피쿠로스의 원자(原子)들과 마찬가지로 우연히) "균형 잡힌 시행들로 정돈되었던 것 같다. 이 시행들은 비록 (규정되었거나 규범으로서 효력이 있는) 운율은 갖지 않았지만 화음으로 가득하다."

호메로스의 단조로운 운율은 구속받지 않는 독일의 핀다로스267)

유형에 대해 뭐라고 말하겠습니까? 본래 그것은 인위적인 산문에 불과합니다. 이 산문은 완전문들(Perioden)의 작은 부분들로 해체되며, 이 부분들 각각은 특별한 운율을 지닌 개별 시행으로 간주할 수 있습니다." 미하엘리스는 (원주에서 말하듯이 149쪽이 아니라 49쪽에서) 히브리인의 자유로운 운율에 대한 로우드의 강연을 논평하고, 이 자유로운 시를 마찬가지로 운율을 무시하는 서창(敍唱)과 비교한다. 그러나 미하엘리스는 히브리인의 시와 정돈된 산문 사이의 큰 차이점을 발견한다. 그 때문에 그는 이사야를 신의 시인이라 부르고자 하며, 다른 사람들이 그러하듯이 모범적인 연설가 내지 산문작가라고 결코 칭하고자 하지 않는다.]

267) (원주) 만약 클롭슈토크 씨가 식자공에게, 혹은 옷 깁는 여인 마르고몽브롱(Louis Charles Fougeret de Monbron, 1720-1761)의 소설 『옷 깁는 여인 마르고 Margot la Ravaudeuse』(1750)에서 문헌학자의 무사 여신으로 등장하는 인물와 같은 사람에게 자신의 시적인 느낌을 행을 바꿔 인쇄하도록 시키는 이유를 말하고자 한다면, 이는 우스꽝스럽지 않겠는가? 그 시적인 느낌은 천민이 볼 때 신비로운 속성을 대상으로 하고 있으며, 고상한 말로는 훌륭한 느낌이라 불린다. 비록 알아듣기 힘든 내 방언으로 말하지만, 클롭슈토크 씨의 산문적 문체는 고전적 완전성의 모범임을 기꺼이 인정한다. 몇 번 음미해보니, 이 작가가 모국어, 특히 운율판별법(Prosodie)에 대한 매우 심오한 지식을 갖고 있다는 생각이 든다. 따라서 그의 음악적 운율은 평범하고자 하지 않는 가인(歌人)이 읊는 서정시의 예복으로는 가장 적합한 것 같다. - 나는 우리 아삽 [Assaph, 시편 50편과 73-83편의 저자. 여기서는 클롭슈토크를 가리킴]의

[N II, 216]

[216] 와 마찬가지로 적어도 우리에게는 역설적으로 생각될지 모른다. 그 그리스 시인의 작품에서 지속적으로 하나의 운율이 사용된 원인에 대한 나의 감탄 혹은 무지는 쿠를란트와 리프란트 지역을 여행했을 때 누그러졌다. 언급한 지역의 몇몇 지방에서는 라트비아 민중 혹은 독일인이 아닌 민중이 일할 때마다 노래하는 소리가 들렸는데, 그 노래는 운율과 많은 유사성을 지닌 소리가 거의 없는 카덴차에 불과했다.[268] 만약 그들 가운데에서 시인이 나타난다면, 그가 그들 목소리를 척도로 삼아 자신의 모든 시행을 재단하리라는 것은 너무나도 당연할 것이다. 이런 사소한 상황("어쩌면 그것을 머리인두로 곱슬곱슬하게 지지고자 하는, 형편없는 취향을 지닌 사람들의 마음에 들게"[269])을 적절하게 조명하고, 이를 여러 현상과 비교하며, 이의 원인을 추적하여 풍성한 결과를 전개하는 데는 너무나 많은 시간이 소요될 것이다. -

---

독창적인 작품을 그가 바꾼 오래된 찬송가[『성가 *Geistliche Lieder*』] (1758). 클롭슈토크는 "오래된 가사"나 "딱딱한 운율"을 지녔거나, 아니면 무엇보다도 "종교에 합당치 않게 된" 노래들을 바꾸었대와, 심지어 그의 서사시[『메시아』]와 구분한다. 이 서사시의 이야기는 잘 알려져 있으며, 전적으로는 아니지만 옆모습은 밀턴의 서사시[『실락원』]와 유사하다. [(옮긴이 주) "독일의 핀다로스"는 클롭슈토크를 가리킨다.]
268) 민요에 대한 하만의 관심은 이후 헤르더의 민요수집에 영향을 준다.
269) 키케로, 『부르투스』 75, 262.

[N II, 216]

이미 너무나 오랫동안 신들의 아버지[270]는
눈과 무서운 우박을 보냈다. 빨갛게 달아오른
오른 손은 성스러운 성첩(城堞)을 때렸고, 로마와 제 민족을
소스라치게 놀라게 했다.

퓌르라[271]의 시대를 되돌아오게 함으로써.
그녀가 소름끼치는 뜻밖의 일에 둘러싸여 한숨지을 때
늙은 프로테우스[272]는 높은 산
정상으로 가축을 몰았다. - -

(호라티우스, 『송가』 I, 2])

---

270) (옮긴이 주) 제우스.
271) (옮긴이 주) 에피메테우스의 딸이자 데우칼리온의 아내. 제우스가 지상에 대홍수를 내릴 때 이 부부만 살아남는다.
272) (옮긴이 주) 바다의 신으로 변신에 능하다.

[217]	추신(Apostille)

　카발라 산문으로 쓰인 이 광시의 최고령 독자로서 나는 장자권(長子權)으로 인해 내 뒤에 올 동생들에게 다음과 같이 긍휼한 판단의 한 예를 더 남겨야 할 의무가 있다고 생각한다.
　이 미학적 호두[273] 안에 들어 있는 모든 것은 공허[274]한 맛이! - 공허한 맛이! - 난다! - 공허한 맛이! - 광시를 읊는 시인[275]은 읽고 고찰하고 생각하며 호감이 가는 말을 찾고 발견했으며 충실하게 인용했고 상인의 배처럼 양식을 먼 데서 가져왔다.[276] 그는 싸움터에서 화살[277]을 세듯이 문장과 문장을 합산했으며, 못을 박아[278] 장막을 치듯이[279] 자기 외관을 컴퍼스로 쟀다. 그는 못과 화살 대신에 당대의 멋쟁이와 옹졸한 사람과 더불어 * * * * * * * *, 그리고 - - - - - - - - - 단검표와 별표[280]를 가지고 썼다.

---

273) 『미학의 진수』.
274) 전도서 1장 2절, 12장 8절.
24) (원주) "광시를 읊는 시인들은 해석가들의 해석가다."(플라톤의 『이온』에 나오는 소크라테스의 말) [플라톤, 『이온』 535a]
276) 잠언 31장 14절.
277) (원주) 프로코피오스, 『페르시아 전쟁 De bello persico』 I 18[, 30.] [프로코피오스에 따르면, 페르시아 병사 대부분은 궁사(弓師)이며, 이들은 로마 병사들보다 더 빨리 활을 쏘지만, 이들의 활은 약해서 많은 타격을 주지 못했다. 이와는 달리 로마 궁사의 수는 훨씬 적고, 그들은 더 느리게 쏘지만, 그들의 활은 더 강력하여 페르시아 궁사보다 더 많은 전과를 올렸다.]
278) 전도서 12장 11절.
279) 이사야 54장 2절.
280) (원주) "별표[*]는 빛나게 해주고, 단검표[†]는 잘라내고 찌른다."(히에로뉘무스의 『모세오경 서문』) 플라톤에 관한 디오게네스 라에르티오스의 언

[N II, 217]

이제는 가장 오래된 미학인 그의 최근 미학의 결론을 들어보자.281)

하나님을 두려워하며 그에게 영광을 돌리라 이는 그의 심판의 시간이 이르렀음이니 하늘과 바다와 물들의 근원을 만드신 이를 경배하라!282)

급을 참조하라. 이런 마소라 기호의 적절한 사용은, 최근의 해석가들 중의 한 사람이 바울의 서신을 단락표(§§)와 도표의 방법을 통해 상술했듯이, 솔로몬이 쓴 성서를 다시 젊어지게 하는데 기여할 수 있을 것이다. [히에로뉘무스와 그 이전 사람들은 구절을 잘라내기 위해서는 단검표(고대에는 본문에 나와 있는 것처럼 수평 일획(-)을 사용했다)를, 구절을 덧붙이기 위해서는 별표를 사용했다. 라에르티오스(『철학자들의 생애』 III. 66(『그리스철학자열전』, 208쪽 참조))는 당시의 플라톤 판에서 사용된 비판적인 기호에 대해 말하기를, 별표는 견해가 일치함을, 단검표는 미심쩍은 구절을 표현한다고 했다.]

281) 전도서 12장 13절 참조.
282) 요한계시록 14장 7절.

옮긴이의 글

1. 『내 생애에 대한 생각』

『내 생애에 대한 생각』은 일종의 하만의 자서전이다. 하지만 노년에 인생을 회고하며 쓴 것이 아니라, 20대 말에 이전까지의 삶을 정리한 글이다. 표지를 보면, "1758년 4월 21일 런던에서"(N II, 9) 작성했다고 되어 있으나, 이 글에는 1758년 4월 24일부터 12월 31일까지, 그리고 1759년에 쓴 글까지 포함되어 있다. 이로 보건대 1758년 4월 24일 이후의 글은 편집자가 하만의 저서를 편집하는 과정에서 추가한 것으로 보인다.

하만은 어린 시절 부모님의 엄격한 훈육을 받으며 자랐다. 특히 하만의 부모님은 자녀교육을 위해서는 물심양면으로 지원을 아끼지 않았다. 그래서인지 하만은 천연두와 발진으로 인해 두 차례 학업을 중단해야 했지만, 그럼에도 불구하고 우수한 성적으로 고등학교를 졸업했다.

쾨니히스베르크 대학에 입학한 하만은 원래 신학을 공부하려 했으나, 곧 관심이 이에서 멀어지고 고대와 문학과 문헌학에 몰두한다. 대학에서 그는 베렌스(J. Chr. Berens)와 린트너(J. G. Lindner)와 절친하여, 이들은 일종의 '삼인방'을 이룬다. 하만은 부모의 그늘에서 벗어나 스스로 돈을 벌고 싶어 대학을 중도에 그만두고 가정교사 생활을 시작한다. 그는 부트베르크 남작 부인 집과 비텐 장군

집에서 가정교사를 했으나 소기의 성과를 거두지 못하고 비애감을 맛본다.

하만은 친구 베렌스와의 친분으로 인해 베렌스 상가(商家)에 고용되어 모종의 임무를 부여받고 베를린, 함부르크, 암스테르담을 거쳐 런던에 간다. 하만은 영국을 "나의 모험적인 사고방식과 생활방식의 고향이자, 이에 제격인 토대이자 토양이라고 생각"(N II, 33)했지만, 영국에서의 생활(1757.4.18-1758.6.27)은 이런 기대와는 정반대였다. 하만은 런던에 도착하자 자신의 고질적인 심한 말더듬을 치유하려 했으나 뜻대로 되지 않는다. 게다가 부여받은 업무 또한 처리할 수 없게 되자 떠돌이 생활을 시작한다. 구원책도 없이 맹목적으로 살아가는 그에게 유일한 행동원칙은 "'세상 될 대로 되라지' [...] '네 자신을 잊기 위해 네 마음에 떠오르는 것은 무엇이나 이용하라.'"(N II, 35)였다. 그는 친구의 라우테를 망가뜨린 일로 인하여 이 악기를 구하는 중에 한 동성애자를 만나 곤혹을 치르기도 한다. 하만의 좌절감과 절망감은 날로 더해갔다. "폭음도, 폭식도, 사랑놀이도, 여기저기 들락거리는 것도 소용이 없었다. 폭음과 폭식을 하다가 깊이 생각해보기도 했지만, 책을 읽다가 비행을 저지르기도 했지만, 열심히 일하다가 수없이 게으름을 피우기도 했지만 아무 소용이 없었다. 이 양 측을 오가며 멋대로 살았지만 소용이 없었다."(N II, 36-37)

그러다가 마침내 하만은 일생일대의 전기(轉機)를 맞는다. 그는 1758년 3월 31일에 구약 신명기를 읽다가 대각성하게 된다.

갑자기 나는 가슴이 부풀어 오르는 것을 느끼며 울음을 터뜨렸다.

나는 더 이상 숨길 수 없었다 - - 내가 형제살해범임을, 하나님의 독생자의 형제살해범임을 더 이상 하나님께 숨길 수 없었다. 성령은 내가 무척 연약함에도 불구하고, 내가 이제껏 하나님이 보여주신 증거와 그분이 끼치신 감동을 오랫동안 받아들이지 않았음에도 불구하고, 계속해서 나에게 하나님의 사랑의 비밀과 우리의 은혜로우시고 유일하신 구세주에 대한 믿음의 유익함을 점점 더 많이 계시해주셨다.

하나님께 소중하며 가치 있는 해석자가 그분 앞에서 탄식을 내쉬었는데, 나도 그처럼 탄식하며 계속 하나님의 말씀을 읽었다. [...] 다행스럽게도 이제는 마음이 이전보다 더 평안하다. 우울증이 생기려고 했던 여러 순간에 나는 넘치도록 풍성한 위로를 받았다. 그런 위로는 내 자신에게서 기인할 수 없으며, 그 누구도 이웃에게 불어넣어줄 수 없는 것이다. 나는 넘쳐흐르는 위로를 받고서 깜짝 놀랐다. 이 위로가 모든 두려움, 모든 슬픔, 모든 불신을 삼켜버려서 내마음 속에서는 이것들의 흔적을 더 이상 찾아볼 수 없었다. [...] 내 인생의 목적은 달성됐다. 나는 몸을 그분(하나님)의 현명하시고 홀로 선하신 뜻에 맡긴다.(N II, 41-42)

기독교인으로 거듭난 하만은 런던에서의 약 1년 2개월간의 생활을 뒤로 하고 베렌스 가문이 있는 리가에 도착한다. 비록 하만이 임무를 완수하지 못했지만, 베렌스 가문은 그를 따뜻하게 맞아준다. 하만이 베렌스 가문에 머물고 있을 때, 그와 카다리나(친구 베렌스의 누이) 사이에서 로맨스가 싹튼다. 하만은 "'너에게 정해졌으며, 너를 위해 그처럼 오랫동안 그처럼 놀랍게 간직된 것은 바로 그녀이다.'"(N II, 52-53)라는 확신을 갖고 그녀에게 청혼했지만, 친구 베렌스의 반대로 이 로맨스는 성사되지 않는다.

『내 생애에 대한 생각』에서 눈여겨봐야 할 점은 무엇보다도 런던에서의 대각성이다. 하만은 대각성한 이후 성서를 기반으로 사유를 전개한다. 그는 성서 구절을 직접 인용하거나, 성서에 나오는 특정 인물이나 단어를 사용하여 자신의 텍스트를 구성한다. 따라서 성서 이해는 하만의 텍스트를 이해하기 위한 하나의 관문이라 할 수 있는데, 이 점은 『소크라테스 회상록』과 『미학의 진수』에서도 여실히 드러난다.

하만의 『내 생애에 대한 생각』을 헤르더의 『1769년 여행일지 Journal meiner Reise im Jahr 1769』와 괴테의 『시와 진실』과 비교해 보면 흥미로운 점이 발견된다. 『1769년 여행일지』에서 헤르더는 25세의 나이에, 그동안 교사로 목사로 활동해온 리가를 떠나 바다 여행을 하면서 자아를 반성하고 미래를 기획한다.[1] 이에 반해 괴테는 노년에, 1749년부터 바이마르로 떠나는 1775년까지의 삶을, 즉 26세까지의 삶을 『시와 진실』에서 기록하고 있다. 비록 이 세 저서의 내용은 다르지만, 모두 20대 중반 혹은 후반까지의 삶을 그리고 있다는 점에서는 유사하다.

---

[1] 이에 대해서는 옮긴이의 논문 「『1769년 여행일지』 - 'tot'와 'lebendig'의 개념을 중심으로 살펴본 헤르더의 자아개혁과 시대개혁에 대한 이념」(독일문학 107(2008), 54-75쪽)을 참조하시오.

2. 『소크라테스 회상록』[2]

런던에서 신앙 세계에 발을 들여놓은 하만이 귀국했을 때, 그를 바라보는 주변 친구들의 반응은 냉담했다. 그들은 그가 "미신적"(N II, 61)이고 "광신적"(ibid.)이 되었다고 비판했다. 대표적으로 쾨니히스베르크 대학 시절 하만의 절친한 친구였던 베렌스가 그랬다. 베렌스에게는, 하만이 베렌스 가문과 고용계약을 맺고 업무차 런던에 가서 아무런 성과 없이 돌아온 것보다도 귀국한 친구의 상태가 더 충격으로 다가왔다. 그래서 그는 칸트를 끌어들이면서까지 하만을 원래의 계몽주의적인 사고방식으로 되돌리려고 노력한다. 이에 대한 반응으로 하만은 『소크라테스 회상록』(1759)을 집필한다.

하만은 저서를 집필하기 시작하면서 친구인 린트너에게 보낸 편지에서 "소크라테스의 생애 가운데 몇몇 기억할 만한 것들"(ZH I, 400)을 쓰겠다고 말한다. 그리고 저서의 서문에서는 "내 의도는 소크라테스의 역사가가 되고자 하는 것이 아니다. 나는 [...] 단지 그의 회상록을 쓰고자 한다."(N II, 65)라고 밝힌다. 다시 말하면 하만은 전기 작가나 역사가처럼 고대 그리스 철학자의 생애를 상세하게 기술하지 않고, 그의 삶에서 중요한 요소만을 기록하겠다는 것이다. 그러면서 하만은 소크라테스와 그의 삶을 성서의 인물 혹은 사건과 계속해서 연관 지어 해석한다. 이 점이 소크라테스를 바라보는 계몽주의자들과 하만의 차이점이기도 하다. 이뿐만 아니라 하만은 자신이 18세기에 직면하고 있는 현실을 소크라테스가 고대 그리스에

---

[2] 이 글은 옮긴이의 논문 「하만과 소크라테스」(괴테연구 24(2011), 149-175쪽)를 정리한 것이다.

서 처했던 상황에 투영한다. 이를 통해 『소크라테스 회상록』을 집필한 하만의 저의가 드러난다.

1) "기억할 만한" 소크라테스의 행적

소크라테스의 어머니 파이나레테는 산파였다. 그는 어머니에게서 산파술을 배워, 직접 진리를 설파하기 보다는 문답법을 통해 다른 사람들이 진리를 깨닫도록 도와주는 역할을 자처한다. 그리고 그의 아버지 소프로니스코스는 조각가였다. 소크라테스는 아버지에게서 끌 다루는 솜씨를 배워 역시 조각가가 되었다. 하지만 그는 이처럼 실제적인 의미에서 뿐만 아니라, 정신적인 의미에서도 조각가였다.[3] 조각가가 "'목재의 불필요한 부분은 없애고 베면서, 바로 이를 통해 상(像)의 형태를 만들어가'"(N II, 66)듯이, 소크라테스는 캐묻는 과정을 통해 사람들에게 달라붙어 있는 편견과 선입견을 제거하면서 그들을 참다운 앎으로 안내했다.

소크라테스는 또한 "비범한 비평가"(N II, 61)였다. 소크라테스는 헤라클레이토스의 저서가 "다수의 작은 섬"(ibid.)으로 이루어졌으나 이것들을 연결해주는 "다리와 나룻배"(ibid.)가 없기에, 그의 저서는 "헤엄칠 수 있을 독자"(ibid.)가 필요하다고 평했다. 그러나 비평가였던 소크라테스는 저술활동은 하지 않았다. 그는 굳이 저서를 남길 필요가 없었는데, 이는 그의 성향과도 맞지 않았고, 무엇보다도 "장터, 들판, 향연, 감옥이 그의 학교였"(N II, 78)기 때문이다.

사도행전 17장 21절[4]을 보면 "새로운 것"에 호기심이 많은 아테

---

3) Cf. *Johann Georg Hamann, Sokratische Denkwürdigkeiten*, erklärt von F. Blanke, Gütersloh 1959, p. 108.

네인들에 대한 묘사가 나온다. 그런데 하만은 아테네인들의 이런 성향을 "성병"(N II, 76)에 비유하며, 바로 소크라테스가 이 병을 치료하는 최적격 "의사"(ibid.)라고 주장한다. 그리고 소크라테스도 자신을 공공복지에 힘쓰는 의사에 비유한다.[5] 그는 아동 관련 기관에서 일하는 의사로 아이들, 즉 아테네 젊은이들의 정신적인 건강을 위해 "궁정에 소속된 [...] 빵 굽는 사람들"(N II, 80)인 소피스테스들에 대항하여, 이들이 제공하는 "과자와 단것"(ibid.)을 금하고자 한다.

소크라테스의 친구 중에 카이레폰이 있는데, 그는 어느 날 델피 신전을 방문하여 세상에서 누가 가장 현명한지를 물었다. 이에 대해 퓌티아 여사제는 무지하다고 스스로 고백했던 소크라테스가 그렇다는 신탁[6]을 내린다. 그런데 델피의 신탁을 엿보면 역설이 드러난다. 왜냐하면 아무것도 모른다고 고백하는 자를 가장 지혜롭다고 선언하기 때문이다. 그런데 이 역설은 소크라테스에게만 해당되는 것은 아니다. 그의 사후 약 4백년 뒤에 오는 예수 또한 마찬가지이다. 유대인들은 "인간 중에 가장 아름다운 자"(N II, 68)를 메시아로 약속받았는데, 정작 그들에게 온 사람은 "고통 받는 상처투성이와 피멍투성이의 남자"(ibid.)였기 때문이다.

하만은 당대 최고의 현자인 소크라테스를 "선지자"(N II, 77)로 인정한다. 그리고 신이 그를 보낸 이유를 "그들[아테네인들]에게 자

---

4) "모든 아덴[아테네] 사람과 거기서 나그네 된 외국인들이 가장 새로운 것을 말하고 듣는 것 이외에는 달리 시간을 쓰지 않음이더라".
5) Cf. N II, 80.
6) Cf. N II, 68, 71.

신들의 우둔함을 일깨우고 덕에 있어 그의 뒤를 따르도록 격려하기 위함이었다."(Ibid.)라고 말한다. 또한 하만은 신이 소크라테스를 보낸 구체적인 증표로서 그의 "자발적인 빈곤"(N II, 81)과 죽음을 거론한다. 소크라테스가 생계를 방치하다시피 하여 항상 가계 문제로 아내 크산티페의 심기를 건드린 것도 신의 사명을 감당하기 위해서였다고 한다. 그런데 소크라테스의 가난함은 탁월한 교사라고 공언하는 소피스테스들의 부유함과는 대조된다.[7] 그리고 진리의 산파 역할을 감당했던 소크라테스는 비록 죄가 없었지만 아테네인들의 시기와 비방으로 인해, 선지자들과 의인들이 당했던 것과 동일한 최후를 맞이한다.[8]

2) 소크라테스의 "무지의 진리"

소크라테스의 친구들 중에 크리톤이라는 부유한 사람이 있었다. 그는 소크라테스의 자질을 간파하여 상당한 비용도 감수하며 훌륭한 교사들을 고용하여 친구를 위대한 소피스테스로 키우려고 했다. 하지만 크리톤의 노력과 기대와는 달리, 소크라테스는 여전히 무지했으며 스스로 무지하다고 고백했다.[9] 그런데 하만에 따르면, 소크라테스의 자기인식은 후대에 쓰인 신약성경에서 그 진가를 인정받는다. 그가 볼 때, 사도 바울이 고린도 교인들에게 쓴 편지 속에는 무지에 대한 소크라테스의 증거를 확증해주는 "인장(印章)"(N II, 74)과 그것을 이해하는 "열쇠"(ibid.)가 들어 있다. 그것은 다름 아

---

7) 플라톤, 『메논』 91d 참조.
8) Cf. N II, 81.
9) Cf. N II, 70.

닌 고린도전서 8장 2절이다. "만약 누구든지 무엇을 아는 줄로 생각하면 아직도 마땅히 알 것을 알지 못하는 것이요".(Ibid.) 또한 하만은 요한복음 12장 24절[10]을 원용하여, 우리의 "모든 자연스런 지혜의 씨앗"(ibid.)이 무지 속에서 썩어 사라져야만, 그 "무(無)"(ibid.) 속에서 "고차적인 인식을 지닌 생명과 존재"(ibid.)가 태어난다고 본다. 결국 하만에게 있어 소크라테스의 무지란 차원 높은 새로운 인식을 배태하는 자궁인 셈이다. 바로 이 무지에서 소크라테스의 모든 착상이 분출되었으며,[11] 그의 독특한 교수법과 사유방식이 기인했다.[12] 그리고 소크라테스가 지혜에 있어 고대 비극시인들인 소포클레스와 에우리피데스를 능가한 것도 자신의 무지를 인식했기 때문이다.[13]

하지만 하만이 볼 때, 18세기 계몽주의자들은 소크라테스를 자신들의 "모범"(N Ⅱ, 76)으로 삼으면서도 정작 그의 무지에 대해서는 무지했다. 그들은 자기 확신에 차있고 이성을 척도로 삼기에 "무지에의 교감"(N Ⅱ, 70)이 없었으며, 따라서 소크라테스의 무지의 의미를 제대로 이해할 수 없었다. 따라서 그들의 소크라테스 상(像)은 "원본"(N Ⅱ, 76)과 다를 뿐만 아니라, 오히려 "반(反)소크라테스적"(ibid.)인 것이다.

그리고 하만은 소크라테스의 무지와, 흄과 베일을 위시한 근대 회의론자들의 무지를 확연히 구분한다. 소크라테스는 "실제로 [...]

---

10) "내[예수가 진실로 진실로 너희에게 이르노니 한 알의 밀이 땅에 떨어져 죽지 아니하면 한 알 그대로 있고 죽으면 많은 열매를 맺느니라".
11) Cf. N Ⅱ, 73.
12) Cf. N Ⅱ, 75.
13) Cf. N Ⅱ, 71.

무지했"(N II, 70)던 반면, 근대 회의론자들은 이솝 우화에 나오는 사자 가죽을 뒤집어 쓴 당나귀처럼 "위선적인 기만"(N II, 73)으로 무지를 가장했다. 소크라테스가 자신의 무지를 "직감"(ibid.)했다면, 이들은 수많은 증명을 통해 자신들의 무지를 "입증하"(ibid.)고자 했다. 소크라테스는 "무지의 진리"(ibid.)를 깨달았지만, 이들은 내심 이에 대해 강한 반감을 지녔다. 이를 토대로 하만은 소크라테스가 직감한 무지와 근대 회의론자들이 명제를 통해 증명한 무지의 차이는 "살아 있는 동물"(ibid.)과 "그 동물의 신체 해부 뼈대"(ibid.) 간의 차이보다 더 크다고 주장한다.

하만에 따르면, 무지를 직감하고 고백했던 소크라테스에게는 수호신이 임했다. 호메로스가 예술 규칙에 대해 몰랐을지라도, 셰익스피어가 그런 규칙을 위반하거나 이에 대해 무지했을지라도, 그들에게는 이를 보완해주는 "독창성"(N II, 75)이 있었듯이, 무지를 자각한 소크라테스에게는 수호신이 있었다. 소크라테스가 자신의 지혜가 보잘것없음을 인정했을 때에, 즉 자신을 비웠을 바로 그때에 수호신이 임한 것이다. 이로 보건대 무지의 고백이 수호신이 임하는 데 필요한 전제조건임이 드러난다.

하만은 소크라테스의 "무지의 知"[14]에서 그의 독특한 철학방식이 기인한다고 생각한다.[15] 소크라테스는 무지한 자로 자처했기에 가르치는 자가 아니라 항상 배우는 자의 입장에 선다. 그리고 배우는 자로서 끊임없이 상대방에게 질문한다. 하지만 소크라테스의 질문은 단순히 상대방의 진의를 캐묻는 차원에서 끝나지 않고, 상대방

---

14) 플라톤(저)/박종현(역), 『국가』, 개정 증보판, 서광사 2005, 79쪽(각주).
15) Cf. N II, 75-76.

이 자신의 "무지의 무지"16)를 인정하고 참된 앎에 대한 갈망을 갖도록 함으로써 진리탐구에 동참하게 하는 데까지 이른다. 이런 측면에서 볼 때, 문답법을 근간으로 하는 소크라테스의 산파술은, 상대방 논리의 허점을 찔러 논쟁에서 승리하는 것을 목표로 삼는 소피스테스들의 논쟁술과는 전혀 다르며, 그 자체가 비록 직접 진리를 낳지는 않지만 그 안에 "풍성한 진리의 씨앗"(N II, 66)을 내포한다.

3) 성서 유형학적인 측면에서 바라 본 소크라테스

하만은 『소크라테스 회상록』 서문에서 성서 유형학적인 해석17)에 대한 하나의 실마리를 제공한다. 그에 따르면 이방인들 가운데에도 "거룩한 사람들"(N II, 64)이 있었으며, 우리는 "이들 허다한 증인들"(ibid.)을 무시해서는 안 된다. 또한 이들은 하늘에 의해 기름 부음 받은 "사자"(ibid.)이자 "통역자"(ibid.)로서, 유대인 가운데 있었던 선지자가 받았던 바로 그 소명을 이방인 가운데에서 받았다. 소크라테스를 직접 거명하지는 않았지만, 이방인인 소크라테스가 선지자로서 부름을 받았다는 점을 암시해 주고 있다. 그리고 서문 말미에서는 소크라테스가 친구인 무두장이 시몬을 방문한 것을 사도

---

16) 『국가』, 79쪽(각주).
17) 유형학에서는 텍스트에서 보고된 진술이나 기술된 사건은 역사적인 사실 그 자체로서 의미를 지닐 뿐만 아니라, 앞으로 일어날 사건까지도 예표한다.(Cf. Blanke, p. 14) 유형학을 성서와 연관해서 바라보면, 한 예로 요나가 3일 동안 고래 뱃속에 있다가 나왔던 일은 예수가 십자가에 못 박혀 죽은 지 사흘 만에 부활할 것을 예표한다. 그리고 이 성서 유형학을 좀 더 범위를 넓혀 고대 신화와 연관해서 보면, 재에서 다시 태어난 불사조 피닉스는 부활한 예수를 가리킨다.

베드로가 무두장이 시몬 집에서 유숙한 것과 대비한다.[18]

이어지는 제1절(Abschnitt)에서는 조각가의 아들인 소크라테스는 "목수의 아들"(N II, 67)인 예수에 대응한다. 무지하다고 고백한 자를 가장 지혜로운 사람이라 칭한 델피 신탁의 역설은, 약속한 구세주인 예수가 멸시와 천대와 버림을 받는 성서의 역설을 연상케 한다.[19]

제2절에서는 소크라테스와 사도 바울의 관계가 대두된다. 사도 바울은 고린도 교인들에게 보낸 편지에서 "만약 누구든지 무엇을 아는 줄로 생각하면 아직도 마땅히 알 것을 알지 못하는 것이요"라고 쓰면서 지적 교만함에 대해 경고한다. 그리고 자신도 그리스도 예수를 위해서는 학식을 포함한 자신의 모든 것을 "해(害)"[20] 혹은 "배설물"[21]로 여긴다고 힘주어 말한다. 지식에 대한 사도 바울의 태도는 역으로 소크라테스가 행한 무지의 고백을 인증해줄 뿐 아니라, 그의 고백의 참된 의미를 밝혀준다. 게다가 하만은 선지자로서의 소크라테스의 위상을 강조한다.

> 소크라테스를 선지자 가운데 용납하고자 하지 않는 사람에게는 선지자들의 아버지가 누군지를 물어야 하고, 우리 하나님께서 당신 자신을 이방인의 하나님이라 부르고 입증하지 않으셨는지를 물어야 한다.(N II, 77)

---

18) Cf. N II, 65.
19) Cf. N II, 68.
20) 빌립보서 3장 7절.
21) 빌립보서 3장 8절.

이것을 서문에서 언급한 것과 관련지어 말한다면, 이방인으로서 선지자의 사명을 부여받은 소크라테스는, 유대인으로서 이방인을 위한 사도로 부름 받은 바울과 대비된다. 이로 보건대, 소크라테스는 사도 바울의 "선구자"[22]라고 볼 수 있다. 제2절에서는 또한 수호신과 성령의 연관이 드러난다. 동정녀 마리아가 성령에 의해 예수를 수태했듯이, 소크라테스는 무지를 고백하여 비워낸 내면을 수호신에 의해 채움 받았기 때문이다.

제3절과 맺는말에서는 상호 혈전을 벌인 소크라테스와 소피스테스들의 관계를 서로 갈등을 빚은 예수와 사두개인, 바리새인과의 관계에 대응시킨다.[23] 그리고 최고 현자로 인정받았음에도 불구하고 계속해서 무지를 고백했던 소크라테스는, 하나님과 동등한 위치에 있으면서도 그것을 마다하고 인간을 구원하기 위해 인간의 몸으로 세상에 온 예수를 예표한다.[24] 또한 진리의 산파 역할을 자처했던 소크라테스가 아테네인들의 비방과 시기로 사형을 선고받고 독배를 마신 사건은 진리를 증거한 예수가 유대인들의 시기와 질투로 인해 십자가라는 극형을 받은 사건[25]을 앞서 보여준다. 이렇듯 『소크라테스 회상록』에서 하만은 소크라테스를 여러 성서 인물내지 사건과 관련시켜 고찰하는데, 그중에서도 소크라테스와 예수의 관계가 전면에 등장한다.

---

22) Eva Kocziszky, *Hamanns Sokratisches Philosophieren*. In: Poetica 1/2(2001), p. 114.
23) Cf. N II, 79.
24) Cf. N II, 82.
25) Cf. ibid.

그런데 하만에 따르면, 18세기 계몽주의자들은 정신적인 조각가로서의 소크라테스만을 높이 평가하고 이를 "신성시하"(N II, 67)나, 정작 중요한 소크라테스와 예수의 연관은 인식하지 못하고 있다. 소크라테스의 진면목을 파악하지 못한 이들의 "근시안"(ibid.)은 소크라테스를 독살했던 고대의 아테네인들보다 더 비난받아 마땅하다. 이 점을 하만은 마태복음 23장 30-32절[26]을 원용하여 다음과 같이 적고 있다. "이 근대의 아테네인들은 소크라테스를 고발하고 독살했던 자들의 자손이며, 조상보다 더 우둔한 중상자이자 더 잔인한 살인자이다."(N II, 67)

4) 하만과 소크라테스

하만은 소크라테스의 삶에 대한 "의미심장한 시론(試論)"(N II, 65)을 쓰면서 계몽주의 시대에 살고 있는 자신을 이 고대 그리스 철학자의 삶에 투영한다. 18세기에 자신이 처해 있는 상황이 소크라테스의 그것과 닮았다고 생각하기 때문이다. "저[하만]는 여기[쾨니히스베르크]에서 우연히 플라톤이 저술한, 인간의 본성에 대한 소크라테스와 알키비아데스 간의 대화『알키비아데스 II』]를 발견하여 이 책을 그[베렌스]에게 주었습니다. 왜냐하면 현재의 상황이 그 책 속에서 아주 정확하게 재현되어 있기 때문입니다."(ZH I, 353)

하만은 베렌스와 칸트에게 바친『소크라테스 회상록』헌사에서

---

[26] "만일 우리가 조상 때에 있었더라면 우리는 그들이 선지자의 피를 흘리는 데 참여하지 아니하였으리라 하니 그러면 너희[서기관들과 바리새인들]가 선지자를 죽인 자의 자손임을 스스로 증명함이로다 너희가 너희 조상의 분량을 채우라".

"저는 소크라테스에 대해 소크라테스적인 방법으로 썼습니다."(N II, 61)라고 말한다. 그런데 소크라테스가 사용했던 방법이란 다름 아니라 "아이러니"(ibid.)와 "유비"(ibid.)이다. 이중에서 "아이러니"[27]에는 상대방에게 동화되는듯하면서 그 이면에서는 상대방을 꼬집는 "공격적인 계기"[28]가 들어있다. 소크라테스가 우선 대화 상대자의 말이 옳다고 가정하고 상대방을 대화의 장에 끌어들인 것은, 계속되는 질문을 통해 결국에는 상대방이 무지함을 깨닫도록 하기 위함이었다. 하만도 당시의 계몽주의자들의 마음을 얻기 위해 그들이 열광했던 소크라테스라는 인물을 선택하여 그를 "우리 스승"(N II, 76)으로 받들고, 근대의 "소피스테스의 신비적인 언어"(N II, 60)를 사용한다. 그리고 자신의 저서를 가리켜 계몽주의자들의 사고방식을 "흉내 내는"(N II, 61) 저서라 평가절하하면서까지 당시의 계몽주의자들의 사고방식에 동화하는 것처럼 위장한다.[29]

소크라테스는 정신적인 의사로서 소피스테스들의 논리로부터 아테네 젊은이들을 보호하고, 선지자로서는 이들을 "무지의 진리"로 인도하려고 노력했다. 이와 마찬가지로 하만은 두 친구 베렌스와 칸트를 오만한 이성을 근간으로 하는 계몽주의 사고방식에서 구해내고자 한다. 그는 자신의 이러한 확고한 의지를 공중에게 쓴 『소크라테스 회상록』 헌사에서 표명한다.

---

27) 아이러니 개념에 대해서는 Blanke, pp. 74-75 참조.
28) Blanke, p. 75.
29) 하만은 『소크라테스 회상록』을 집필하기 직선에 칸트에게 쓴 편지에서 다음과 같이 말한다. "제하맨는 소크라테스처럼 다른 사람이 믿는 것 모두를 믿습니다. - 그런데 이는 다른 사람들의 믿음을 방해하기 위함입니다. 그 현재소크라테스가 이렇게 밖에 할 수 없었던 것은, 그 주변에는 소피스테스들과 사제들이 있었기 때문이었습니다."(ZH I, 377)

내가 드리는 봉납물은 바로 그대와 같은 신이 먹고서 배가 터져 죽었던 덩어리이다. 따라서 그 덩어리는 그대를 숭배하는 두 사람에게 넘겨주라. 이 알약으로 나는 그대의 공허함에 종노릇하는 그들을 정화하기 원한다.(N II, 59)

위 본문을 이해하려면 외경 다니엘서에 나오는 다니엘의 행적을 알 필요가 있다. 다니엘이 섬기던 왕 고레스는 용[30]을 신으로 숭배했다. 그런데 다니엘은 역청과 비계와 머리털을 함께 섞어 끓여 "덩어리"로 만들어 용(뱀)에게 먹이자 용(뱀)이 죽는다. 이 일을 통해 다니엘은 용(뱀)이 참 신이 아니라 우상에 불과했음을 왕에게 주지시킨다.[31]

다니엘이 여러 가지 것을 섞어 만든 "덩어리"로 우상인 용(뱀)을 죽였듯이, 하만은 자신의 저서인 『소크라테스 회상록』("봉납물", "덩어리", "알약")이 우상으로 떠받들어지는 공중("그대")에게, 다시 말하면 당시의 시대정신에게 치명적인 일격을 가할 것이라 확신한다. 그리고 공중을 숭배하는 "두 사람"은 하만이 쾨니히스베르크 시절부터 알고 지내던 친구인 칸트와 베렌스를 가리킨다. 하만이 볼 때 두 친구는 계몽주의의 합리적 세계관에 빠져 있다. 결국 그는 『소크라테스 회상록』을 통해 이성의 마력에 휘둘린 18세기 시대정신을 물리칠 뿐만 아니라, 그것을 숭배하는 칸트와 베렌스도 이 마력으로부터 구해주고자 한다.

"무지의 진리"를 설파하던 소크라테스가 아테네인들에 의해 고발

---

30) 공동번역 성서(카톨릭용, 대한성서공회 발행 1977)에서는 "큰 뱀"으로 번역하고 있다.
31) 외경 다니엘서 14장 27절 참조.

당한 후 독배를 마셔야 했듯이, 계몽주의자들을 신앙세계로 인도하려고 하는 하만은 자신 또한 "근대의 아테네인들"에 의해 선지자들이 당했던 운명을 똑같이 겪고 있다고 토로한다.

> 열매를 보고 나무를 알듯이, 제하맨는 제가 선지자로서, 모든 증인과 공유하는 운명에 의해 비방당하고 박해받고 경멸받고 있음을 알고 있습니다.(ZH I, 379)

이로써 하만은 자신이 소크라테스와 동일한 반열에 있는 선지자임을 천명하기에 이른다. 결국 소크라테스는, 선지자적 사명을 감당하고 있다고 자처하는 하만에게 하나의 표본이자 자신의 선지자적 소명을 알리는 메가폰이다.

3. 『미학의 진수』[32]

『미학의 진수』는 책 제목이 암시하듯이, 미학 이론서라기보다는 오히려 "종교적 팜플렛"[33] 혹은 기독교 "교리론의 고전적 텍스트"[34]라고 해도 무방할 정도로 성서의 핵심 내용으로 가득 차 있다. 그렇다고 하만이 '미학'이라는 간판을 앞에 내걸고 뒤에서 성서만을 논하는 것은 아니다. 『미학의 진수』에는 한편으론 성서가, 다른 한편으론 당대 미학, 문학, 철학, 문헌학, 성서해석학 등 18세기 전반적인 문화현상에 대한 비판이 있어, 이것들이 씨줄과 날줄마냥 얽혀 하나의 텍스트를 이룬다. 여기에서 성서는 이 저서의 기본 골격을 이루는 동시에, 당대를 진단하고 비판하며 대안을 제시하는 데 있어 도우미 역할을 한다.

요르겐센은 『미학의 진수』를 가리켜 하나님의 세계 창조와 예수의 성육신과 재림으로 구성된 3막극 드라마에 비유한다.[35] 그런데 요르겐센의 견해에는 성서의 핵심적인 한 고리인 인간의 타락이 빠져 있

---

[32] 이 글은 옮긴이의 논문 「성서의 시각에서 바라본 하만의 『미학의 진수』」 (독일문학 122(2012), 29-51쪽)을 정리한 것이다.
[33] Hans-Martin Lumpp, *Philologia crucis. Zu Johann Georg Hamanns Auffassung von der Dichtkunst.* Mit einem Kommentar zur "*Aesthetica in nuce*"(1762), Tübingen 1970, p. 144.
[34] Oswald Bayer, *"Schöpfung als "Rede an die Kreatur durch die Kreatur". Die Frage nach dem Schlüssel zum Buch der Natur und Geschichte.* In: Bernhard Gajek (Hrsg.), *Johann Gottfried Hamann.* Acta des zweiten Internationalen Hamann-Colloquiums im Herder-Institut zu Marburg/Lahn 1980. Marburg 1983, p. 68.
[35] Sven-Aage Jørgensen, *Hamann, Bacon, and Tradition.* In: Orbis Litterarum 16(1961), p. 71.

다. 인간의 타락이 없다면 예수의 성육신과 재림이 불필요하기 때문이다. 따라서 여기에서는 『미학의 진수』를 창조, 타락, 구원, 재림으로 이루어진 4막극 드라마로 보고 이를 분석하고자 한다.

1) 제1막 : 창조

창세기 1장은 하나님이 세상을 창조하는 과정을 자세히 기록하고 있다. 한 예로 3절에는 하나님이 빛을 창조하는 과정이 나온다. "하나님이 이르시되 빛이 있으라 하시니 빛이 있었고". 이 구절 가운데 "하나님이 이르시되"라는 구절을 보면, 하나님의 창조가 말씀을 통해 이루어졌음을 알 수 있다. 이와 관련하여 하만은 『미학의 진수』에서 다음과 같이 적고 있다.

> '제[피조물]가 당신[하나님]을 볼 수 있도록 말씀하십시오!' - - 이 바람(願)은 피조물을 매개로 피조물에게 말하기인 창조를 통해 이루어졌다.(N Ⅱ, 198)

하만의 위 주장은 성서와는 위배되는 듯 보인다. 왜냐하면 피조물의 바람이 먼저 있고, 이 바람에 응해서 하나님이 세상을 창조했다는 것이 되기 때문이다. 하지만 이 문구에서 중요한 것은 "말씀하십시오"라는 단어로, 이는 다음 문장의 "말하기"와 대구를 이룬다. 다시 말하면 하만은 성서에서처럼 하나님의 창조가 "말씀", 즉 "말하기"에 의한 것임을 재차 강조한다.

그리고 하나님의 말씀은 "빛이 있으라 하시니 빛이 있었고"라는 글귀에서처럼, 공허한 말로 끝나지 않고 "빛"을 존재케 한다. 이렇

게 하나님은 말씀으로 천지와 만물을 창조했다. 따라서 하나님의
창조는 일종의 "수행적 발화행위"36)이다. 또한 4절에 나오는 "하나
님이 빛을 낮이라 부르시고"라는 구절을 통해서는 하나님이 만물을
창조할 뿐만 아니라, 그것을 명명함을 알 수 있다. 만물은 하나님의
말씀에 의해 창조되고 이름까지 얻게 되었기에, 만물의 존재 의미
는 바로 그 말씀 속에 들어있다.37) 이 점에서 조물주인 하나님의
'화자'(話者)로서의 위상, 즉 "힘 있게 말씀하시는 분"(N II, 200)으
로서의 위상이 드러난다.

작가로서의 하나님의 위상은 두 가지 형태의 창조에서, 즉 천지
만물의 창조와 인간의 창조에서 드러난다. 하나님이 말씀에 의해
천지만물을 창조했다면, 인간의 경우에는 직접 "행동"(ibid.)을 통해
서였다. "그래서 주 하나님은 땅의 흙으로 인간을 지으셨다."(Ibid.)
그런데 하만은 인간과 그 외 피조물의 창조를 각각 문학 장르인 드
라마와 서사시에 빗대어 표현함으로써 그의 독창적인 사유의 일면
을 보여준다.

---

36) Eric Achermann, *Zeichenhandel. Zum Verhältnis von Semiotik und Ökonomie bei Johann Georg Hamann.* In: Ars Semeiotica 25(2002), No. 3-4, p. 293.

37) Cf. Joachim Ringleben, *Gott als Schriftsteller. Zur Geschichte eines Topos.* In: B. Gajek (Hg.), *Johann Georg Hamann. Autor und Autorschaft.* Acta des Sechsten Internationalen Hamann-Kolloquiums im Herder-Institut zu Marburg/Lahn 1992, Frankfurt a.M. u.a. 1996, p. 226. 하만은 1787년 4월 30일 야코비(Friedrich Heinrich Jacobi)에게 보낸 편지에서 다음과 같이 쓰고 있다. "저는 당신의 언어로 존재라는 말을 차라리 말씀이라 부르고 싶습니다."(ZH VII, 175)

그런데 무대의 창조와 인간의 창조와의 관계는 서사시와 극시(劇詩)와의 관계와 같다. 전자는 말에 의해 발생했고, 후자는 행동을 통해 이루어졌다.(Ibid.)

서사시가 "말"에 의해 사건을 전달한다면, 드라마는 "무대" 위에서의 연기, 즉 "행동"이 중요하다. 하나님이 "서사시인"[38]으로서 말씀을 통해 세계라는 "무대"를 창조했다면, "극작가"[39]로서는 "행동"을 통해 인간을 창조하여 인간이 이 "무대"에서 활동하게끔 정해주셨다.

창세기 1장과 2장을 살펴보면 하나님이 인간과 기타 피조물을 창조할 때의 차이점이 확연히 드러난다. 하나님은 인간을 다른 피조물보다 늦게, 하지만 가장 공을 들여 창조했다. 게다가 인간은 다른 피조물과는 달리 하나님을 닮은 존재로 빚어졌다.

결국 하나님께서는 인간이라는 걸작을 통해 당신의 영광의 감각적인 계시의 대미를 장식하셨다. 그분께서는 하나님의 모습으로 인간을 창조하셨다. - - 하나님의 형상으로 그분께서는 인간을 창조하셨다.(N II, 198)

인간은 "하나님의 형상"을 지녔을 뿐만 아니라, 조물주인 하나님의 "성품"(N II, 207)에도 참여하기에 만물을 다스리는 권세를 위임받았다.[40] 뿐만 아니라 하나님이 말씀에 의해 만물을 창조하고 명

---

38) Achermann, p. 293.
39) Ibid.
40) "생육하고 번성하여 땅에 충만하라, 땅을 정복하라, 바다의 물고기와 하늘의 새와 땅에 움직이는 모든 생물을 다스리라".(창세기 1장 28절)

명했듯이, 하나님의 "소생"(ibid.)인 인간 또한 사물의 이름을 지을 수 있는 자유 또한 부여받는다. 이를 입증해주는 것으로, 하나님이 아담이 각종 짐승과 새를 어떻게 부르나 보려고 그에게 이끌어 가자 그가 부르는 것이 곧 그 이름이 되었다는 창세기 2장 19절이 있다.[41] 하지만 이때 인간의 '부르기'는 엄밀한 의미에서 하나님의 "말하기"의 일종의 번역이다.[42] 조물주인 하나님은 사물의 본질을 가장 정확하게 파악하는 반면, 피조물인 인간의 인식능력과 표현능력은 제한되어 있기 때문이다. 이런 의미에서 인간의 '부르기'는 "천사의 언어를 인간의 언어로, 즉 생각을 말로 - 사물을 이름으로 - 형상을 기호로"(N II, 199) 번역하는 행위라 할 수 있다.

인간은 하나님을 따라 사물을 명명할 수 있듯이, 자연과 역사라는 "책"(N II, 204)을 지은 "시인"(N II, 206)인 하나님을 본받아 작품 또한 쓸 수 있다. 인간의 시는 소극적인 의미에서 하나님이 창조한 "아름다운 자연의 모방"(N II, 205)이지만, 적극적인 의미에서는 하나님의 계시의 방편인 자연과 성서를 "재료"(N II, 210)로 삼아 하나님의 창조의 원리와 질서를 재현해야 한다. 따라서 인간의 시는 하나님이 지은 근원적인 시의 "미메시스"[43]이자 "인류의 모국

---

41) Cf. N II, 206.
42) Cf. N II, 199.
43) Wilhelm Schmidt-Biggemann, *Christologische Poesie. Bemerkungen an Hamanns 〉Aesthetica in nuce〈*. In: Claudia Brinker-von der Heyde und Niklaus Largier (Hg.), *Homo Medietas. Aufsätze zu Religiosität, Literatur und Denkformen des Menschen vom Mittelalter bis in die Neuzeit (Festschrift für Alois Maria Haas zum 65. Geburtstag)*, Bern u.a. 1999, p. 491.

어"(N Ⅱ, 197)이다.

하나님의 "영광의 감각적인 계시의 대미"인 인간이 하나님의 대리인으로 활동했을 때, 하나님의 말씀은 살아 움직였고, 인간은 그 말씀을 자신의 감각으로 실감할 수 있었다.44) 하나님의 창조가 "말하기"이자 "볼 수 있도록" 한 행위이기에, 이것은 듣고 보는 인간의 감각작용과 밀접하게 연관된다. 하만에 따르면, 인간의 감각은 정열과 더불어 "형상만을 말하고 그것만을 이해"(N Ⅱ, 197)하는데, 바로 이 "형상" 속에 "인간의 인식과 지복(至福)이라는 온갖 보화"(ibid.)가 담겨 있다. 하만에게 있어 감각과 정열은 더 이상 인식활동을 가로막는 장애물이 아니라 인식의 보고(寶庫)에 이르는 첩경이다. 뿐만 아니라 감각과 정열은 "아름다운 본성의 양(養)부모"(N Ⅱ, 201)로서, "미술의 형이상학"(ibid.)으로 들어가기 위해서는 반드시 거쳐야 하는 관문이기도 하다. 이처럼 하만이 창조에서 감각(과 정열)을 강조하는 것은 당시 발아하기 시작한 새로운 시대조류와 무관하지 않다. 즉, 프랑스 감각론자인 콩디야크와 '미학'이라는 새로운 학문을 구축한 바움가르텐의 영향이 있었다. 하지만 하만과 바움가르텐의 차이라고 하면, 바움가르텐은 데카르트를 위시한 이성론에 의해 배제된 감각을 복권시키고 감각에 대한 연구를 학문의 반열에 올려놓았지만, 그에게 감각은 여전히 이성과 대비되는 '하위인식능력'이다. 하지만 하만에게 감각은 하나님의 창조를 보고 느낄 수 있게 해주는 신성이 깃든 원초적인 인식능력이다. "'빛이 있으라!' [...] 이 말씀과 더불어 사물의 현존에 대한 느낌이 시작된다."(N Ⅱ, 197)

---

44) "인간이 처음에 들었고 눈으로 보았으며 주시했고 손으로 만졌던 것은 생생한 말이었다. 왜냐하면 하나님은 말씀이었기 때문이다."(N Ⅲ, 32)

2) 제2막 : 타락

하나님은 천지를 창조할 때 줄곧 '화자'의 입장에 서 있었다. 그런데 하나님과 마찬가지로 사물을 명명할 수 있는 자유와 권한을 위임받은 인간이 창조됨에 따라 조물주인 하나님과 피조물인 인간 사이에는 일종의 "의사소통 공동체"[45]가 형성된다. 하지만 얼마 안 있어 이 공동체에서는 소통 문제가 발생한다. 하나님은 "선악을 알게 하는 나무의 열매는 먹지 말라"(창세기 2장 17절)고 명했는데, "우리 시조"(N II, 198)인 아담과 하와는 "눈이 밝아져 하나님과 같이 되어 선악을 알"(창세기 3장 5절) 수 있다는 뱀의 꾐에 빠져 하나님의 말씀을 어기고 선악과를 따먹었다. 결국 인간의 타락은 조물주처럼 선악을 인식하고자 하는 이성의 교만함에서 기인한다. 이 점에서 하만은 피조물에 불과한 인간의 월권행위를, 세속화의 길을 걷고 있는 계몽주의의 문제점을 비판할 뿐만 아니라, 원죄 문제를 당대를 분석하고 해석하는 하나의 틀로 이용한다.[46]

아담과 하와의 원죄로 인해 하나님의 계시의 방편인 자연에도 문제가 생겼다. 낙원에 있을 때에 인간은 자연 속에서 살아 움직이는 하나님의 말씀을 보고 듣고 만질 수 있었다. 그리고 자연이 인간에게 끼친 인상과 인간이 그것을 표현한 것 사이에는 "동형"[47] 관계가 형성되어 있었다. 그러나 원죄 이후로 하나님의 작품인 자연이라는 "책"은 이전처럼 우리의 감각과 정열을 촉발하지도 않고, 내용이 뒤섞이고 갈가리 찢겨져서 그 의미를 파악할 수 없게 되었으며, 하물

---

45) Achermann, p. 295.
46) Cf. Bayer, pp. 65-66.
47) Achermann, p. 302.

며 그 "책"의 원저자인 하나님의 음성을 들을 수 없게 되었음은 물론이다.

> 우리가 사용할 것으로 자연에서 남은 거라고는 뒤죽박죽이 된 시구와 '절단된 시인의 사지(四肢)'뿐이다.(N II, 198-199)

이로 인해 이 "책"은 "봉한"(N II, 65) 것과 다름없게 되었고, 이 "책" 안에는 "우리의 이성과는 다른 송아지로 밭 갈지 않고서는 풀 수 없는 수수께끼"(ibid.)로 가득 차게 되었다. 이런 상황에서 하만은 학자와 철학자, 그리고 시인에게 임무를 부여한다.

> 이것들["뒤죽박죽이 된 시구와 '절단된 시인의 사지'"]을 수집하는 것은 학자에게 주어진 몫이고, 이것들을 해석하는 것은 철학자에게 주어진 몫이며, 이것들을 모방하는 것은 - 아니면 좀 더 대담하게 말하자면! - - 이것들을 정돈하는 것은 시인에게 주어진 몫이다.(N II, 199)

학자와 철학자의 임무가 각각 혼란스럽고 찢겨진 자연을 "수집"하고 "해석"하는 데 있다면, 시인에게는 이 현실을 "모방"할 뿐만 아니라, 더 나아가 자연의 본래 모습을 보여주어야 하는 임무가 주어진다. 학자나 철학자보다는 시인에게 상대적으로 더 막중한 과제가 부과된 셈이다. 시인은 자연을 복원하여 하나님의 창조 질서를 재현해야 한다는 점에서 선지자적 사명을 갖고 있기도 하다.[48]

인간의 타락은 자연이라는 "책"을 훼손했을 뿐만 아니라 인간과

---

[48] Cf. Jørgensen, p. 61.

피조물의 관계도 뒤틀리게 했다. 창조 때 인간은 하나님으로부터 만물을 다스리는 권한과 이를 명명할 수 있는 자유를 부여받았다. 인간이 하나님을 닮은 주체로서, 객체인 피조물을 다스리고 이들을 명명할 때에, 피조물은 인간에게 "경의를 표[했다"(N II, 206). 그러나 죄로 말미암아 인간이 이 권한과 자유를 악용하여 피조물을 "산 제물"(ibid.)로 삼는 등 "폭정"(ibid.)을 행하자, 피조물은 "굴복하며, 종노릇 하는 가운데 혹은 허무함으로 인해 탄식[했다."(ibid.) 그런가 하면 인간은 위와는 반대로 창조 질서를 거슬러 다스림을 받는 대상인 피조물을 "우상"(ibid.)으로 떠받들며 섬기기도 했다. 이리하여 모든 피조물은 창조 질서가 회복되기를 고대하기에 이른다.

3) 제3막 : 구원(성육신)

하만은 창조 질서의 회복을 바라는 피조물의 소망에 대해, 요한복음 4장 22절을 해결책으로 제시한다. "구원은 유대인에게서 온다."(N II, 210). 여기서 말하는 "유대인"이란 누구보다도 베들레헴에서 태어나 갈릴리 지방에서 자란 예수를 가리킨다. 예수는 동정녀 마리아의 몸을 통해 이 세상에 왔다. 성부 하나님이 "볼 수 있"게 해달라는 피조물의 "바람"에 응해 피조물의 세계에 자신을 드러낸 것이 첫 번째 '낮아짐'이라고 한다면, 성자 하나님인 예수가 구원을 바라는 피조물의 소망에 답하기 위해 사람의 몸을 빌려 "종의 형체"(N II, 212)로 세상에 태어난 것은 두 번째 '낮아짐'이라 말할 수 있다.

하만은 예수의 성육신을 구원사(史) 측면에서 해석할 뿐만 아니라, 이를 이용하여 당대 사회를 비판하기도 한다. 다시 말하면 당시에는 고대 그리스 로마 문화를 모방하고자 하는 의고전주의적인 경향이 농후했는데, 하만은 이런 현실을 꼬집는다.

> 그런데 왜 그리스인들의 터진 샘 곁에 서 있으면서 생수의 근원되는 고대를 버리는가? 우리 자신은 어쩌면 그리스인들과 로마인들 속에서 무엇을 보고 감탄하여 우상숭배까지 하는지 제대로 알지 못 한다.(N II, 209)

빙켈만을 비롯한 당대의 "그리스인들"은 고대 그리스 로마 문화를 서양 문화의 모범으로 간주하고 이에 경탄하지만, 하만이 볼 때, 이 고대 문화는 "잘못된 철학이라는 도깨비불"(ZH II, 84)에 미혹되어 하나님의 계시인 자연을 제대로 담아낼 수 없는 "터진 샘"이기에, 더 이상 본받고 경배할 만한 대상이 아니다. 오히려 "생수의 근원되는 고대", 즉 근동에 주목해야 한다. 하만의 주장은 고대 그리스 로마 문화를 무비판적으로 수용하고 이를 절대적인 규범으로 떠받드는 당시 문화계에 대한 비판이자, 이에 대해 하나의 대안을 제시했다는 점에서 의미가 있다.

하만은 고대인과 이들을 바라보는 계몽주의 시대의 시각에 대해서는 부정적인 반면, 고대 신화에 대해서는 긍정적이다.[49] 신의 세계를 상징적으로 표현한 신화에는 비록 굴절되고 왜곡되기는 했지만, 성서에 나타나 있는 진리의 "여운"[50]이 존재한다는 것이다. 대

---

49) Cf. N II, 204-205.
50) Rudolf Unger, *Hamann und die Aufklärung*, Band 1, Jena 1911, p. 257.

표적인 예가 그리스 신화에 나오는 제우스의 '낮아짐'이다.51)

예수는 세상을 구원하기 위해 왔지만, 세상 사람들은 그를 영접하지 않았다. 사람들은 메시아가 "가장 영광스러운 위엄의 증거"(N II, 204)를 보여주기 바랐지만, 그들에게 나타난 이는 "종의 형체"를 띤 목수의 아들 예수였다. 하나님이 "인자(人子)라는 역겨운 별칭"(N II, 210)을 영광스럽게 여겼던 반면, 사람들에게 이 이름은 "창피[스러운 것]"(ibid.)이었다. 하만은 이 상황을 "이타카 궁정에 나타난 거지 이야기"(N II, 211)에 빗댄다. 오뒷세우스는 자신의 아내 페넬로페의 구혼자들을 물리치기 위해 "거지"로 변장한다. 구혼자들을 비롯한 사람들은 그를 알아보지 못하고 오히려 홀대한다. 왜냐하면 이타카의 왕이 "거지" 행색을 하리라고는 생각하지 못했기 때문이다. 이와 마찬가지로 세상 사람들이 예수를 영접하지 않은 것은, 가히 역설적이고 혁명적이라 할 메시아 사상,52) 즉 성자 하나님 예수가 "종의 형체"를 입고 오리라고는 예상치 못했기 때문이다. 결국 이 메시아 사상의 역설을 이해하지 못한 사람들은 구세주로 온 예수를 십자가에 못 박았다. 이에 대한 표상이 바로 "'절단된 시인의 사지'"이다.

이후로 세상은 더욱더 혼탁해진다. "제일 먼저 창조된 저 빛을 끄자마자 가장 아름다운 세계의 온갖 빛깔은 색이 바랜다."(N II, 206)

---

51) "이방인들 또한 이런 비밀[성육신]에 대한 몇 마디 말을 듣고서 이를 자기 신화에 엮어 넣었다. 주피터는 정부인[헤라]의 호감의 사기 위해 빗물을 뚝뚝 떨어뜨리며 떨고 있는 초주검이 된 비참한 뻐꾸기로 변신했다. [...] 주피터는 멋진 황소로 독수리로 백조로 변신하고 황금 비의 모습을 하고서 자기 정부(情婦)들에게 의중을 드러냈다."(ZH I, 394)

52) Cf. Schmidt-Biggemann, p. 493.

하만은 당대 문화전반에 걸쳐 이런 상황을 목도한다. 그는 인간의 원죄를 갖고 그러했듯이, 예수의 죽음 이후 더 혼탁해진 세상을 빗대어 당대를 진단한다.

근대 자연과학의 발달로 인해 자연은 더 이상 경외의 대상이 아니라 탐구와 분석의 대상이 된다. 더 나아가 자연은 다스려지기 보다는 정복되고 분해되어 해체됨에 따라 "불구가 [되]"(ibid.)고, 이로 인해 자연을 통해 계시하는 "조물주의 이름이 억압과 모독을 당[함]"(N II, 207)다.

이와 더불어 데카르트를 위시한 이성론자들은 순수 사유에 의해서만 진리를 인식하고자 하고, 감각이나 정열은 오히려 진리탐구의 걸림돌로 여긴다. 이들은 감각과 정열을 철저히 불신하고 철학에서 배제한다. 이 "치명적인 거짓말쟁이의 철학"(N II, 206)으로 말미암아 자연이 작동하는 통로인 감각과 정열이 "마비[되]"(ibid.)어 사람들은 제대로 느낄 수 없다. 무엇보다도 이 철학은 "힘 있게 말씀하시는 분"의 말씀을 도외시한 채 "죽은 형이상학적인 언어"[53]로 사유함으로써 "자연의 제자들"(N II, 206)을 죽인다. 하만은 이처럼 철학에서 자연이 제 기능을 못하고 추상이 득세하는 현실을 개탄 한다.

> 베이컨은 너희들이 추상으로 자연을 혹사시키고 있다고 고발한다. 베이컨이 진리를 증거 한다면, 자 그럼, 그를 돌로 쳐라 - 그리고 흙덩이 혹은 눈덩이를 갖고서 그의 혼백을 향해 돌진하라 - - -(Ibid.)

---

53) 요한 고트프리트 헤르더(저)/김대권(역), 『1769년 여행일지』, 인터북스 2009, 145쪽.

베이컨54)은 『신기관』에서 "'인간 정신의 우상'"(N II, 207)을 "'신의 정신의 이데아'"(ibid.)와 대비시켜, 전자는 자의적인 "'추상의 산물'"(ibid.)인데 반해, 후자는 피조물에게 인친 "'조물주의 진정한 인장'"(ibid.)이라 주장한다. 그에 따르면 추상에 의해서는 사물의 진상이 아니라, 오히려 "'어리석은, 말하자면 원숭이 흉내를 낸 세계의 모상'"(ibid.)을 만들어낼 뿐이다.

그런데 자연이 "혹사" 당하는 현실은 문학에서도 마찬가지이다. 문학은 본래 하나님이 창조한 자연을 재현해야 하는데, 자연과학과 철학에 의해 난도질당한 자연을 모방하기에 급급해, 겉은 "양가죽으로 품격 있게 제본되어"(N II, 209) 있으나, 그 안에는 "죽은 사람의 뼈"(ibid.)와 "위선적인 악덕"(ibid.)으로 가득하다. 이리하여 "아름다운 자연"을 모방해야 할 문학이 이제는 "아름다운 자연의 가장 사악한 적"(N II, 208)으로 전락한다.

하만은 감각이 제구실을 못하는 현실을 타개하기 위해 무사 여신에게 심판자의 모습을 부여하고 여신의 도움을 청한다.

> 오, 금을 연단하는 자의 불과 표백하는 자의 잿물과 같은 무사 여신이여! - - 그 여신은 추상의 부자연스런 사용으로부터 감각의 자연스런 사용을 정화하려고 감행할 것이다.(N II, 207)

이와 더불어 그는 자구책을 강구하도록 요청한다. "우리는 사멸한 자연의 언어를 죽은 자들 가운데에서 다시 부활시켜야 하는데,

---

54) 소크라테스가 에우튀프론으로부터 영감을 받았듯이, 『미학의 진수』에서 하만은 베이컨을 "나의 에우튀프론"(N II, 197)으로 소개한다.

어떤 방법을 사용해야 하나?"(N II, 211) 당시 학계에서도 이 문제점을 의식하고서 "행복한 아라비아로 순례"(ibid.)할 것을 권유했다. 독일의 대표적인 역사·비판적 성서학자인 미하엘리스는 히브리어의 원뜻을 파악하기 위해서는 유사한 언어의 도움을 빌려야 한다고 주장하며 아랍어 연구를 장려했다. 이에 자극받아 덴마크 정부는 1761년에 니부어를 주축으로 아라비아 남부지역으로 탐사단을 파견한다. 하지만 하만은 지적 호기심의 발로인 "순례"가 아니라 "근동으로 십자군 원정"(ibid.)을 떠날 것을 촉구한다. 이 문구는 바로 『미학의 진수』를 비롯한 여러 글을 묶어 펴낸 모음집 『문헌학자의 십자군 원정 Kreuzzüge des Philologen』(1762)을 연상케 한다. 하만은 "문헌학자 Philologe"로서, 다시 말하면 "하나님의 말씀을 사랑하는 사람 Philo-loge"[55]인 십자군 전사로서, 하나님의 말씀을, 육화된 말씀인 예수를 경시하고 인본주의로 기우는 현실에 대해 과감하게 전쟁을 선포한다. 하만의 해결책이란, "근동으로", 하나님의 말씀이 육화되어 나타난 예수에게로 되돌아가 그를 구세주로 인정해야 한다는 것이다.[56] 그런데 귀신도 예수를 보면 믿고 떠는 반면,[57]

---

55) Lumpp, p. 25, Ringleben, p. 224. Cf. N II, 263. "그런데 우리는 이 문헌학자의 취향에 대해 뭐라고 말해야 하나? 첫째, 그의 이름은, 살아 있고 힘이 있으며 골수를 찔러 쪼개며 양날을 가진 판단하는 말씀하나님의 말씀을 사랑하는 사람임을 암시한다."

56) "아버지 품속에 있는 독생자(예쉬의 품안에 있는 저 제재사도 요한)가 우리에게 선언하기를, 예언의 영은 유일한 이름[예쉬]의 증언 속에 살아 있다고 했다. 하늘에 있는 자들과 땅에 있는 자들과 땅 아래에 있는 자들은 모두 예수의 이름에 무릎을 꿇어야 한다고 했다. 모든 입으로도 예수 그리스도를 주라 시인하여 하나님께 영광을 돌려야 한다고 했다. - 영원히 찬송할 조물주께 영광을 돌려야 한다고 했다! 아멘! 우리는 그

"이성의 간계에 의해 미쳐버린"(N II, 214) 세상은 예수를 보고도 떨지 않으며 그를 주이자 메시아로 인정하지 않는다. 따라서 세상에 대한 심판은 불가피하다.

4) 제4막 : 재림(심판)

예수가 세상을 구원하러 왔을 때에는 "종의 형체"를 입었지만, 세상을 심판하기 위해 다시 올 때에는 "영광의 왕"(N II, 213)으로 온다. 예수가 재림할 때에는 더 이상 자신을 낮춰 "종"의 모습을 띠지 않고 준엄한 심판관이자 "왕"으로서 위엄을 갖춘다.

그런데 하만은 이런 종말론적인 상황을 『미학의 진수』 마지막 부분에 가서야 기술하지 않고 도입 부분에서, 그것도 아직 창조가 거론되기도 전에, 그리고 저서 곳곳에서 언급한다. 따라서 이 저서 위에는 종말론적인 색채가 강하게 드리워져 있다.

세례 요한은 마태복음 3장 12절에서 천국 복음을 전하면서 심판자인 예수의 모습을 다음과 같이 기술한다. "[그는 손에 키를 들고 자기의 타작마당을 정하게 하사 알곡은 모아 곳간에 들이고 쭉정이는 꺼지지 않는 불에 태우시리라". 그런데 하만은 이 예수를 학문과 예술을 관장하는 무사 여신에게 투영한다.

유일한 이름[예쉬에 의해서만 구원받을 수 있고 금생과 내생의 약속을 상속받을 수 있다. - 그 이름은 그것을 받는 자만이 알며, 모든 이름 위에 뛰어나다."(N II, 212)

57) Cf. N II, 214.

키타라가 없다! - 붓이 없다! - 나의 무사 여신에게는 성스러운 문학의 타작마당을 치우는 키 하나가 있다.(N II, 197)

예수가 "알곡"과 "쭉정이"를 구별하여 후자를 심판하듯이, 하만은 무사 여신이 당시의 "성스러운 문학"에 대해 심판을 내리기를 바란다. 하만은 『미학의 진수』에서 미하엘리스를 주요 논쟁대상으로 삼는데, 신학자이자 문헌학자인 미하엘리스는 문헌학의 방법을 도입하여 성서를 일반 텍스트처럼 해석함으로써 성서의 절대성을 상대화한다. "성스러운 문학"이란 미하엘리스처럼 성서를 해석하는 텍스트를 가리킨다. 하만은 이런 텍스트에게 경종을 울리고자 한다. 그리고 말라기 3장 2절을 보면, 심판 날의 예수가 "금을 연단하는 자의 불과 표백하는 자의 잿물"로 형상화되어 있는데, 하만은 이 비유를 무사 여신에게 그대로 적용한다.[58]

하나님은 하늘과 땅에 있는 여러 방편을 통해 자신의 뜻을 밝히는데, 말세에는 "피와 불과 연기"(N II, 204)를 통해 말한다. 그리고 하만에 따르면, 하나님이 창조할 때, 즉 "날이 시작할 때의 시인"(N II, 206)이라면, 예수는 "날이 끝날 때의 도둑"(ibid.)처럼 온다. 왜냐하면 예수가 심판자로서 언제 재림할 지 그 누구도 모르기 때문이다.

하만이 볼 때 심판은 누구보다도 자연과 감각과 정열을 경시하는 이성론자들에게 예비 되어 있다. 이들은 이성을 "신격화"(N II, 214)하는 반면, 하나님의 말씀이나 구원자인 예수 혹은 신화를 미신적이고 유치한 이야기라 하여 무시하기에, 거위가 카피톨리움 언덕을

---

58) Cf. N II, 207.

구해주고, 까마귀가 이스라엘의 "애국자"(ibid.)인 엘리야를 먹인다고 하면 웃는다. 결국 "주님의 날"(N II, 213)이 임할 때 이들에게 예비 된 것은 "지옥 불"(N II, 214)이다.

이제까지는 하만이 주로 성서를 기초로 해서 종말론적 상황을 부각시켰다고 한다면, 『미학의 진수』 말미에서는 호라티우스의 『송시』를 이용하여 종말론적 분위기를 최고조에 달하게 한다. 그 『송시』의 내용인즉, 제우스는 전에 한번 인류를 멸하기 위해 지상에 대홍수를 일으켰는데, 이제는 "눈(雪)"과 "우박", 그리고 번개로써 인류를 멸하려 한다는 것이다.

> 이미 너무나 오랫동안 신들의 아버지[제우스]는
> 눈과 무서운 우박을 보냈다. 빨갛게 달아오른
> 오른 손은 성스러운 성첩(城堞)을 때렸고, 로마와 제 민족을
> 소스라치게 놀라게 했다.
>
> 퓌르라의 시대를 되돌아오게 함으로써.
> 그녀가 소름끼치는 뜻밖의 일에 둘러싸여 한숨지을 때
> 늙은 프로테우스는 높은 산
> 정상으로 가축을 몰았다. - -(N II, 216)

하만은 심판으로 『미학의 진수』를 마무리지은 후 추신을 덧붙인다. 그는 이 짤막한 추신에서 요한계시록 14장 7절을 인용하며 자신의 미학을 총결산한다.

이제는 가장 오래된 미학인 그[하만]의 최근 미학의 결론을 들어보자.

> 하나님을 두려워하며 그에게 영광을 돌리라 이는 그의 심판의 시간이 이르렀음이니 하늘과 바다와 물들의 근원을 만드신 이를 경배하라!(N II, 217)

여기에서 하만은 심판의 때가 가까웠음을 재차 상기시키며 하나님을 인정하지 않는 당대의 모든 사상과 학문에 대해 재차 경고한다. 결국 그의 미학의 핵심은 하나님을 경외하라는 것이다.

하만 연보

1730 8월 27일 쾨니히스베르크에서 의사인 아버지 요한 크리스토프 하만과 어머니 마리아 막달레나(친정 성은 누페나우) 사이에서 장남으로 태어남.

1746 쾨니히스베르크 대학에 입학하여 신학을 공부하다가 그만두고 법학과 국가학 공부. 철학과 문학과 문헌학에 몰두.

1749 친구 베렌스(J. Chr. Berens), 린트너(J. G. Lindner)와 함께 주간지 『다프네 *Daphne*』 발간(1750년까지).

1752 대학공부를 중단하고 리프란트와 쿠클란트에서 가정교사 생활.

1756 리가의 베렌스 상가(商家)에 고용됨. 하만 어머니 죽음.

1757 베렌스 상가로부터 모종의 임무를 부여받고 쾨니히스베르크, 베를린(모제스 멘델스존, 줄처, 라믈러 사귐), 함부르크, 암스테르담을 거쳐 영국에 가나, 임무를 완수하지 못함. 방만한 생활과 좋지 못한 교제로 인해 궁핍하고 힘들어하다가 극한 위기에 처함.

1758 3월, 성서를 탐독하다가 대각성하여 기독교인으로 거듭남. 이에 대한 기록이 『한 기독교인의 성서고찰』(사후 출판)과 『내 생애에 대한 생각』(사후 출판)임. 여름, 리가로 되돌아옴. 친구 베렌스와 긴장관계 유지. 친구의 누이 카다리나

베렌스에게 청혼하나 성사되지 않음.

1759   1월, 쾨니히스베르크에 있는 아버지 집으로 되돌아옴. 성서, 루터, 고전문학과 근동언어 공부. 여름, 베렌스와 칸트가 회심한 하만을 계몽주의적인 사고방식으로 되돌리려고 노력. 이에 대한 답으로『소크라테스 회상록』출판. 이 저서로 본격적인 저술활동 시작.

1762   친분을 맺게 된 헤르더에게 영어와 영국문학을 소개. 시청과 군(軍)무국과 황실 재산 관리국에서 일자리를 얻고자 했으나 실패. 병든 아버지와 정신박약한 동생 돌봄. 아버지의 수발을 드는 하녀 안나 레기나 슈마허와 관계 시작. 모음집『문헌학자의 십자군 원정』출판. 이 모음집 안에『미학의 진수』들어 있음.

1764   헤센다름슈타트 공국의 총리인 모저(F. K. v. Moser)의 초청으로 프랑크푸르트 암 마임 여행. 이 공국에서 교육자로 일할 가능성이 있었으나, 모저가 해외여행 중인 관계로 성사되지 않음.『쾨니히스베르크 학자 정치 신문 *Königsbergsche Gelehrte und Politische Zeitung*』에 서평 기고 시작(1779년까지).

1765   미타우에 사는 토티엔(Tottien) 변호사의 서기로 일함. 바르샤바 여행.

1766   하만 아버지 죽음.

1767   1월, 쾨니히스베르크로 되돌아옴. 칸트의 주선으로 프로이센 관세청에서 번역 업무 맡음. 슈마허와 동거생활 시작(정식 결혼은 하지 않음).

1769   9월, 첫째 아이 태어남. 경제적으로 힘든 상황에 처함.
1772   헤르더와 관계 재개. 헤르더의 『언어기원에 관한 논문 Abhandlung über den Ursprung der Sprache』에 대해 『언어의 신적 인간적 기원에 대한 로젠크로이츠 기사의 마지막 의향 Des Ritters von Rosencreuz letzte Willensmeynung über den göttlichen und menschlichen Ursprung der Sprache』 저술.
1775   『비교(秘敎) 사제의 편지 Hierophantische Briefe』에서 기독교의 기원과 본질을 놓고 슈타르크(Johann August von Starck)와 논쟁.
1777   세관창고 관리인으로 승진.
1778   하만 동생 죽음.
1779   『콘솜팍스. 묵시록의 신비에 대한 가짜 여사제 시뷜레의 단편 Konxompax. Fragmente einer apokryphischen Sibylle über apokalyptische Mysterien』 출판.
1784   하만의 저서를 높이 평가한 부흐홀츠(Franz Kaspar Buchholtz)의 도움으로 경제적 어려움에서 벗어남. 부흐홀츠를 통해 뮌스터 여군주 갈리친(Amalie von Gallitzin), 하만을 주목하게 됨. 칸트의 『순수이성비판』에 대해 『이성의 순수주의에 대한 메타비평 Metakritik über den Purismum der Vernunft』 저술(사후 출판), 모제스 멘델스존의 『예루살렘 혹은 종교 세력과 유대교에 대해 Jerusalem oder über religiöse Macht und Judentum』에 대해 『골고다와 쉐블리미니. 광야의 설교자에 대해 Golgatha und Scheblimini.

Vom einem Prediger in der Wüsten』 집필.

1787 여군주 갈리친을 만나려고 휴가를 신청했다가 퇴직 당함. 아들 미하엘과 함께 베스트팔렌으로 여행 떠남. 6월 중순, 아픈 상태로 뮌스터에 도착. 8-9월, 펨펠포르트에 있는 야코비(F. H. Jacobi) 집에 거주. 겨울, 중병을 앓아 벨베르겐에 있는 부흐홀츠의 영지에서 머뭄.『탈의(脫衣)와 변용. 잘 알려진 인물인 아무도 안인에게 보내는 급신(急信)』(사후 출판) 씀.

1788 3월, 뮌스터로 되돌아옴. 여군주 갈리친의 신앙상담자 됨. 쾨니히스베르크로 돌아가기 직전인 6월 21일에 뮌스터에서 죽음. 여군주 갈리친의 정원에 묻힘.

참고문헌

1. 전집

Johann Georg Hamann, Sämtliche Werke, historisch-kritische Ausgabe von Josef Nadler, 6 Bände, Wien 1949-1957.

2. 선집

Johann Georg Hamann, Londoner Schriften, historisch-kritische Neuedition von Oswald Bayer und Bernd Weiβenborn, München 1993.

Johann Georg Hamann, Sokratische Denkwürdigkeiten. Aesthetica in nuce, mit einem Kommentar herausgegeben von Sven-Aage Jørgensen, Stuttgart 1968.

3. 서간집

Johann Georg Hamann, Briefwechsel, herausgegeben von Walter Ziesemer und Arthur Henkel, 7 Bände, Wiesbaden u. Frankfurt a.M. 1955-1979.

4. 하만에 대한 전반적인 기술

Nadler, Josef *Johann Georg Hamann 1730-1788. Der Zeuge des Corpus mysticum*, Salzburg 1949.

Unger, Rudolf *Hamann und die Aufklärung*, 2 Bände, Jena 1911.

5. 하만의 개별적인 저술에 대한 상세한 해설집

Johann Georg Hamanns Hauptschriften erklärt, Gütersloh 1956ff.

Band 2: *Sokratische Denkwürdigkeiten*, erklärt von Fritz Blanke, Gütersloh 1959.

Band 4: *Über den Ursprung der Sprache: Zwo Recensionen nebst einer Beylage betreffend den Ursprung der Sprache. Des Ritters von Rosencreuz letzte Willensmeynung über den göttlichen und menschlichen Ursprung der Sprache. Philologische Einfälle und Zweifel. Au Salomon de Prusse*, erklärt von Elfriede Büchsel, Gütersloh 1963.

Band 5: *Mysterienschriften: Hierophantische Briefe. Versuch einer Sibylle über die Ehe. Konxompax*, erklärt von Evert Jansen Schoonhoven. *Schürze von Feigenblättern*, kritisch herausgegeben und erklärt von Martin Seils, Gütersloh 1962.

Band 7: *Golgatha und Scheblimini*, erklärt von Lothar Schreiner, Gütersloh 1956.

6. 『소크라테스 회상록』 관련 저서와 논문

김대권, 「하만과 소크라테스」, 괴테연구 24(2011), 149-175쪽.

Blanke, Fritz *J. G. Hamann und Sokrates. Ein Beitrag zur Geschichte der Sokrates-Deutung*. In: *Festschrift zur Feier des 350jährigen Bestehens des Heinrich-Suso-Gymnasiums*, Konstanz 1954, pp. 312-315.

Böhm, Benno *Sokrates im achtzehnten Jahrhundert. Studien zum Werdegang des modernen Persönlichkeitsbewuβtsein*, Leipzig 1929.

Bohnenkamp-Renken, Anne *Offenbarung im Zitat. Zur Intertextualität Hamannscher Schreibverfahren anhand von "Wolken. Ein Nachspiel Sokratischer Denkwürdigkeiten"*. In: Bernhard Gajek (Hg.), *Johann Georg Hamann. Autor und Autorschaft. Acta des Sechsten*

Internationalen Hamann-Kolloquiums im Herder-Institut zu Marburg /Lahn 1992, Frankfurt a.M. (u.a.) 1996, pp. 123-142.

Büchsel, Elfriede *Untersuchungen zur Struktur von Hamanns Schriften auf dem Hintergrunde der Bibel*, Göttingen 1953.

Gajek, Bernhard *Johann Georg Hamanns "Sokratische Denkwürdigkeiten". Zu Hamanns 200. Todesjahr.* In: Hans Bungert (Hg.), *Hauptwerke der Literatur*, Regensburg 1990, pp. 147-162.

Geier, Manfred *Die Schrift und die Tradition. Studien zur Intertextualität*, München 1985.

Gigon, Olof *Sokrates. Sein Bild in Dichtung und Geschichte*, Bern u. München ²1979[¹1947].

Abma, Erik *Sokrates in der deutschen Literatur*, Utrecht 1949.

Gründer, Kalfried *Figur und Geschichte*, Freiburg u. München 1958.

Jørgensen, Sven-Aage *Philologische Einfälle und Zweifel über einen Kommentar zu Johann Georg Hamanns "Sokratischen Denkwürdigkeiten".* In: Orbis Litterarum 23(1968), pp. 192-198.

Kocziszky, Eva *Hamanns Sokratisches Philosophieren.* In: Poetica 1/2 (2001), pp. 99-124.

O'Flaherty, James C. *Hamann's "Socratic Memorbilia".* A Translation and Commentary, The Johns Hopkins Press 1967.

7. 『미학의 진수』 관련 저서와 논문

김대권, 「성서의 시각에서 바라본 하만의 『미학의 진수』」, 독일문학 122(2012), 29-51쪽.

Achermann, Eric *Zeichenhandel. Zum Verhältnis von Semiotik und Ökonomie bei Johann Georg Hamann.* In: Ars Semeiotica 25(2002), pp. 291-315.

Bayer, Oswald *Schöpfung als "Rede an die Kreatur durch die Kreatur". Die Frage nach dem Schlüssel zum Buch der Natur und Geschichte.* In:

B. Gajek (Hg.), *Johann Georg Hamann*. Acta des zweiten Internationalen Hamann-Colloquiums im Herder-Institut zu Marburg /Lahn 1980, Marburg 1983, pp. 57-75.

Beetz, Manfred   *Dialogische Rhetorik und Intertextualität in Hamanns "Aesthetica in nuce"*. In: B. Gajek (Hg.), *Johann Georg Hamann. Autor und Autorschaft*, pp. 79-106.

Gutfleisch, Wolfgang   *Johann Georg Hamann 〉AESTHETICA. IN. NUCE.〈 Dokumentation und Kommentar*, Diss. München 1964. [Masch.]

Irmscher, Hans Dietrich   *Der 'gegenwärtige Äon' in Hamanns "Aesthetica in nuce" und das Problem der Moderne am Beispiel von Herders Poesie-Auffassung*. In: B. Gajek (Hg.), *Die Gegenwärtigkeit Johann Georg Hamanns*, pp. 495-498.

Jørgensen, Sven-Aage   *Hamann, Bacon, and Tradition*. In: Orbis Litterarum 16(1961), pp. 48-73.

Jørgensen, Sven-Aage und Ringleben, Joachim   *Der "Eckelname" des Narziβ. Interpretation einer rätselhaften Stelle in Hamanns "Aesthetica in nuce"*. In: Jahrbuch des freien deutschen Hochstifts 1997, pp. 28-64.

Kocziszky, Eva   *Leib und Schrift in Hamanns "Aesthetica in nuce"*. In: B. Gajek (Hg.), *Die Gegenwärtigkeit Johann Georg Hamanns*. Acta des achten Internationalen Hamann-Kolloquiums an der Martin-Luther-Universität Halle-Wittenberg 2002, Frankfurt a.M. 2005, pp. 145-160.

Küsters, Marie-Theres   *Inhaltsanalyse von J. Georg Hamanns "Aesthetica in Nuce, eine Rhapsodie in kabbalistischer Prose"*, Bottrop 1936.

Lumpp, Hans-Martin   *Philologia crucis. Zu Johann Georg Hamanns Auffassung von der Dichtkunst. Mit einem Kommentar zur "Aesthetica in nuce"(1762)*, Tübingen 1970.

Pataky, Ildikó   *"Stärke und Schwäche der Feinde der Offenbarung". Dekonstruktive Lesemethode in Hamanns Schriften "Aesthetica in* nuce" und "Schriftsteller und Kunstrichter". In: B. Gajek (Hg.), *Die Gegenwärtigkeit Johann Georg Hamanns*, pp. 399-410.

Ringleben, Joachim *Gott als Schriftsteller. Zur Geschichte eines Topos*. In: B. Gajek (Hg.), *Johann Georg Hamann. Autor und Autorschaft*, pp. 215-275.

Schmidt-Biggemann, Wilhelm *Christologische Poesie. Bemerkungen an Hamanns "Aesthetica in nuce"*. In: Niklaus Largier u. Claudia Brinker-von der Heyde (Hg.), *Homo Medietas. Aufsätze zu Religiosität, Literatur und Denkformen des Menschen vom Mittelalter bis in die Neuzeit (Festschrift für Alois Maria Haas)*, Bern 1999, pp. 487-506.

Tilliette, Xavier *Hamann und die Engelsprache. Über eine Stelle in der "Aesthetica in nuce"*. In: B. Gajek (Hg.), *Johann Georg Hamann. Acta des Internationalen Hamann-Colloquiums in Lüneburg 1976*, Frankfurt a.M. 1979, pp. 66-77.

Unger, Rudolf *Das zusammenfassende prinzipielle Bekenntnis (die "Aesthetica in nuce")*. In: R. Unger, *Hamann und die Aufklärung*, Band 1, Jena 1911, pp. 233-266.

찾아보기

ㄱ ▶

가말리엘	132
가야바	191, 192
갈리친	58, 81
감각	22, 24, 30, 83, 166, 171, 177, 182, 194, 197, 215
게르하르츠	76
게리케(子)	35
게리케(父)	90
게스너	154
고게	170, 173
고레스 왕	104, 105
고트셰트	145
공중(公衆)	80, 99, 100, 103, 104, 105, 109, 114, 115, 121, 148
광시(狂詩)	165, 166, 173, 180, 183, 192, 220
구츠코스키	51
그노시스파	198, 200
그뤼피우스	193
기가스	169

ㄴ ▶

나르시스	203
노아	113, 198
노위벤튀트	194
뉴튼	106, 194
니콜라이(Chr. F. Nicolai)	203
니콜라이(L. H. v. Nicolay)	216

ㄷ ▶

다니엘	104, 105
다르장	144, 200
다미앙	161
다시에	189
데랑드	115
데모스테네스	130, 180
델피	130, 136, 138
독창성	145
동방박사	192, 207
동성애	62, 127, 128
뒤클로	121
디도	201

디아고라스	137
디아나	154, 195
디아프와뤼스	117, 118
디오뉘시오스	105

ㄹ ▶

라 모테	187, 189
라믈러	51
라에르티오스	105, 111, 122, 123, 151, 157, 160, 220, 221
라이프니츠	185
라이하르트	60
라인베크	51
라폴트	30, 31
라퐁텐	116
라헬	78, 207
락탄티우스	142
랄라게	181
람프로틀레스	154
런던	13, 56, 57, 60, 61, 63, 66, 79, 87, 106, 110, 146
레벤후크	147
레싱	100, 145, 173, 181, 182, 216
레아	78
레피두스	43
로스커먼	176, 177
로우드	172, 184, 215, 216, 217
로위쉬	51
롯	199, 213
뢰트	52
룈	19
루이 14세	113
루첸	51
루킬리우스	174
루터	124, 125, 145, 211, 212
뤼더스	81
뤼시푸스	160
르우벤	78
리가	27, 35, 36, 38, 40, 41, 43, 45, 46, 47, 50, 58, 82, 84, 87, 88, 155
리슐리외	113
리차드슨	179
리프란트	34, 65, 90, 218
린트너(E. F. Lindner)	41, 43
린트너(J. G. Lindner)	43, 47, 88, 100, 101
린트너(家門)	43

ㅁ ▶

마닐리우스	172

마르고	217	무체리우스	185, 186
마소라	198, 221	뮈르토	154
마호메트	210, 211	미네르바	148
막달라 마리아	178	미라보	106
막시무스	148	미하엘리스	169, 172, 176
메넥세누스	154	183, 184, 187, 188, 198, 206	
메논	134, 159	209, 210, 211, 215, 216, 217	
메데이아	107	밀턴	218
메두사	140		
메디치	107		
메르크	51, 52	**ㅂ**	
메리안	51	바나바	137
메타(클롭슈토크)	143	바뙤	115, 194
멘델스존(모제스)	51, 180	바리새파	208
모세	67, 119, 141, 177	바알	104
188, 208, 212, 220		바울	70, 120, 130, 137
		144, 145, 178, 221	
모저	192	바움가르텐	166
몬드릴	144	바흐터	175, 178
몰리에르	118, 210	박쿠스	182, 187, 204
몽테스키외	119	발자크	118
무사(여신)	33, 117, 143, 169	밤베르거	188
177, 180, 197, 198, 207, 217		버니조버	82
무지(無知)	34, 36, 39, 106	베드로	85, 87, 122, 180
125, 127, 128, 130, 131, 132		베렌스(A. Berens)	93
134, 135, 140, 141, 144, 145		베렌스(G. Berens)	89
147, 148, 149, 184, 201, 218		베렌스(J. Chr. Berens)	41, 43

	47, 81, 87, 89, 90, 91, 93	브루커	114
	100, 105, 106, 109, 110, 134	브왈로	183
	145, 153, 155	블랑크	34
베렌스(Karl Berens)	87, 89, 93	블랙웰	121
베렌스(Katharina Berens)		비텐	39, 42, 47
	91, 92, 93	빌레몬	70
베렌스(家門)	43, 44, 47, 49, 93	빙켈만	198, 203
베르길리우스	187, 202		
베스파시아누스	107, 108	**ㅅ ▶**	
베이컨	108, 109, 121, 170	사두개파	208
172, 177, 182, 185, 191, 195		사베드라(세르반테스)	177
	197, 205, 206	사울	94, 200
베일	130, 131, 132	사튀로스	156
	141, 199	산파술	124
벤슨	187, 188, 189	살테니우스	28
벨거	36	선지자	94, 104, 118, 119
벵엘	188, 189	132, 150, 155, 160, 199, 207	
보일	143		210, 211, 214
볼링브룩	110, 121	성령	68, 69, 73, 83, 94, 96
볼테르	115, 143, 144, 190		146, 175, 189, 208
	191, 198, 200	세널	61
볼프	192	세르토리우스	119
부트베르크	36, 39, 45	셰익스피어	145, 185, 201
부흐홀츠	28	셰프츠베리	110, 111, 179
뷔퐁	119, 194	소크라테스	99, 100, 101
브래들리	147	105, 109, 110, 111, 117, 118	

	121, 122, 123, 124, 125, 126	스카롱	216
	127, 128, 130, 134, 135, 136	스탠리	114
	137, 138, 139, 140, 141, 142	스토아주의	199
	143, 144, 145, 146, 147, 148	시몬	122
	149, 150, 151, 152, 153, 154	시미아스	147
	155, 156, 157, 158, 159, 160	시스라	165, 166, 184
	161, 162, 170, 174, 176, 192	신령	146, 147, 148
	199, 220	십자군 원정	206

소포클레스　　　　109, 136
소프로니스코스(소크라테스의 子)
　　　　　　　　　　　　154
소프로니스코스(소크라테스의 父)
　　　　　　　　　　　　124
소피스테스　106, 110, 129, 132
　134, 140, 141, 144, 145, 147
　148, 150, 155, 156, 159, 170
　　　　　　　　　　　　212
솔로몬　　　　　　　138, 221
쇠나이히　　　　　　　　166
수에토니우스　　　　　　111
수이다스　　　　　　　　156
수호신　126, 143, 145, 146
　　　　　　　　　147, 151
쉐리던　　　　　　　　　210
슈마허　　　　　　　　　 92
스위프트　　　　　　　　210

ㅇ

아그리콜라　　　　　　　 85
아담　　　53, 138, 173, 174
　　　　178, 196, 211, 214
아르구스　　　　　　　　116
아리스토텔레스　109, 118, 141
　　　　　　　145, 153, 205
아리스토파네스　136, 137, 156
　　　　　　　157, 161, 216
아리스티우스　　　　　　181
아리스티포스　　　　　　105
아벨　　　　　　　　　　 68
아브라함　　　　　70, 92, 213
아삽　　　　　　　　　　217
아우구스투스　　　　　　187
아우구스티누스　118, 142, 210
　　　　　　　　　　　　211

아우소니우스	174	엔뒤미온	179
아이기스	140	엘레우시스	182
아퀴나스	118	엘렉트라	109
아킬레우스	117, 153, 198	엘리야	104, 214
아티쿠스	189	엘리후	167
아폴론	130, 136, 137, 143, 144, 154	영(E. Young)	110, 145, 179
안토니우스	43, 192, 213	예수	15, 32, 41, 49, 67, 68, 73, 74, 75, 83, 85, 87, 88, 89, 113, 126, 127, 129, 145, 155, 162, 174, 178, 180, 191, 192, 196, 198, 206, 208, 209, 212
안티마쿠스	202		
알가로티	215		
알렉산더 대왕	23, 109, 117, 160		
알키비아데스	135, 150, 151, 153, 156	오네시모	70
		오뒷세우스	103, 205, 206
애국자	74, 126, 214	오르페우스	182
애스쿨라프(아스클레피오스)	157	오리게네스	200
야누스	192	오벤	40
에라스무스	117, 118, 174, 210	오비디우스	106, 114, 183, 203
에브론	70	요담	172, 183
에센	90	요아스	172
에우리피데스	103, 111, 116, 136	욥	167
에우튀프론	170, 177, 193	우르지누스	50
에카르트	35	유대인	50, 51, 78, 118, 129, 166, 180, 192, 198, 204, 212
에코	188, 205		
에파미논다스	152	유비(類比)	110, 179
에피스타테스	151, 152	유음중첩법	215
에피쿠로스	199, 217	율리안	113

율리우스　　　　　　　 87, 195
이브　　　　　　　　　138, 178
이솝　　　　116, 141, 154, 181

ㅈ ▶

자메　　　　　　　　　　　　51
자연　　21, 24, 29, 30, 43, 72
　　　73, 115, 119, 121, 172, 174
　　　175, 178, 189, 193, 194, 195
　　　196, 197, 199, 200, 201, 205
　　　　　　　　　　　　206, 211
정열　125, 127, 129, 146, 148
　　　171, 182, 194, 200, 201, 202
제우스(주피터)　　107, 115, 169
　　　　　　　　　179, 199, 219
제욱시스　　　　　　　　　 114
조퓌로스　　　　　　　　　 127
줄처　　　　　　　　　　　　51

ㅊ ▶

체스터필드　　　　　　　　138
최펠　　　　　　　　　　　　47
추상　　　　128, 182, 183, 188
　　　　　　195, 197, 198, 200
치텔만　　　　　　　　　　　50
친애왕 루이(루이 15세)　　 161

ㅋ ▶

카르다노　　　　　　　　　210
카르스텐스　　　　　　　　　52
카르타고　　202, 209, 210, 211
카발라　165, 178, 184, 211, 220
카이레폰　　　　　　　136, 137
카이사르　　　　　　　117, 120
카인　　　　　　　　　　　　68
카툴루스　　　　　　　　　195
칸트　　　　　29, 100, 105, 106
　　　　　109, 110, 153, 155, 191
칼리굴라　　　　　　　　　111
칼리클레스　　　　　　　　156
캄펜하우젠　　　　　　　　　38
케레스　　　　　　　　182, 187
켈수스　　　　　　　　　　120
코르톨트　　　　　　　　　185
코메니우스　　　　　　　　185
코시모　　　　　　　　　　107
콜린스　　　　　　　　　63, 65
쾨니히스베르크　15, 16, 19, 29
　　　30, 31, 42, 51, 52, 100, 101
쿠를란트　　35, 38, 39, 41, 46
　　　　　　　　 47, 49, 65, 218
쿠퍼　　　　　　　　　　　122
퀴르사르　　　　　　　　　159

찾아보기　275

퀴벨레	200	파리지우스	35, 40	
퀴클롭스	103, 115	파스만	183	
크누첸	29, 30	파이나레테	124	
크리톤	134, 138, 142, 153, 157	파이드로스	143, 150, 152	
크리티아스	132, 136		159, 176, 199	
크산티페	154, 155	페넬로페	205	
크세노폰	110, 151, 154, 155	페로	192	
클라인	53	페르시우스	99, 101, 215	
클라크	187, 189	페터 대제	113, 114	
클레오파트라	213	페트론(페트로니우스)	101, 176	
클롭슈토크	100, 125, 143	펜테우스	182	
	216, 217, 218	펠레우스	198	
키케로	142, 148, 189, 202	포티우스	192	
	209, 218	포프	206, 210	
		폰 바	117	
ㅌ ▸		폴렉스	189	
타무스	176	폼페이우스	119	
토트	176	퐁트넬	183, 193, 199, 201	
투생	127	퓌르라	219	
트라시마코스	148	프레몽발	51	
티불루스	182	프로에드루스	151, 152	
		프로코피오스	220	
ㅍ ▸		프로타고라스	132, 150, 159	
파라오	192	프로테우스	100, 219	
파라켈수스	184	프뤼탄	151, 152	
파르하지오스	149	플라톤	110, 122, 124, 132	

	134, 135, 136, 142, 143, 146
	148, 150, 151, 152, 153, 154
	156, 157, 159, 170, 176, 192
	199, 202, 205, 216, 220, 221
플레밍스	76
플리니우스	23, 131, 149, 213, 214
피그말리온	113
피어메츠	60
피티우스	79, 80, 81
핀다로스	217, 218
핀크	50
필립 왕	130

ㅎ

하게도른	210
하만	13, 15, 29, 30, 36, 43, 47, 48, 49, 50, 57, 60, 66, 76, 90, 92, 93, 100, 101, 103, 104, 105, 106, 107, 108, 109, 110, 111, 115, 116, 117, 121, 122, 126, 129, 130, 131, 134, 135, 138, 141, 146, 149, 153, 155, 166, 169, 170, 175, 176, 178, 179, 180, 183, 184, 189, 193, 198, 203, 205, 208, 210, 214, 218
하제	40, 41
할러	132
헤게시아스	142
헤라클레이토스	111, 112
헤로도토스	184
헤롤트	28
헤롯	191, 192
헤르더	30, 117, 218
헤르모게네스	170
호가스	149
호두	166, 183, 220
호라티우스	169, 174, 180, 181, 191, 195, 202, 212, 219
호메로스	103, 117, 121, 122, 145, 157, 180, 187, 189, 198, 205, 212, 217
호웰	177
호위만	154
호프만	18
흄	141, 142
히스기야	94
히에로뉘무스	220, 221
히에로클레스	156
힐	146

요한 게오르크 하만(Johann Georg Hamann, 1730-1788)

쾨니히스베르크 태생의 독일 사상가이자 저술가. "북방의 마술사"라는 별칭을 지녔다. 대학을 중퇴하고 가정교사 생활을 했으며, 베렌스 상가(商家)에 고용되어 런던에 파견되었다. 하지만 임무를 완수하지 못하고 런던에서 1년 넘게 외롭고 궁핍하고 방탕한 생활을 하였다. 그러다가 어느 날 성서를 읽는 가운데 크게 각성하였다. 런던에서 대각성한 이후 성서에 근거하여 사유를 전개했다. 자연과 감각과 정열을 도외시하는 이성론을 거부했고, 추상으로 기우는 시대정신을 타락한 인간 이성의 결과로 간주했다. 무엇보다도 계몽주의의 오만한 이성에 일침을 가했으며, 철학의 임무는 믿음의 세계로 안내하는 것이라고 주장했다. 헤르더와 더불어 질풍노도 문학운동을 주도했다.

주요 저서로는 『내 생애에 대한 생각』, 『한 기독교인의 성서고찰』, 『소크라테스 회상록』, 『문헌학자의 십자군 원정』(이 모음집에 『미학의 진수』가 들어 있음), 『비교(秘敎) 사제의 편지』, 『이성의 순수주의에 대한 메타비평』, 『골고다와 쉐블리미니. 광야의 설교자에 대해』 등이 있다.

김대권

서울대학교 독어독문학과와 같은 학교 대학원을 졸업하고, 독일 자를란트 대학에서 박사학위를 취득했다. 지금은 숭실대학교 독어독문학과 교수로 재직하고 있다. 저서로는 『이제 문명의 조우이다. 인문학과 사회과학의 대화』(공저)가 있고, 역서로는 헤르더의 『1769년 여행일지』가 있다. 주요 논문으로는 「헤르더의 감각론적 미학」, 「하만의 언어신학」, 「하만과 소크라테스」, 「성서의 시각에서 바라 본 하만의 『미학의 진수』」 등이 있다.

숭실대학교
한국문예연구소
문예총서 ⓑ

하만 사상선집

초판 인쇄 2012년 10월 15일
초판 발행 2012년 10월 31일

저　　자 ┃ 요한 게오르크 하만
옮 긴 이 ┃ 김대권
펴 낸 이 ┃ 김미화
펴 낸 곳 ┃ **인터북스**

주　　소 ┃ 서울시 은평구 대조동 221-4 우편번호 122-844
전　　화 ┃ (02)356-9903
팩　　스 ┃ (02)386-8308
전자우편 ┃ interbooks@chol.com
홈페이지 ┃ hakgobang.co.kr
등록번호 ┃ 제311-2008-000040호

ISBN   978-89-94138-34-3   04850
        978-89-94138-29-9   (세트)

값 : 20,000원

※ 파본은 교환해 드립니다.